LES ROBES NOIRES DANS LA GUERRE ÉCONOMIQUE

Du même auteur

Le droit de l'intelligence économique, Litec (Lexis-Nexis), 2007.
Le droit pour dynamiser votre business, Éditions d'Organisation, 2004.
Intelligence économique – Utiliser toutes les ressources du droit, Éditions d'Organisation, 2000.

Ouvrages collectifs

Les stratégies juridiques des entreprises, Larcier, 2009.
Legal strategies, Springer, 2009.
Les nouveaux territoires de l'intelligence économique, Institut français de l'intelligence économique (IFIE), 2008.
Benchmark européen des pratiques en intelligence économique, L'Harmattan, 2008.
Comprendre l'intelligence économique, Economica, 2008.
Intelligence économique et gestion des risques, Pearson Education, 2007.
L'intelligence économique et gouvernance compétitive (dir. Serge Perrine), La Documentation française, 2006.
La sécurité dans l'entreprise, éditions SEFI, 2006.
L'intelligence économique est-elle une stratégie étatique de transfert aux acteurs privés?, La Documentation française, 2003.
La démocratie dans l'entreprise: une utopie, Revue panoramique, n° 46, éditions Corlet, 2000.

Suivi éditorial: Sabine Sportouch
Corrections: Bessie Leconte
Maquette: Pierre Chambrin

21, square St Charles – 75012 Paris
ISBN: 978-2-84736-601-3
Dépôt légal: mai 2011
Imprimé en France par Normandie Roto Impression s.a.s.
N° d'impression : 111868

Thibault du Manoir de Juaye

LES ROBES NOIRES DANS LA GUERRE ÉCONOMIQUE

nouveau monde éditions

Collection « Les enquêteurs associés »

Les enquêteurs associés : Des spécialistes de l'investigation, journalistes ou écrivains, qui privilégient le travail de terrain et revendiquent l'indépendance d'esprit, la liberté du ton et la finesse de la plume.

Leur ambition ? Mener par la voie du livre les enquêtes prolongées que les médias écrits traditionnels ne peuvent assurer faute de temps ou de moyens, et qu'internet ne permet pas faute de recul.

Les enquêteurs associés : Une collection dirigée par Roger Faligot et Rémi Kauffer, auteurs, ensemble ou séparément, d'une trentaine d'ouvrages d'enquête.

Chez Nouveau Monde éditions, Roger Faligot a publié *Les services secrets chinois, de Mao aux JO.* Il a également codirigé avec Jean Guisnel *L'Histoire secrète de la Ve République* (La Découverte). Rémi Kauffer est membre du comité éditorial du magazine *Historia.*

À Catherine, mon épouse.
À Cyril, France, Léopoldine, Astrid-Lorelei, Jean et Étienne, mes enfants, qui ont accepté sans trop rechigner que je me détourne d'eux provisoirement pour écrire cet ouvrage.

Il existe dans notre société trois hommes, le Prêtre,
le Médecin et l'Homme de justice,
qui ne peuvent pas estimer le monde.
Ils ont des robes noires,
peut-être parce qu'ils portent le deuil
de toutes les vertus, de toutes les illusions.

Balzac, *Le Colonel Chabert*

Avertissement

Cet ouvrage met en avant et en relief de nombreuses décisions judiciaires, faisant état de condamnations de personnes physiques ou de personnes morales.

Ces décisions sont pour la plupart définitives et à chaque fois, nous avons essayé de nous assurer que les voies de recours étaient épuisées.

Toutefois, le plus souvent les procédures d'appel, de cassation ou devant les juridictions européennes ne sont connues que lorsque les juges rendent leur verdict définitif.

Il faut donc que le lecteur garde toujours à l'esprit le fait que le condamné d'aujourd'hui peut être reconnu innocent ultérieurement, s'il existe encore des possibilités d'appel, de cassation ou de saisine des juridictions européennes.

Introduction

L'affaire Renault défraie toujours la chronique : on a accusé à corps et à cris des « barbouzes » au service de la Chine (pourtant un pays d'exportation prometteur) d'avoir soudoyé des salariés du constructeur automobile pour finir par incarcérer le responsable de la sécurité, mis en cause à son tour pour escroquerie aux renseignements... Pourtant, des voix murmurent que celui-ci aurait été intoxiqué par un service étranger dans le but de déstabiliser notre industrie automobile. D'autres versions plus fantaisistes circulent : l'affaire aurait été montée de toutes pièces, pour détourner l'attention sur l'échec de l'investissement de plus de 4 milliards d'euros dans la voiture électrique.

Cette tentative de déstabilisation de notre régie nationale masque, à en croire le site Wikileaks, une réalité crue. La France « empire du mal » espionnerait, sans retenue, ses partenaires et adversaires économiques et ce, de manière systématique.

« L'espionnage français est tellement étendu que les dégâts pour l'économie allemande, dans leur totalité, sont plus importants que les dégâts provoqués par la Chine ou la Russie », affirme ainsi une note non datée de l'ambassade des États-Unis à Berlin[1].

S'y ajoutent les rumeurs sur les pratiques barbouzardes des entreprises ou des États, d'autant plus régulièrement pointées du doigt, que la quasi-totalité des entreprises du Cac 40 serait ainsi sur la sellette ou victime, comme semble l'illustrer l'affaire Michelin, précédant de quelques mois celle de Valeo. Ou encore ce laboratoire pharmaceutique que son concurrent dénigrait en

1. Source Spyword.

diffusant des faux rapports de l'agence américaine du médicament, la Food and Drug Administration.

Des esprits chagrins vont même jusqu'à reprocher à Laurence Parisot, la présidente du Medef, d'avoir utilisé les services d'une agence très particulière, qui serait la vitrine plus ou moins reconnue de la CIA en France.

Face à ces dérives, le gouvernement tente de contrôler ces officines privées, expertes dans des jeux sournois. Il crée un chapitre spécial dans la controversée loi d'orientation dite LOPPSI II, pour la programmation et la performance de la sécurité.

Lequel chapitre sera annulé par le Conseil Constitutionnel en mars 2011, alors qu'il avait justement pour objectif de moraliser un secteur, que certains jugent nauséabond.

Autre essai qui n'a pas été transformé : la réforme législative sur le secret des affaires, tant attendue par les professionnels. Elle peine à voir le jour, d'autant plus qu'une guerre picrocholine oppose plusieurs projets concurrents. France, es-tu toujours le pays de Rabelais ou de Courteline ? Il semble bien que oui.

Aux dires de certains, nous serions donc en pleine guerre économique et ces matamores s'appuient sur des écoles de pensée qui voient dans ces pratiques inavouables, la poursuite de la guerre militaire sous d'autres formes. Est-ce une traduction maladroite du terme *war* qui a plusieurs acceptions dont certaines moins brutales ?

Cette terminologie guerrière semble pour les uns excessive – il n'y a ni brancard, ni linceul. Selon les autres, elle n'est que le reflet de la réalité : dans une société où se développe une forme d'hypercapitalisme, les entreprises sont condamnées à se dévorer entre elles (une approche qui réjouirait Hobbes). Or, derrière cette toile de fond, entre les drames humains et les crises économiques, se joue l'avenir d'un pays, de ses emplois et de son indépendance.

Mais peu importent les mots, les faits sont têtus et persistants, ce qui laisse à penser que certains de ces dossiers ne seraient pas de simples coïncidences. Des hasards que seuls des esprits tourmentés transformeraient en théorie, ranimant la thèse du complot : le complot « cryptocommuniste », le complot « judéo-maçonnique » et plus récemment le « complot des hyper puissances ».

Que l'on parle de guerre ou de compétition, des hommes et des femmes s'affrontent pour faire gagner leurs entreprises, usant parfois de moyens « atypiques » que d'aucuns qualifient de « coups bas ».

Qui sont donc ces mystérieux intervenants qui n'apparaissent pas sur les organigrammes des entreprises, ces barbouzes des temps modernes ? Certains seraient des « ex » des services de renseignements, d'autres se seraient formés au contraire sur le tas.

Les noms apparaissent dans la presse mais seulement lorsque les dérives dépassent la norme : corruption, intrusion dans des systèmes informatiques, abus de confiance, vol, chantage, etc. Toutefois, très souvent, les véritables acteurs restent dans l'ombre, évitant de se trouver sous les projecteurs de l'information.

La robe de ces « snipers » des affaires économiques est noire. Ce peut être celle que l'on revêt dans les prétoires. Les avocats qui, par nature, sont des spécialistes du conflit, n'hésitent pas à utiliser toutes les ressources de leur art pour faire trébucher ou triompher des projets d'entreprises. Certains sont mus par le lucre, d'autres par idéalisme ou par envie d'exposition médiatique. Tous ont un objectif commun : vaincre, triompher, et faire gagner leurs clients. Pour certains, il n'y a pas de limite dans les coups que l'on peut porter. C'est bien le problème…

Contrairement à leurs « collègues » barbouzards de l'ombre, ces « hussards noirs » de la guerre économique laissent de nombreuses traces derrière eux. Les procédures sont écrites, les minutes des procès soigneusement archivées, les comptes rendus d'audiences parfois relatés dans la presse à grand renfort de publicité. Chaque procès permet de faire émerger la vérité, en tout ou partie ou à tout le moins de délivrer une vérité officielle. La puissance d'investigation des juges y contribue par ailleurs fortement.

Ces écrits judiciaires ne sont pourtant guère exploités par les journalistes d'investigations.

Est-ce par manque d'intérêt ? Par manque de sources ? Par la difficulté à décrypter les arcanes techniques d'une procédure affreusement compliquée ? Est-ce lié au fait que les avocats, de par leurs fonctions, sont astreints à une obligation de secret qui peut les conduire en correctionnelle en cas d'infraction ? De quoi les rendre taciturnes malgré leur surnom argotique de « bavards ».

De fait, la plupart des affaires ne sont révélées qu'à l'occasion d'une procédure de justice, alors que leur traitement par les magistrats s'étale parfois sur plusieurs années, mettant en œuvre des instances devant plusieurs juridictions différentes. Et, seule l'analyse de multiples décisions sur la même affaire, corrélée à l'actualité permet de donner un sens à ces combats de prétoires, qui sans cela resteraient incompréhensibles.

Telle est la démarche de ce livre, résultat de l'enquête et de l'expérience d'un avocat. L'ouvrage rassemble les éléments éparpillés de procédures longues et sinueuses, puis leur donne corps.

Pourquoi un homme de robe ? Parce que la compétition économique ne peut se concevoir aujourd'hui sans reconnaissance au moins implicite du rôle prépondérant des avocats et du droit.

À ce titre, il n'est pas anodin de relever que Christine Lagarde, notre actuel ministre de l'Économie, a présidé pendant des années l'un des tous premiers cabinets de lawyers anglo-saxons. Le lecteur verra plus loin dans cet ouvrage à quel point les Américains et leurs avatars font du droit une arme redoutable.

Le monsieur « Intelligence économique » au parlement, tenant du patriotisme économique, Bernard Carayon est avocat.

Alain Juillet – ancien numéro 2 de la DGSE après avoir exercé avec succès les fonctions de Haut Responsable à l'Intelligence économique a rejoint un cabinet d'avocat.

Outre-Atlantique, la connivence entre « robes noires » et services spécialisés est encore plus forte.

Pour ne citer qu'elle, la CIA a été dirigée à plusieurs reprises par des robes noires : par exemple, son cofondateur Allen Dulles, était associé de Sullivan & Cromwell, ou plus récemment, James Woolsey, appartenait, toujours en tant qu'associé à Shea Gardner, un autre cabinet de lawyers.

John Edgar Hoover qui dirigea le FBI pendant 49 ans était diplômé en droit ; il avait travaillé au ministère de la Justice. Un de ses successeurs, William Hedgcock Webster fut magistrat.

Dans un registre légèrement différent, William Casey a été président de la SEC, l'autorité des marchés financiers américains avant de devenir directeur de la CIA.

En France, les robes noires sont absentes des services spécialisés, mais, n'en constituent pas moins une force d'appui dans tout projet de conquête industrielle et commerciale.

La donne se complique, en outre, en raison de l'imbrication de l'appareil d'État avec les entreprises porteuses d'une part de la Souveraineté Nationale – rappelons que de nombreuses grandes sociétés industrielles sont issues du secteur public.

Cet enchevêtrement est particulièrement évident dans le secteur du nucléaire par lequel j'ai choisi de commencer cette enquête sur les nouveaux dessous des robes noires. Des dessous et des gros sous puisque les avocats opèrent désormais au cœur de l'économie.

Le présent ouvrage se propose d'illustrer ce nouveau rôle des robes noires en révélant différentes affaires, dont chacune d'elles met en exergue un aspect original du combat livré.

Le conflit Areva-Greenpeace démontre par exemple amplement que la proximité d'une entreprise avec l'État, sa contribution selon les uns à la souveraineté nationale, lui permet de modifier les textes de lois et que dès lors, le prétoire n'est qu'un lieu temporaire de cristallisation des différends.

La stratégie de contournement du CVIC, remarquablement astucieuse puisque confronté à un environnement politico-légal hostile, il devient possible à cet organisme professionnel de protéger son territoire en créant à ses adversaires des contraintes juridiques supplémentaires.

Enfin, la personnalité du créateur de Free Xavier Niel, procédurier acharné et combatif, lui a permis de faire tomber le monopole de l'opérateur historique, France Télécom puis Orange, pour devenir un des premiers entrepreneurs français. Un homme et une réussite toute balzacienne.

Dernière affaire évoquée, celle des algues vertes où les robes noires sont restées impuissantes jusqu'à ce qu'il y ait eu mort d'homme. Le drame leur donne des nouveaux fondements juridiques pour porter plainte et il reste en toile de fond une lutte contre le lobby agricole.

Mais le métier des robes noires se trouve par ailleurs en pleine mutation puisqu'il se heurte en France à la volonté expansionniste – impérialiste dirait les uns – des pays anglo-saxons qui veulent exporter leur droit et leurs juristes. C'est l'application d'une stratégie militaire classique : pour gagner une campagne, il faut couper les lignes d'approvisionnement de son adversaire ou à tout le moins les contrôler.

Autre facteur de vulnérabilité des robes noires ; la volonté d'autres professions de s'attaquer à leur monopole, qui s'explique notamment par leur participation à un service public fondamental dans toutes démocraties, celui de la justice.

La situation est d'autant plus complexe que la robe noire, en plus de ses qualités de juriste, doit posséder aujourd'hui celle de communiquant. Guerre sur le front des médias et guerre sur le front du droit s'enchevêtrent en effet largement. Qu'on en juge plutôt à l'aune de la bataille de Greenpeace contre Areva et le lobby nucléaire français…

Chapitre 1

Greenpeace à l'assaut d'Areva

Le matin de ce 12 février 2005, Maître Alexandre Faro guette la décision à son cabinet dans le 14e arrondissement de Paris. D'ordinaire calme et patient, l'avocat se sent tendu, sinon nerveux. Et pour cause! Aboutissement de longues années de procédure qui auront vu pas moins d'une dizaine de juridictions traiter de l'affaire, l'arrêt de la Cour d'appel de Caen s'annonce en effet décisif tant pour lui que pour son client, l'association écologiste Greenpeace.

Cela fait près de 10 ans que Faro est le conseil de l'association écologiste, fer de lance de la lutte contre une industrie du nucléaire considérée en France comme un moyen de produire de l'énergie électrique certes, mais avant tout comme une composante primordiale de l'indépendance nationale. Résultat : ses opposants passent volontiers pour des farfelus, voire de dangereux irresponsables Et ceux qui les défendent sont beaucoup moins bien vus des pouvoirs publics que des médias, dont une bonne part les soutient.

Un avocat pas comme les autres

Disons-le tout de suite : ce n'est pas un hasard si Maître Faro a choisi de mettre ses compétences juridiques à la disposition de Greenpeace. Son travail au service de l'association constitue en effet la suite logique de ses engagements de jeunesse.

Tout au long de ses années étudiantes, la future « robe noire » fut un militant assidu et efficace d'*Amnesty International.* Dès cette époque, il s'est juré de manier l'arme du droit pour servir de justes causes. Une arme doublée d'un art : celui de découvrir le défaut dans la cuirasse de la partie adverse. Et qui comporte ses exigences : celle, par exemple, de frapper sans faiblesse cet endroit sensible une fois qu'on l'a identifié.

« Ce courage de porter le coup juridique fatal, je l'aurai, chaque fois qu'il le faudra, chaque fois que ce sera moralement possible, chaque fois que le jeu en vaudra la chandelle », décide l'étudiant. Rêveries d'adolescent vite balayées par les dures réalités de la vie ? Il faut croire que non puisque son diplôme d'avocat en poche, Maître Faro va garder la fibre militante et associative qui a été la sienne pendant des années. Ainsi trouve-t-il une première collaboration selon son cœur chez un avocat connu, conseil de Greenpeace.

Quelle est, à l'époque, la stratégie de Greenpeace ? Plus médiatique que juridique, elle consiste à recourir aux avocats les plus connus de la place de Paris. En choisissant des ténors du barreau de la capitale, il s'agit de démontrer au public l'importance de la cause défendue. L'aspect technique du droit compte alors beaucoup moins que le coup d'éclat journalistique attendu.

Maître Alexandre Faro, comme tout jeune collaborateur, apprend de son maître de stage la manière de traiter les dossiers juridiques délicats de l'organisation écologiste. C'est pour constater rapidement que trop peu d'affaires plaidées par ses conseils débouchent sur des jugements favorables. La loi aussi jouerait-elle contre Greenpeace ? Ou ne serait-ce pas plutôt la difficulté, la complexité des dossiers ? Peu à peu, le jeune homme se forge la réflexion personnelle qui va le conduire à repenser la stratégie de prétoire de Greenpeace.

Après quelques années, il décide de se mettre à son compte. Sauf dans le domaine très spécifique du conseil, les règles de la profession d'avocat permettent à un collaborateur, lors de son départ, de conserver les clients qui le souhaitent. Dans ces conditions, et avec l'accord de toutes les parties en présence, Alexandre Faro va garder les dossiers mineurs de Greenpeace.

Jusqu'au jour de 1995 où il décide de franchir le pas…

Révolution juridique chez les écolos

Sans se prendre pour la petite souris, on peut imaginer la scène. Les responsables de Greenpeace France sont réunis en bureau. Alexandre Faro tourne alors vers eux son visage aux faux airs poupins. Et se présente en ces termes :

« J'ai 33 ans. J'ai un passé de militant associatif et j'ai essayé de servir la société dans de nombreuses associations comme les restos du cœur. Je suis devenu avocat depuis peu. Je peux maintenant plaider et je souhaite mettre mes nouvelles possibilités professionnelles au service d'autrui comme je l'ai fait dans de nombreuses associations.

J'ai cherché où mon savoir faire serait le plus utile. Il y a un combat qui mérite d'être mené, c'est celui de la préservation de la planète. C'est mon engagement au service de la Société pour les prochaines années. »

Après avoir marqué un temps de silence pour mieux frapper les esprits, l'avocat reprend d'un ton posé :

« J'ai observé votre stratégie juridique. Vous vous laissez assigner. Vous êtes condamnés à 99 % et vous utilisez ces condamnations pour vous poser en victime du lobby nucléaire et essayer de médiatiser un combat façon David contre Goliath en espérant qu'un jour la population prendra conscience des dangers du nucléaire. »

Sans remettre en cause le cœur des pratiques de Greenpeace – ces militants qui s'enchaînent spectaculairement aux voies ferrées ou déploient des banderoles dans des lieux symboliques pour attirer l'attention – il constate que ces méthodes ne peuvent, à elles seules, freiner l'expansion du nucléaire en France. Sa critique déclenche quelques remous.

C'est qu'il faut un sacré culot pour expliquer aux dirigeants de l'organisation qu'au fond, leur stratégie reste tout de même un peu courte. Mais d'audace, Faro n'en manque pas, et il leur dit en substance :

« J'ai étudié à fond les textes qui régissent le nucléaire en France. Sachez les utiliser à votre profit, et vous obtiendrez beaucoup d'informations inédites inaccessibles par d'autres moyens que ceux du droit. Des informations qui vous permettront d'obtenir la condamnation, au plan juridique et plus seulement moral, des entreprises impliquées. »

« Mais, dit-il aussi à ses interlocuteurs médusés, la bataille va être chaude. On ne peut en effet exclure des pressions sur les magistrats, des interventions législatives, des menées administratives obscures. N'oubliez pas qu'en France, le lobby nucléaire est solidement adossé à l'appareil d'État ». Autant dire qu'il ne promet à Greenpeace ni miracle, ni résultats à court terme.

Tempête sous les crânes des dirigeants. Que dira la base ? Que diront les sympathisants, nombreux dans les médias ? Doit-on avaliser un tournant aussi radical ? Après réflexion, la réponse finit par tomber : c'est oui, d'accord pour essayer.

Une véritable guerre judiciaire s'engage alors, où tous les coups sont permis. Un modèle de bras de fer au prétoire qui mériterait d'être enseigné dans les facultés de droit.

Il commence… par une série d'échecs. Les premiers essais d'Alexandre Faro s'avèrent en effet malheureux. Affaire perdue… affaire perdue… affaire perdue : rien qui puisse accréditer le bien-fondé des thèses de l'avocat. Il faudra attendre la bagatelle de sept ans pour que l'occasion se présente. Sept ans pendant lesquels le visage de la Cogema va changer du tout au tout sous l'influence de sa nouvelle présidente Anne Lauvergeon.

Du nucléaire bunkerisé au nucléaire décomplexé

Jean Syrota, le prédécesseur de madame Lauvergeon à la tête de la Cogema, se faisait du nucléaire la vision que certaines écoles de théologie se forgent de la religion : les problèmes posés sont si complexes, le niveau de connaissances à acquérir si élevé que les âmes simples doivent suivre sans chercher à comprendre. Il ne faut donc rien dire, rien expliquer et se retrancher comme une ultime barricade derrière la raison d'État. D'ailleurs, ceux qui posent des questions, qui émettent des craintes, voire des critiques sont sans doute manipulés de l'étranger.

On l'a dit plus haut : la bonne tradition gaullienne veut que le nucléaire même civil, constitue un élément clé de la souveraineté de l'État. Dans ces conditions, il ne peut que rester l'apanage d'une caste toute dévouée aux intérêts supérieurs de la France. Pas question pour elle de divulguer son savoir-faire. Parler du nucléaire, c'est transgresser. Communiquer aux médias, c'est presque trahir. Atome, domaine réservé, pas touche.

C'est le nucléaire bunkerisé.

Figée jusqu'en 1999, cette conception du nucléaire fermé comme une huître va donc évoluer avec l'arrivée d'Anne Lauvergeon.

Avec elle, c'est en effet une nouvelle génération de managers qui prend les leviers de commande. Une génération beaucoup plus jeune – Anne Lauvergeon est née en 1959, un an après la sortie de Jean Syrota de l'école polytechnique. Et bien décidée à vivre avec son temps.

Plus qu'une coïncidence de dates, ce sont deux approches différentes du nucléaire, parfois même opposées, qui vont s'affronter.

Comme Syrota, Anne Lauvergeon est issue de l'École nationale supérieure des Mines de Paris. Ses compétences ne se limitent toutefois pas aux questions techniques. Dans le domaine politique, elle fut une des sherpas du Président Mitterrand, chargée des relations internationales. L'occasion pour cette jeune femme universellement décrite comme une intelligence brillante de tisser un réseau personnel sur lequel elle va s'appuyer pour faire carrière, accéder à la direction de la principale société nucléaire française et y rester depuis plus de dix ans sous trois présidences successives. Avec peut-être un nouveau mandat en vue à l'heure où ce livre est sous presse.

Inutile de préciser qu'une telle performance en a laissé plus d'un pantois. Cette femme n'est pas seulement une tête bien faite, c'est une tête tout court.

En juin 1999, voilà Anne Lauvergeon Président Directeur Général de Cogema, ce géant du nucléaire français. Un géant qui change bien vite de nom. Après modification du statut juridique de la société, l'ancienne sherpa de Mitterrand devient en effet, le 3 juillet 2001, présidente du directoire d'Areva.

Ce, non sans avoir d'abord imposé le nom d'Areva à la holding qui détenait Cogema, société qui, elle, prendra ultérieurement le nom d'Areva NC.

Et il ne s'agit pas seulement d'un ravalement de façade. Anne Lauvergeon comprend rapidement que s'il veut être accepté par les populations, le nucléaire doit sortir de sa mentalité de ghetto, être plus transparent.

Dans un registre plus agressif, c'est sous sa direction que se profile l'ère du nucléaire décomplexé. Une industrie qui, du fait qu'elle n'aurait « rien à se reprocher » peut se permettre de matraquer judiciairement les associations écologistes. Frapper, en d'autres termes, là où cela fait mal : au portefeuille…

Ce positionnement plus dur s'accompagne d'une psychologie plus fine. Anne Lauvergeon, voyant l'opinion publique de plus en plus sensible au réchauffement climatique, décide d'installer Areva sur ce créneau très porteur.

L'astuce est habile, voire géniale : pour le grand public, l'absence de production de gaz carbonique équivaut à un label « écolo ». D'où une occultation du côté dangereux du nucléaire, peut-être mise à mal récemment par la catastrophe de Fukushima. Depuis cette réorientation stratégique pour les uns, nouvelle poudre aux yeux pour les autres, aucun communiqué de presse mis en ligne sur le site d'Areva, commentaires des décisions de justice inclus, n'omettra de rappeler que le nucléaire constitue une énergie sans CO2.

Cette stratégie axée en partie sur la « com » comporte cependant sa rançon au plan judiciaire puisque toute condamnation d'Areva ou d'une de ses filiales, véritable catastrophe, mettrait à néant l'approche marketing toute entière de la société. Il faut donc éviter à tout prix de se mettre dans un pareil cas.

Ce qui suppose, face à la nouvelle stratégie juridique impulsée par Alexandre Faro pour Greenpeace, une riposte virulente d'Areva. De quoi redonner de l'aliment de prétoire à l'hostilité réciproque ancienne déjà et presque mythique entre l'organisation écologiste et l'entreprise nucléaire.

Sus à la Hague !

L'usine de la Hague a été créée en 1966.

Elle n'est en effet dans un premier temps qu'un centre de recherches dépendant du CEA et ce n'est qu'à partir des années 1980 qu'elle commence à traiter réellement des déchets.

C'est également à partir de ce moment que la centrale de Flamanville, distante de seulement quelques dizaines de kilomètres commence à être construite. Elle entrera en fonction en 1985.

Les mouvements écologistes vont donc combattre dans un même mouvement tant l'usine de retraitement que la centrale nucléaire.

La contestation prend des formes très médiatiques.

Les grues du port sont alors occupées, des manifestants en nombre important défilent dans les rues de Cherbourg.

La protestation se déplace sur le terrain judiciaire puisque des militants sont poursuivis pour entrave à la circulation des trains, etc., et la seule stratégie judiciaire de Greenpeace semble être de défendre ses militants.

Une autre association écologiste semble être plus dynamique, le Comité de réflexion, d'information et de lutte antinucléaire, (Crilan) et son président Didier Anger obtiennent même, en 1999, la mise en examen de la Cogema pour mise en danger de la vie d'autrui. Les plaignants soutiennent que les déchets reçus des pays étrangers n'ont pas été rapatriés à de rares exceptions et que les conditions de stockage ne sont pas admissibles.

Didier Anger est représenté par un avocat, peu connu à l'époque, Thibault de Montbrial, qui devait être cité quelques années après dans de nombreux articles de journaux puisqu'il fut soupçonné d'avoir été impliqué dans l'affaire Clearstream. Ce nom resurgit également dans l'affaire de l'attentat de Karachi, cette fois en qualité de conseil d'une des parties, procédure qui pourrait être liée à une affaire de rétro-commissions.

Fait inédit et totalement inhabituel, le juge d'instruction décide d'un transport sur place, c'est-à-dire qu'il se rend sur les lieux pour constater le bien ou le mal fondé de la plainte.

L'ambiance est exceptionnellement tendue comme le raconte un journaliste de *Libération* Matthieu Écoiffier[1] :

« Lundi 17 mai, les cerbères à la porte de l'usine de La Hague ont le geste précis et l'oreillette bien calée. Le visiteur, Frédéric Chevallier, a droit à des égards : il est l'unique juge d'instruction de Cherbourg. La Cogema est mise en examen pour "mise en danger d'autrui". "Cette fois, la direction n'avait pas donné leur après-midi de congé à ses employés pour manifester", note Didier Anger, chef de file des Verts de Basse-Normandie, présent lors de cette visite. Et d'une précédente, le 19 janvier. Ambiance différente, ce jour-là, en effet, les vigiles regardaient,

1. *Libération* du 13 juillet 1999.

hilares et impassibles, Daniel Cohn-Bendit essuyer une volée d'œufs pourris, de purin et d'insultes à l'entrée de l'usine de retraitement de La Hague. "Pédé", "enculé", "retourne en Allemagne", "on va te buter", hurlaient trois cents ouvriers de la Cogema à la face de celui qu'ils accusaient d'être le "fossoyeur du nucléaire". La plainte de Didier Anger, déposée avec le Comité de réflexion, d'information et de lutte antinucléaire (Crilan) en 1994, est à l'origine de ce "transport de justice". Le juge, guidé par deux directeurs de la Cogema, Philippe Pradel (combustible et recyclage) et Jean-Pierre Laurent (qualité, sûreté et environnement), a marché sur les silos où sont entreposés certains déchets de haute activité, notamment issus de centrales nucléaires étrangères. "La Cogema a proposé au juge de venir voir les entreposages, puisque c'est prétendument le cœur de la plainte. Personne n'est malade, ni mort depuis", ironise Kiril Bourgartchev, l'un des avocats de la Cogema».

Monsieur Chevallier sera remplacé par le juge Stanislas Sandraps, qui rend en 2002 une ordonnance de non-lieu en faveur de Cogema. D'après cette société, à la suite d'un long travail mené contradictoirement, l'expert nommé par le juge a notamment estimé que l'entreposage de résidus issus du traitement des combustibles usés en attente de retour vers les clients étrangers n'était pas contraire aux dispositions légales interdisant le stockage de résidus étrangers sur le territoire français.

Après un combat visiblement inégal, le Crilan devait s'incliner, n'ayant pas pu démontrer qu'il avait qualité à agir et à représenter tous ceux qui défendent l'environnement et qui refusent l'opacité du système nucléaire français.

Ce problème ne se pose pas pour Greenpeace puisqu'elle est reconnue comme association de protection de l'environnement depuis le 28 septembre 1994. L'agrément est donné par le ministère chargé de l'environnement et a pour effet de permettre à l'association de se constituer partie civile dans des affaires pénales ayant trait à la protection de l'environnement.

Cet agrément a ainsi permis à Greenpeace de saisir le juge d'instruction dans une affaire de pollution au large de la Hague, précisément à l'Anse des Moulinets.

L'Anse des Moulinets

Bertrand Cabedoche qui a publié *Ce nucléaire qu'on nous montre*, aux éditions L'Harmattan explique que Greenpeace a commencé à être crédible dans les médias à compter de la reprise des essais nucléaires français en 1995.

C'est à ce moment que la presse se serait aperçue de sa formidable organisation. Les pouvoirs publics en auraient été même démunis face à ce professionnalisme.

C'est deux ans plus tard que Greenpeace décide de monter une nouvelle campagne de presse sur le rejet en mer par l'usine d'effluents radioactifs de la Hague. La canalisation en question aboutit dans une petite crique, l'Anse des Moulinets et il fallait la détartrer.

L'association écologiste décide d'effectuer des prélèvements en mer pour prouver ses dires sur les rejets et communique ses résultats aux médias.

Très vite la presse s'empare de l'affaire.

Le 12 mars, *Ouest-France* titre : « La Hague : la marée de 119 découvre la radioactivité. Des taux 3 000 fois supérieurs à la normale. L'émission *Thalassa* diffuse, le 18 avril, un reportage intitulé « Le grand doute », tandis que *Le Monde* publie une double page sous le titre « La Hague est-elle mortelle[1] ? »

Ces prélèvements font écho à une étude du professeur Viel qui estime que le taux de leucémie autour de la Hague est plus élevé que sur les autres parties du territoire national.

1. Cités dans O. Baisnée, « Publiciser le risque nucléaire. La polémique autour de la conduite de rejets en mer de l'usine de La Hague » *in Politix*, 2001, Vol. 14, N° 54, pp. 157-181.

Selon, l'association écologiste, les résultats sont affligeants pour la Cogema qui décide de réagir. Elle y est contrainte pour deux raisons : d'une part, en raison de l'audience atteinte dans les médias par ces prélèvements (il y avait eu les années précédentes des prélèvements mais la presse n'avait pas été sensible au sujet) et d'autre part, car elle se trouve en phase de renouvellement de ses autorisations.

De plus, Dominique Voynet vient d'entrer au gouvernement comme ministre de l'Environnement (5 juin 1997) et il y a certainement de la part de l'association écologiste la volonté de la tester.

Areva veut certainement pour sa part connaître les orientations de la nouvelle responsable.

Est-ce l'influence de cette ministre écologiste ? Les pouvoirs publics laissent désormais s'opérer les prélèvements et la Cogema se voit contrainte de trouver une solution pour retirer de la canalisation le tartre radioactif qui s'y était accumulé depuis des années.

En parallèle à cette action médiatique, Greenpeace a donc saisi le juge d'instruction du tribunal de grande instance de Cherbourg d'une plainte pénale visant le délit de pollution.

L'ironie du sort a voulu que le jour même où il était entendu par le juge d'instruction pour se voir signifier sa mise en examen du chef de pollution, le patron de l'usine de la Hague, Patrick Ledermann, reçoive un appel de ses services : un incident venait de se produire avec un rejet accidentel en mer d'une quantité importante de tartre radioactif ! Le dirigeant reste néanmoins impassible, continuant à expliquer au juge, schémas étalés sur la table à l'appui, que le mécanisme de récupération du tartre est fiable à 100 %...

Le souvenir de cet après-midi marquera probablement le juge d'instruction Chevallier, car quelques mois plus tard, c'est lui qui accède à la demande de Greenpeace de prélèvements d'échantillons de tartre au bout de la canalisation en pleine mer.

L'opération s'annonce cependant périlleuse et compliquée sur le plan judiciaire.

Le juge demande à la gendarmerie maritime si elle peut se charger de l'opération. Cette dernière lui répond qu'elle n'est pas équipée pour travailler dans de telles conditions (la canalisation se trouve à 30 mètres sous l'eau et cracherait des effluents radioactifs).

Les hommes-grenouilles espagnols et allemands de Greenpeace sont à l'évidence mieux préparés pour ce genre de plongées puisqu'ils les ont déjà réalisées. Il faut d'une part s'équiper de combinaisons de plongée plus épaisses et d'autre part, éviter de rester sur place plus de cinq minutes d'affilée pour ne pas recevoir de doses trop élevées. Enfin il faut disposer de fûts enrobés de plomb pour stocker les échantillons une fois à bord du navire.

La difficulté tient cependant au fait que Greenpeace, dans cette procédure, est la plaignante et la Cogema la prévenue. Or, le juge se doit de garantir l'impartialité dans l'administration de la preuve. Il est donc hors de question que Greenpeace aille chercher les échantillons elle-même.

Le juge Chevallier a alors cette idée : les plongeurs de Greenpeace iront chercher les échantillons mais ils seront filmés par des plongeurs de la Marine Nationale.

« C'est ainsi que l'on s'est retrouvés dans un scénario surréaliste, raconte Alexandre Faro, d'un côté le juge Chevallier supervisait les opérations depuis une corvette de la Marine, de l'autre j'étais sur le Sirius avec les gars de Greenpeace et en face de nous, au-dessus des falaises se dessinaient les contours imposants de l'usine de la Hague, j'ai pensé à ce moment-là au chemin parcouru depuis dix ans quand des nageurs de combat dynamitaient de nuit le *Rainbow Warrior*, causant la mort d'Acacio Pereira ».

En rentrant au port de Cherbourg, Alexandre Faro passe devant les zodiacs dégonflés saisis à Greenpeace qui croupissent dans un coin près des locaux de la gendarmerie maritime. Après cette parenthèse aquatique, la réalité va rapidement se rappeler à lui.

Le tartre dans le prétoire

Le juge d'instruction détient le pouvoir « d'instruire le dossier » c'est-à-dire essentiellement de rechercher avec l'aide de la police judiciaire les preuves à charge et à décharge, mais il ne peut ordonner à la Cogema de cesser ses rejets radioactifs en mer.

Logiquement, en septembre 1997, Greenpeace saisit alors en référé le Président du tribunal de grande instance de Cherbourg et sollicite l'interdiction pour Cogema d'effectuer des rejets puisqu'ils excèdent les taux autorisés.

Le référé devant les juridictions est une procédure d'urgence au cours de laquelle le magistrat, si le dossier lui semble évident ou s'il y a péril, statue. La procédure dure généralement une quinzaine de jours. Il suffit de choisir une date au greffe spécialisé du tribunal et de faire délivrer l'assignation. La décision est exécutoire de plein droit, c'est-à-dire que même si une partie fait appel, elle se doit d'exécuter ce qui a été décidé par le juge.

Cogema contre-attaque et demande l'interdiction des prélèvements sous astreinte de 300 000 euros par infraction.

Deux thèses s'affrontent alors à l'audience.

Pour la Cogema, des arrêtés préfectoraux interdisent dans cette anse le mouillage, le dragage, la pêche, la baignade, etc.

Greenpeace est donc en infraction en plongeant sur place. La société ajoute que Greenpeace ralentirait les travaux de détartrage.

L'association écologiste se gausse alors en répliquant que la Cogema elle-même avait déclaré que ses travaux étaient terminés et qu'elle était sur le site depuis mars. Pourquoi avoir attendu aussi longtemps pour solliciter une interdiction s'il y avait gêne ?

Le ton monte même lors de l'audience quand le conseil de la Cogema assimile les militants de Greenpeace aux kamikazes qui mettent en danger la vie d'autrui et la leur. Cette expression ne serait sans doute par reprise aujourd'hui à la lueur des flammes de la centrale de Fukushima.

L'association écologiste répond en disant que la mer est à tous et que la volonté que met la Cogema à vouloir interdire les prélèvements équivaut à un aveu de la radioactivité de la conduite.

Pour faire pression sur Alexandre Faro, la Cogema n'hésite pas à demander à ses cadres de venir et de trépigner pendant la plaidoirie de l'avocat de Greenpeace, procédé qu'elle utilisera à de nombreuses reprises.

Concomitamment, la commission spéciale et permanente de la Hague décidait de réunir les protagonistes sur le site. Cette commission est un lien entre les différentes parties prenantes pouvoirs publics, industriels, élus, etc.

Lors de l'audience, le magistrat n'hésite pas à faire allusion à cette réunion et à demander aux parties de concilier.

De son côté, la CGT manifeste devant le tribunal en clamant que faire droit aux prétentions de Greenpeace mettrait des centaines de personnes au chômage.

Le conseil de Cogema n'hésitera pas à soutenir que Greenpeace n'a aucune compétence qui lui permettrait d'avoir le droit de faire les prélèvements.

Le 14 octobre 1997, le tribunal va botter en touche et déclarer que les associations n'ont pas la possibilité d'agir en référé.

Le second round va se jouer alors en Cour d'appel à Caen et cette juridiction en février 2000 considérera que Greenpeace est légitime pour représenter les écologistes. C'est déjà une victoire pour l'association.

Pendant la durée de la procédure, Greenpeace continue ses prélèvements et remplit une cuve de 1 000 litres de l'eau de mer de l'Anse des Moulinets.

À leur arrivée au port, la cuve est confisquée par la gendarmerie et stockée sur le site de Cogema ce qui apparaît pour le moins étonnant.

En avril 2000, des militants décident de la récupérer. Ils prennent un camion-grue et on leur répond que la cuve est sous l'autorité du préfet. Ils décident alors de se rendre à la préfecture le 29 novembre, ils se retrouvent au tribunal correctionnel, poursuivis pour entrave à la circulation.

L'incrimination est dérisoire par rapport à l'enjeu.

Après les moulinets, les parties croisent le fer

Tout commence en 2000. Dans les eaux glacées de la Manche, se profile l'étrave d'un bateau. Au loin, la côte. C'est le cap de la Hague plus connu aujourd'hui tant par son usine de retraitement nucléaire que par le village de Gréville où est né Jean-Baptiste Millet. Là où il a peint les premières toiles qui l'ont rendu célèbre.

Selon les antinucléaires, ce n'est pas *L'Angélus* (même si ce tableau a été réalisé loin de la Normandie) que le précurseur des impressionnistes aurait dû peindre mais « le glas ».

L'usine est constituée d'immenses bâtiments qui défigurent un des départements les plus ruraux de France et que l'on voit même de la mer, à plusieurs kilomètres des côtes. Mais cette usine a créé de très nombreux emplois dans une région déshéritée et pauvre.

Ce bateau – c'est *Le Bouguenais* – est immatriculé aux îles Kerguelen. Il se dirige en ce mois de mars 2001 vers le port de Cherbourg avec une cargaison de déchets nucléaires australiens pour qu'ils soient retraités et en principe retournés dans leur pays d'origine. Ces déchets doivent être traités en France, en application d'un contrat passé entre Cogema et la société australienne ANSTO, le 22 janvier 1999. Ce nouveau débarquement est inacceptable pour la mouvance écologiste incarnée principalement par Greenpeace et une autre association Manche Nature. Au fil du temps, l'usine de la Hague comme celle de Marcoule est devenue un symbole, celui de leur bataille de l'atome.

Que la France développe ses propres centrales, passe encore. Mais qu'en plus elle se mette à retraiter les déchets nucléaires des autres pays, c'est intolérable.

De son côté Cogema, ne veut pas de nouvel esclandre avec les écologistes qui porterait atteinte à sa réputation ou qui l'empêcherait de remplir ses contrats avec l'Australie et d'autres pays comme l'Allemagne, les Pays-Bas ou… le Japon.

Elle avait déjà obtenu en janvier 2000 l'interdiction pour les militants Greenpeace de s'approcher du *Bouguenais*, avec à la clef une astreinte importante.

Laisser faire les écologistes, c'est perdre en crédibilité et laisser croire que sa technologie ne serait pas au point. L'arrêt des processus de retraitement mettrait des milliers de personnes au chômage. Un coup quasi fatal porté à la filaire nucléaire française.

C'est plus que de la méfiance et presque de la haine qui oppose les deux parties. Il est vrai que l'association et la société nucléaire ont croisé le fer et se connaissent bien.

Pas touche à l'usine

Une multitude de procès va alors opposer Greenpeace et Areva sur le déchargement des déchets.

Cogema ne veut pas voir son activité ralentie par les militants de l'association écologiste. Elle saisit donc le Président du tribunal de Cherbourg. Le Président du tribunal de grande instance de Cherbourg, le 18 janvier 2000, fait défense à Greenpeace France, Yannick Rousselet, Jean-Luc Thierry, à tout membre de cette association ou à toute personne placée même temporairement sous leur contrôle, leur autorité ou leurs directives, ce y compris ce jour, jusqu'au 23 janvier 2000 :

– de s'approcher, à moins de cent mètres dans le port de Cherbourg et à moins de trois cents mètres en mer, du navire *Le Bouguenais*, devant assurer, à compter de ce jour, l'acheminement, le déchargement et le transport d'éléments combustibles usés et cela, uniquement, dans les eaux territoriales et intérieures françaises ;

– de bloquer ou de tenter de bloquer l'accès et la sortie du port de Cherbourg ;

– de perturber de quelque manière que ce soit l'acheminement, le déchargement et le transport en s'approchant à moins de cinq cents mètres des convois d'éléments combustibles usés, de créer toute entrave ou gêne à l'acheminement des éléments combustibles usés jusqu'à l'usine Cogema de La Hague.

Le président du tribunal ajoute que ces interdictions sont assorties d'une astreinte provisoire de 100 000 francs (soit environ 15 000 euros) par infraction constatée.

Il ordonne sous la même astreinte, l'expulsion immédiate avec le concours de la force publique si nécessaire de toute personne dépendant ou se réclamant du mouvement Greenpeace qui viendrait à occuper, depuis le navire *Le Bouguenais* jusqu'à l'usine de La Hague, tout bien meuble ou immeuble appartenant ou mis à la disposition de la demanderesse pour les besoins du déchargement et de l'acheminement des éléments combustibles.

Cette décision sera confirmée par la Cour d'appel de Caen le 9 octobre 2001.

Greenpeace refuse de s'y plier et continue ses manœuvres d'intimidation.

La Cogema décide de l'assigner en liquidation de l'astreinte, c'est-à-dire qu'elle demande au tribunal de vérifier le nombre d'entorses commises par l'association écologiste et de la multiplier par 100 000 francs.

Le tribunal décide de forfaitiser la somme à 51 212 euros et condamne donc l'association écologiste.

Sans plus attendre, Cogema s'empresse de saisir les comptes bancaires de Greenpeace pour qui la situation est inacceptable : les contributions des militants vont tomber dans l'escarcelle d'une société nucléaire !!!

C'est Ubu, couronné par les neutrons ; le château de Kafka transmuté en centrale nucléaire ou l'arrivée en gare atomique train de 8 heures 47, cher à Courteline.

Pour ne pas régler la condamnation, une délégation d'une trentaine de militants de Greenpeace débarque le 7 juillet 2004, au siège social d'Areva à Paris. Elle veut rencontrer Anne Lauvergeon, et lui remettre un chèque factice Greenpeace à l'ordre de la Fondation Nicolas Hulot pour la Nature et l'Homme.

La délégation porte des tee-shirts ornés du slogan : « Non, nous n'allons pas nous taire ». Elle déploie une banderole avec : « Saisie-vente, Secret défense… », « Greenpeace en danger », « Nous n'allons pas nous taire ».

Cette manifestation intervient au moment où Areva essaye de redorer son blason en participant à la Coupe de l'America. Faire exécuter le jugement présente donc des risques pour elle, qu'il faut cantonner.

Areva répond à cette proposition par un refus et une contre-proposition voisine de celle de Greenpeace.

Elle met en avant que cette somme lui revient et qu'elle est en droit d'en user comme elle le veut, et concédant qu'une cause humanitaire est une idée judicieuse, elle affirme vouloir consacrer le montant à des actions de lutte contre le sida en Afrique.

Zone d'exclusion judiciaire

La Cogema obtient le 6 mars 2001, la condamnation de trois militants allemands de Greenpeace qui s'étaient opposés au transport de Mox, par le tribunal correctionnel de Cherbourg, à 5 000 francs d'amende chacun pour « pénétration et circulation irrégulières sur une voie ferrée ».

Le Mox, abréviation de Mélange d'OXydes est un combustible nucléaire très puissant.

Cogema décide de s'appuyer sur cette décision pour coincer sa bête noire.

Elle assigne Greenpeace France et Greenpeace International en référé dit « d'heure à heure ». Il s'agit d'une procédure d'extrême urgence qui permet d'obtenir des mesures conservatoires pour prévenir un risque de dommage imminent. Dans ce cas, une décision peut être rendue en moins de 24 heures.

Prétextant les obstructions précédentes, la Cogema demande au juge des référés, de faire interdiction aux militants de Greenpeace de s'approcher à moins de 100 mètres du navire *Le Bouguenais* qui transporte ces déchets depuis l'Australie et d'en perturber le déchargement et l'acheminement jusqu'à l'usine de la Hague, sa destination finale et ce sous des astreintes dissuasives de 500 000 francs par infraction constatée.

Pour sa défense, Greenpeace fait valoir que la Cogema ne démontre pas qu'elle ait obtenu les autorisations nécessaires pour retraiter ce type de matières qui sont beaucoup plus radiotoxiques que les combustibles usés issus de réacteurs électrogènes. Il s'agit de matières fissiles issues de réacteurs de recherche. L'explication de ces nouvelles importations est assez simple. La Cogema voyant se terminer les contrats de retraitement de combustibles usés conclus avec l'Allemagne qui décide de sortir du tout nucléaire et du Japon qui s'est doté d'une usine de retraitement, cherche de nouveaux débouchés pour la Hague.

Elle décide alors d'ouvrir ses portes à des matières issues notamment de laboratoires de recherche qui ne sont pas destinées à être transformées en MOX. En outre, la Cogema, qui vient de fusionner avec Framatome, cherche également à vendre à l'Australie un nouveau réacteur nucléaire.

Greenpeace profite donc de cette audience pour faire une demande reconventionnelle : elle sollicite du juge qui la prononce la condamnation de la Cogema à lui remettre une copie du contrat conclu avec les Australiens. Le tout sous astreinte de 100 000 euros par jour de retard. Greenpeace pense exhumer du contrat des éléments qui démontreraient que la Cogema n'a nullement l'intention de « retraiter » ces déchets mais de les stocker en France en violation des dispositions de la loi Bataille (du nom du député qui la fit adopter) du 30 décembre 1991.

Fort de cette décision et des quelques éléments du contrat que la Cogema communique le matin même de l'audience, Alexandre Faro rédige sur place et en quelques heures à peine (compte tenu de l'arrivée imminente du navire en provenance d'Australie) une assignation en référé d'heure à heure. Il sollicite l'interdiction du déchargement des déchets nucléaires du *Bouguenais* et la communication intégrale du contrat avec les Australiens.

La requête est présentée dans la soirée au juge de permanence, qui autorise Greenpeace à assigner la Cogema à l'audience prévue le lendemain matin même à 9 heures au Palais de Justice de Cherbourg. L'arroseur devient l'arrosé, la Cogema se voit poursuivie par les mêmes ruses procédurales qu'elle utilise depuis des années contre Greenpeace.

Le tribunal met en demeure la société nucléaire de fournir à l'association écologiste les « dispositions parapluie » prises entre la compagnie et son client australien, ANSTO, le 15 octobre 1999, ainsi que les annexes à la demande d'autorisation formulée à la direction de surveillance des installations nucléaires (DSIN) du 2 février 2000. Le tout sous la menace d'une astreinte de 100 000 francs (environ 15 000 euros) par document et par jour sous un délai de huit jours maximum.

Le juge interdit aussi le débarquement sur le sol français des combustibles australiens usés dans la mesure où il s'agit précisément de déchets.

La décision fait quelques remous dans la classe politique, puisque lors des questions parlementaires, Jean-François Le Grand, sénateur de la Manche dès le 6 avril 2001, s'inquiète de l'état de la légalisation. Il voit sans doute dans la décision de la juridiction un risque d'affaiblissement du tissu économique de Basse-Normandie.

Jean-Pierre Chevènement pourtant d'un bord opposé à celui du sénateur de la Manche, n'hésite pas à clamer à la tribune de l'Assemblée que le jugement de Cherbourg est « inquiétant » pour l'avenir du nucléaire en France.

Les relais parlementaires de la Cogema ont visiblement agi. Ils lui serviront par la suite.

La Cogema fait appel

La Cogema saisit la Cour d'appel de Caen qui estime qu'il n'entre pas dans les pouvoirs du juge des référés d'effectuer une telle interdiction mais elle ordonne la communication des pièces demandées, autrement dit de contrats couverts par un secret aussi fort que ceux d'État.

Mais la décision du juge des référés qui ne statue qu'au vu de l'évidence, n'a qu'un caractère provisoire. Elle peut être réduite à néant par les procédures ordinaires qui jugent du fond des affaires.

La décision qui donne gain de cause à Greenpeace est alors partiellement annulée.

Greenpeace perd et la Cogema décharge nuitamment les combustibles nucléaires.

La partie semble donc perdue pour l'association écologiste. Mais, il en faut plus à Alexandre Faro pour se décourager. L'aspect poupin de la robe noire cache encore une énergie peu commune.

Greenpeace contre-attaque

Greenpeace ne se décourage pas et décide d'intenter une nouvelle procédure cette fois-ci au fond en utilisant « un jour fixe » pour faire interdire la poursuite du contrat.

C'est un truisme, une évidence que de souligner la lenteur de la justice, qu'un procès peut durer plusieurs années, et dans certains cas excéder la décennie.

Cette lenteur n'est naturellement pas adaptée aux situations d'urgence. Le code de procédure civile propose donc deux exceptions, le référé que l'on vient de voir et le jour fixe.

Mais, certaines affaires combinent urgence et complexité, comme dans les dossiers nucléaires.

Dans ce cas, pour bénéficier d'une procédure accélérée, il faut solliciter une décision du Président du Tribunal qui va fixer un jour (d'où le nom de la procédure) où l'affaire sera entendue et au cours de laquelle sera fixée la date des plaidoiries.

Le demandeur gagne donc par cette procédure un temps précieux. Mais, cet avantage rencontre un inconvénient : le défendeur peut présenter son argumentation au tribunal au dernier moment. Il est alors difficile à la partie en demande de répondre aux arguments de son adversaire.

Contrairement au juge des référés dont les pouvoirs sont limités par les textes, le juge statuant sur un jour fixe dispose de tous les pouvoirs d'un juge ordinaire.

Greenpeace dépose donc une requête au Président et lui explique le dossier. Première victoire, elle obtient le 13 avril 2001, l'autorisation d'assigner pour le 23 avril date à laquelle le tribunal fixe le jour des plaidoiries.

L'audience doit se tenir le 21 mai 2001 dans le petit tribunal de Cherbourg. Alexandre Faro a reçu les conclusions de la Cogema la veille de l'audience. Il a travaillé une partie de la nuit, seul dans sa chambre d'hôtel.

Ces conclusions ne sont qu'une réponse partielle à l'argumentation de l'association écologiste. Elles ont été rédigées par le cabinet Gide.

Les robes noires d'Areva

De son côté, la Cogema désigne pour la représenter le plus grand cabinet d'avocats français, le cabinet Gide qui détache deux avocats pour plaider le dossier : Kiril Bourgartchev et Laurent Deruy.

Kyril Bourgartchev est né en 1964. Il est l'un des plus brillants avocats de sa génération, ce qui lui a valu d'être nommé secrétaire de la conférence.

Ce concours d'éloquence permet de sélectionner les meilleurs avocats de chaque promotion. Bon nombre de robes noires connues ont été sélectionnées. C'est l'aristocratie du barreau.

Voilà le bretteur de l'équipe qui va pouvoir s'adosser à son confrère. Il est déjà intervenu dans plusieurs affaires opposant Greenpeace et Areva.

Laurent Deruy est aussi une personnalité, ancien Conseiller référendaire à la Cour des comptes devenu avocat. Dans le duo, c'est le technicien.

Alexandre Faro, lui est seul. Le cabinet Gide est important : plusieurs centaines d'avocats dont plusieurs, voire des dizaines peuvent être mobilisés sur un seul dossier. Les honoraires que peut payer la Cogema ne sont pas les mêmes que les quelques défraiements que Greenpeace alloue à Alexandre Faro.

Il y a dans l'organisation du procès un déséquilibre manifeste, un combat de David contre Goliath, un pot de terre contre un pot de fer. Mais ce déséquilibre n'est pas interdit par la loi qui ne sanctionne pas l'inégalité des armes.

À chacun de mettre les moyens qu'il souhaite pour sa défense.

Coup de poker à l'audience

La salle d'audience est comble, Cogema demande encore une fois à ses principaux cadres de venir assister à la plaidoirie.

La société poursuit un double but en faisant venir ses salariés : faire comprendre au magistrat que sa décision aura des conséquences humaines considérables et montrer à ses cadres que la société fait son maximum pour maintenir l'activité.

Si par extraordinaire, une interdiction est prononcée, la gestion humaine en sera grandement facilitée s'il faut procéder à des mesures sociales comme du chômage partiel, voire des licenciements.

De son côté, l'association écologiste tente de faire venir quelques militants, bien peu nombreux.

Pour l'avocat de Greenpeace, plaider dans ces conditions n'est pas facile. Un avocat sent toujours quand une assistance lui est hostile et avant même d'entrer dans la salle d'audience, il doit passer devant les salariés de l'adversaire de son client qui le toisent et qui parfois lui adressent des regards menaçants. La plaidoirie est souvent interrompue par des grommellements désapprobateurs, des bougonnements contestataires.

Difficile dans ces conditions de plaider stoïquement, de conserver le fil de ses idées, d'ignorer les perturbations et les pressions.

Alexandre Faro plaide et répond aux écritures d'Areva, vertement bien sûr. Deux arguments assez techniques à l'appui de ses affirmations :

Le premier assez trivial : la Cogema n'a pas obtenu les autorisations nécessaires pour traiter le combustible australien. Il ne peut donc exploiter.

Le second est plus complexe techniquement : la Cogema ne respecte pas les dispositions de la loi Bataille sur la gestion des déchets nucléaires.

Cette loi de 1991 précise que l'on ne peut stocker des déchets nucléaires qu'à des fins de retraitement. Or, une fois traité, le MOX doit être stocké pour baisser en température. Mais, comme la loi ne prévoit pas la possibilité de stockage après traitement, la Cogema ne peut intervenir sur les déchets australiens.

Greenpeace demande donc l'interdiction sous astreinte de 150 000 francs par jour de toute nouvelle importation de déchets.

Cogema va alors tenter un coup de poker et tout miser sur un point de compétence. Elle ne conclut même pas sur le fond du dossier.

Puisque Greenpeace parle d'autorisation administrative, la juridiction compétente n'est certes pas le tribunal de grande instance, mais le tribunal administratif.

L'organisation des tribunaux en France contrairement à d'autres pays est très complexe : d'un côté, les juridictions de l'ordre judiciaire traitent les affaires concernant les personnes privées, particuliers, sociétés, association, etc. et de l'autre, les juridictions administratives statuent sur tout ce qui a trait à toutes les personnes publiques comme l'État, les collectivités locales, les établissements publics, etc.

Cogema soutient sans complexe que seul le tribunal administratif aurait dû être saisi puisque statuer sur la demande de Greenpeace revient à contester la légalité des actes permettant le traitement des déchets australiens.

La société nucléaire est épaulée dans son combat par le Procureur de la République, qui se fait à l'audience le porte-parole du Préfet de la Manche, qui estime également que cette affaire relève de la compétence du tribunal administratif.

Le tribunal va alors prendre une décision de Normand : tout en finesse et en astuce. Il va se reconnaître compétent, ce qui revient à donner raison à l'association écologiste mais indique qu'il ne statuera sur le fond du dossier que si aucune des parties ne forme un recours sur le fait qu'il se soit reconnu compétent.

La décision ouvre alors la possibilité à Cogema de former un recours et de gagner ainsi plusieurs années et de traiter pendant ce temps les déchets nucléaires reçus de l'étranger.

Nous ne sommes pas loin du « p'être ben qu'oui, p'être ben que non ».

La partie continue au tribunal des conflits

Lorsque l'une des parties prétend qu'il faut saisir l'autre ordre de juridiction, l'affaire est transmise à un tribunal spécialisé, le tribunal des conflits dont le seul rôle est de décider de la juridiction apte à juger le dossier.

La Cogema va alors utiliser un artifice de procédure assez subtil, porté à la connaissance de tous par une question posée par un sénateur au ministre de l'Industrie, le 29 mars 2001.

La demande est sans ambiguïté et reprend curieusement les arguments de Cogema :

« M. René Trégouët rappelle à l'attention de M. le secrétaire d'État à l'industrie la décision prise par le tribunal de Cherbourg courant mars d'interdire le déchargement de cinq containers de déchets nucléaires australiens destinés à la Cogema. Cette décision sans précédent concerne potentiellement des milliers de tonnes de produits et pourrait mettre en cause assez rapidement des milliers d'emplois. Certains craignent déjà, pour l'avenir, des jugements identiques concernant des combustibles en provenance d'autres pays. Sans qu'il soit question de mettre en cause le bien-fondé d'une décision de justice, il lui demande de bien vouloir lui dire ce qu'il compte entreprendre afin d'éviter qu'une telle situation ne se reproduise étant observé que, dans le présent jugement, ce sont les possibilités techniques du centre de retraitement qui ont été mises en cause par les opposants au déchargement des déchets. »

Le ministre délégué à l'industrie répond alors : « … Le 21 avril, le préfet de la Manche a adressé au procureur de la République près le tribunal de grande instance de Cherbourg un déclinatoire de compétence afin que le tribunal se déclare incompétent pour juger cette affaire. Celui-ci s'étant au contraire déclaré compétent par jugement en date du 25 juin, le préfet a, par un arrêt en date du 6 juillet, élevé le conflit d'attribution devant le tribunal des conflits. » Et après avoir glosé sur la notion de déchets, il ajoute de manière sibylline : « Toutefois, les pouvoirs publics ont bien noté la nécessité de parfaire cette procédure. »

La procédure est complexe puisque le préfet prend un arrêté d'incompétence qui est soumis alors à la censure du tribunal des conflits.

Par jugement du 1er juillet 2002, le tribunal des conflits rend sa décision. Les juridictions de l'ordre judiciaire sont compétentes. La Cogema perd la première manche et l'avocat de Greenpeace est plein d'espoir pour la suite de la procédure.

Greenpeace déboutée…

Greenpeace s'empresse alors d'informer le tribunal de grande instance de Cherbourg que le tribunal des conflits a reconnu sa compétence et qu'il peut donc enfin statuer.

Manche Nature, une association locale dont nous avons déjà parlé fait de même.

D'après Greenpeace, la Cogema tente de ralentir la procédure au maximum, en demandant des renvois qui ne seront pas accordés.

Mais en mars 2003, nouveau renversement de la situation.

Le tribunal de grande instance de Cherbourg déboute Greenpeace et Manche Nature.

Le tribunal fonde sa décision sur le fait que les matériaux irradiés concernés ne seraient pas des déchets. Pour les associations écologistes, cette décision est aussi scandaleuse que dangereuse.

Le tribunal va plus loin et ajoute que les conventions signées par Cogema avec ses clients électriciens allemands et australiens, régissant les importations de combustibles MOX et MTR, sont conformes aux accords intervenus entre les gouvernements français, allemand et australien.

Chaque partie y va alors de son communiqué de presse. Greenpeace s'offusque et Cogema se pavane.

Greenpeace ne baisse pas pour autant les bras et décide de faire appel.

L'association écologiste se tourne donc vers la Cour d'appel de Caen.

… mais pas abattue

Pendant près de deux ans, les parties vont échanger leurs conclusions sur cette définition du déchet nucléaire.

Les discussions entre les protagonistes sont de plus techniques et l'on va même chercher l'appui de traités internationaux comme la convention de Vienne sur la sûreté de la gestion nucléaire signée le 5 septembre 1997.

La Cogema sent un moment que la partie peut lui échapper et décide de jouer le tout pour le tout. Elle prend contact avec un parlementaire de la Manche qui, d'après Greenpeace, se serait présenté faussement comme le rapporteur de la loi. Cet élu n'aurait pas hésité pas à apporter son témoignage devant la Cour au mépris de la séparation entre les pouvoirs…

Le 12 avril 2005, la Cour d'appel rend sa décision : et Greenpeace qui rit et Cogema qui pleure.

Le fleuron français du nucléaire est même condamné au paiement d'une somme de 10 000 euros pour avoir stocké depuis 4 ans des déchets nucléaires en infraction avec la loi.

La juridiction d'appel demande en outre à la Cogema de produire les autorisations dont elle se prévaut. À défaut, elle devra subir une astreinte importante.

La juridiction caennaise décide non sans courage que le combustible à retraiter est bien un déchet et que la Cogema ne respecte pas les dispositions de la loi Bataille de 1991 puisqu'elle les stocke pendant plusieurs années avant de les retraiter alors que la loi n'autorise pas une telle période de stockage préalable au traitement.

La Cogema ne veut pas s'avouer vaincue et décide de saisir la Cour de Cassation.

Une gifle en cassation

Dans un délai très bref, la Cour de Cassation va rendre sa décision et confirmer l'arrêt de la Cour d'appel de Caen.

Pour Cogema, la défaite est cinglante.

La société nucléaire se fend alors d'un communiqué de presse où elle explique que la décision est particulièrement incompréhensible au moment où se tient à Montréal une conférence sur le réchauffement climatique et, elle n'hésite pas à prétendre qu'elle a exécuté en tout point la décision de la Cour d'appel de Caen.

Elle ne comprend pas les hurlements de satisfaction de l'association écologiste.

Avec un humour inattendu et décalé, elle intitule son communiqué « QUAND Greenpeace VOIT DES DÉCHETS NUCLÉAIRES PARTOUT ».

On ne résiste pas au plaisir de citer ce morceau d'anthologie :

« 07 décembre 2005

Pendant qu'à Montréal où se tient la conférence mondiale sur le changement climatique, Patrick Moore, un des fondateurs de Greenpeace, estime qu'« un bon nombre d'évidences scientifiques montrent que l'énergie nucléaire représente un choix environnemental sain et sûr », face aux menaces que font peser sur la planète les émissions de CO2, les activistes de Greenpeace France se refusent à tout débat, préférant voir des déchets nucléaires partout où ils ne sont pas. »

Il en va ainsi de l'opération montée par l'organisation antinucléaire la semaine précédente au Havre où un chargement d'uranium très appauvri destiné à être enrichi en Russie se voyait qualifié de déchets à des fins purement médiatiques.

Il en va ainsi aujourd'hui de l'affirmation de Greenpeace selon laquelle la Cour de Cassation en rejetant le pourvoi de Cogema confirmerait le stockage illégal à La Hague de déchets nucléaires étrangers. Dans la mesure où la Cour de Cassation avalise l'arrêt de la Cour d'appel de Caen, elle avalise par là même que cette juridiction n'a pas remis en cause le traitement des combustibles usés australiens objets du litige. Si l'on s'en tenait à l'interprétation que fait Greenpeace de l'arrêt de la Cour de Cassation, on pourrait donc considérer que la justice autorise le traitement de « déchets nucléaires étrangers stockés illégalement »...

En fait, Cogema avait exécuté la décision de la Cour d'appel lui apportant, dans les délais requis, la preuve qu'elle disposait de l'autorisation nécessaire au traitement des combustibles concernés. Elle s'était néanmoins pourvue en cassation contestant sur le fond la décision et le raisonnement juridique suivi.

Areva soutient que la décision de la Cour suprême concerne un seul contrat et que le raisonnement de la cour n'est pas extrapolable sur ses autres engagements. Elle ajoute qu'ayant produit les autorisations demandées, la condamnation dans les faits n'était guère utile pour l'association écologiste, qui ne peut donc pavoiser.

La modification de la loi

Areva-la Cogema ont perdu.

La situation est intenable pour ces sociétés qui risquent de voir leur activité s'arrêter partiellement, avec de nombreux licenciements à la clef.

Mais un hasard de calendrier va servir admirablement la société nucléaire.

En effet, l'article 4 de la loi Bataille du 30 décembre 1991 précisait :

« À l'issue d'une période qui ne pourra excéder quinze ans à compter de la promulgation de la présente loi, le Gouvernement adressera au Parlement un rapport global d'évaluation de ces recherches accompagné d'un projet de loi autorisant, le cas échéant, la création d'un centre de stockage des déchets radioactifs à haute activité et à vie longue et fixant le régime des servitudes et des sujétions afférentes à ce centre. »

15 ans après 1991, cela mène à 2006. Le calendrier sert alors Areva.

Un projet de loi doit donc être élaboré.

L'occasion de modifier le texte qui a conduit à la condamnation de la Cogema.

Il y a donc une fenêtre d'opportunité extraordinaire et la possibilité de resserrer les liens qui existent à n'en pas douter entre le groupe nucléaire et le deuxième pouvoir.

La procédure de réforme de la loi est assez complexe et suit le déroulement suivant[1] :

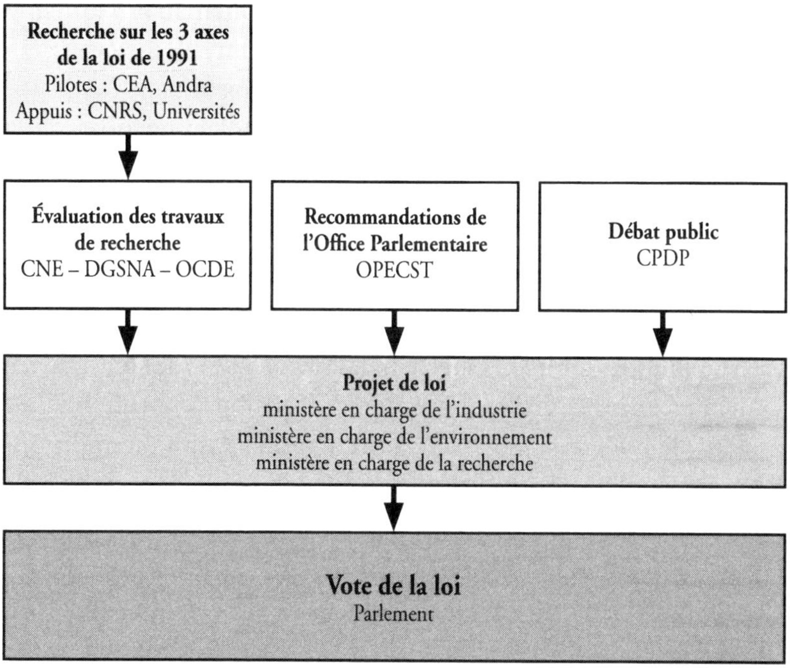

À chaque étape, il semble indispensable d'entendre Areva…

Des différents organismes ou commissions qui doivent se réunir, deux sont véritablement intéressants : l'Office parlementaire des choix scientifiques et techniques et la Commission nationale du débat public.

De nouveaux acteurs

Le 16 mars 2005, un rapport d'évaluation de près de 340 pages pour répondre aux questions laissées en suspens par la loi Bataille, va être rédigé par l'office parlementaire des choix scientifiques.

1. Source : ministère du Développement durable.

Les deux élus en charge de la rédaction du rapport sont monsieur Bataille, qui a déjà rédigé la loi en 1991 et le député Birraux.

Prenant à cœur leur travail, ils procèdent à plusieurs centaines d'auditions de personnalités du monde entier et bien entendu sont reçus par les dirigeants d'Areva et de Cogema.

Anne Lauvergeon est entendue juste avant la décision de la Cour d'appel de Caen le 20 janvier 2005 à 16 heures 30 avec une intervention sur le thème suivant : « Les progrès dans la gestion des déchets radioactifs : la contribution d'Areva ».

Deux autres personnalités de la société nucléaire sont également entendues :

M. Philippe Garderet, Directeur de la recherche et de l'innovation.

Mme Christine Gallot, Direction des relations institutionnelles.

Puis, le 3 février 2005, une autre figure d'Areva est auditionnée : monsieur Jacques Besnainou, Directeur de la branche traitement-recyclage d'Areva, intervient sur le thème : un regard transatlantique sur la gestion des déchets.

Les rédacteurs du rapport n'hésitent pas recueillir des informations dans plusieurs pays : Belgique, Allemagne, Finlande, États-Unis, Suède, Suisse.

Des personnalités du monde politique sont également entendues. Elles ont bien de la chance car aucune association écologique et encore moins Greenpeace n'est auditionnée.

Le rapport qui porte sur « l'état d'avancement et les perspectives des recherches sur la gestion des déchets radioactifs » est très technique et évoque les choix scientifiques possibles : le stockage des déchets nucléaires doit-il être irréversible ou au contraire doit-on laisser des possibilités d'accès pour pouvoir, lorsque la science aura progressé, réutiliser ou neutraliser les déchets ?

Rien n'est dit sur la logique industrielle d'Areva et les problèmes rencontrés avec Greenpeace…

Ce rapport scientifique est destiné à permettre la rédaction du projet de loi.

Le rapport de l'Office parlementaire est complété par celui de la commission du débat public.

La commission nationale du débat public

La commission nationale du débat public va alors organiser du 12 septembre 2005 au 13 janvier 2006 des consultations sur la réforme de la loi Bataille.

La saisine d'une telle commission n'est pas obligatoire, mais elle avait déjà été consultée dans le passé sur des choix énergétiques stratégiques.

Il était donc logique de la saisir à nouveau pour le problème de retraitements des déchets nucléaires.

L'acte de saisine indique clairement que « la présence des différents industriels du secteur (groupe Areva, EDF) permettrait de répondre aux questions liées à la politique de gestion industrielle des déchets et d'aborder les sujets sous l'angle de la stratégie industrielle ».

Pour l'association écologiste, difficile d'élaborer une stratégie.

Choisir de participer, c'est accepter par avance les conclusions d'un débat peut-être biaisé et aux résultats connus d'avance. Surtout, discuter des déchets ne serait-ce pas admettre le principe du nucléaire ?

Refuser d'y participer, c'est perdre l'occasion de faire entendre sa position, d'encourir le reproche de ne faire qu'une opposition stérile, peu constructive.

Dans un premier temps, Greenpeace accepte de participer aux réunions, mais très vite se lasse et décide de ne plus s'y présenter, suivie en cela par plusieurs autres associations.

La raison est simple : un autre débat public est organisé simultanément, celui sur l'EPR, le réacteur de troisième génération que prépare Areva.

Le haut fonctionnaire de défense, Didier Lallemand a décidé d'autorité qu'une partie du débat serait soumise au secret-défense.

Inadmissible pour les écologistes qui pratiquent dès lors la politique de la chaise vide dans toutes les instances traitant du nucléaire.

Pour préparer le débat public, la commission rédige un dossier épais, diffusé à 16 000 exemplaires et le met en ligne sur son site internet.

Ce dossier contient bien sûr un exposé des enjeux, mais également « la présentation par chacun des opérateurs industriels impliqués dans le cycle des déchets (Areva, CEA, EDF), de leur rôle et de ses activités ». De position écologiste : point.

Il n'empêche, le dossier est résumé dans une brochure diffusée à 600 000 exemplaires.

Des réunions sont organisées en province dont certaines seront chahutées, essentiellement par les militants de l'association « Sortir du Nucléaire ».

Sans grande surprise, la commission abonde dans le sens du projet gouvernemental, tout en soulignant le manque de confiance de la population dans les institutions étatiques et les scientifiques.

Rien n'est dit cependant sur l'audience des associations écologistes.

La réforme de la loi

Un projet de loi est déposé devant le parlement en mars 2006 traitant du problème de stockage des déchets nucléaires, avec notamment la possibilité d'enfouissement.

Il est dès lors possible de glisser dans le texte des modifications qui sont noyées dans la masse des autres préconisations.

Ce rapport modifie sans véritable discussion la notion de déchets. Il va conduire à la réforme de la loi.

La procédure est celle de l'urgence déclarée.

Rien cependant dans le contenu du texte ne justifierait une telle précipitation, sauf si on lit ce document au filtre de l'analyse des déboires judiciaires d'Areva.

L'article 5 du texte de loi modifie complètement la rédaction de 1991 sur le traitement des déchets.

L'ancien article 542-2 du code de l'environnement, issu de la loi de 1991, prévoyait que « Le stockage en France de déchets radioactifs importés, même si leur retraitement a été effectué sur le territoire national, est interdit au-delà des délais techniques imposés par le retraitement. »

Le nouvel article 542-2 pose comme principe l'interdiction du stockage.

Très habilement, les articles suivants du texte vident le principe de son contenu et prévoient que les modalités de stockage seront définies par des accords internationaux.

Exit la notion d'interdiction de stockage au-delà des délais techniques imposés par le retraitement.

Le texte qui avait fait perdre la Cogema est abrogé.

L'association, combat d'arrière-garde, tente de contester les décrets d'application du nouveau texte.

Greenpeace décide d'attaquer les décrets d'application devant le Conseil d'État et la juridiction, après un premier rapport défavorable pour Areva, se ravise pour une nouvelle décision, le 30 juin 2010.

La procédure suivie est cependant « atypique » : après une première séance où le rapporteur veut à la fois demander l'avis de la Cour de Luxembourg et donner raison à Greenpeace sur un autre point.

Mais, Areva alors qu'il n'est normalement plus possible d'adresser des documents au conseil lui fait parvenir des notes que l'on appelle en délibéré puisque la juridiction est déjà en train de rendre sa décision.

Le conseil d'État organise alors – et c'est assez rare – une audition contradictoire d'Areva et de Greenpeace, en raison de la technicité du sujet.

Après quoi, il donne finalement tort à l'association verte.

La boucle de l'adoption d'une nouvelle loi et de ses textes d'application est ainsi fermée.

Tout au long de la période d'adoption de la loi, Greenpeace a continué l'affrontement judiciaire en attaquant d'autres importations de déchets et en poursuivant la procédure au fond sur le contrat australien.

Après l'Australie, les Pays-Bas

On ne change pas une méthode qui gagne.

Fort de son succès, Greenpeace décide de bloquer cette fois-ci l'importation et le traitement de déchets hollandais.

La procédure est identique à celle du contrat portant sur les déchets australiens.

L'association écologiste tente une procédure de référé désormais bien connue du lecteur pour obtenir la communication des contrats passés avec la compagnie électrique hollandaise, la société EPZ.

Le 3 mars 2006, le tribunal de grande instance de Cherbourg, statuant en référé, ordonne à la Cogema de produire à Greenpeace des copies certifiées conformes des contrats passés avec la compagnie d'électricité néerlandaise EPZ.

La Cogema doit également fournir à Greenpeace « le calendrier de retour détaillé des déchets issus des opérations: uranium de retraitement, plutonium, déchets vitrifiés hautes activités, déchets technologiques et déchets de procédés», sous astreinte de 1 500 euros par document et par jour de retard à compter du 8e jour après la décision.

Greenpeace assigne, le 30 mai 2006, cette fois-ci au fond la Cogema sur la base des informations qu'elle a obtenues, tout en déplorant que le tribunal n'ait pas fait droit à sa demande.

Va s'engager une bataille de procédure qui explique qu'à ce jour aucune décision ne soit encore rendue.

Devant le tribunal de grande instance, le juge de la mise en état est chargé de régler toutes les difficultés d'ordre procédural qui peuvent naître à l'occasion du procès.

C'est donc vers lui que va se tourner la société nucléaire.

Cogema soutient dans un premier temps l'incompétence géographique du tribunal de Cherbourg en soutenant qu'il aurait fallu l'assigner au tribunal du lieu de son siège social, juridiction située à Versailles.

Puis, le géant français de l'Atome explique que quelque soit le tribunal compétent, il faut qu'il renonce à statuer jusqu'à ce que le Conseil d'État ai répondu à la question préjudicielle suivante :

« Les autorisations suivantes qui ont été délivrées à Areva NC :

– décret du 12 mai 1981 tel que modifié par décret du 10 janvier 2003 autorisant la Cogema à modifier l'installation nucléaire de base UP 3-A située sur le site de La Hague ;

– décret du 12 mai 1981 tel que modifié par décret du 10 janvier 2003 autorisant la Cogema à modifier l'installation nucléaire de base UP 2-800 située sur le site de La Hague ;

– arrêté du 16 janvier 2004 autorisant la Cogema à recevoir, à décharger, à entreposer et à traiter dans l'usine UP 2-800 des assemblages combustibles d'enrichissement initial au plus égal à 4,50 % et de taux de combustion massique au plus égal à 60 GWj/t (JORF 4 février 2004) pris sur le fondement de l'article 7 du décret du 12 mai 1981 modifié par décret du 10 janvier 2003 ;

– arrêté du 16 janvier 2004 autorisant la Cogema à recevoir, à décharger, à entreposer et à traiter dans l'usine UP 3-A des assemblages combustibles d'enrichissement initial au plus égal à 4,50 % et de taux de combustion massique au plus égal à 60 GWj/t (JORF 4 février 2004) pris sur le fondement de l'article 7 du décret du 12 mai 1981 modifié par décret du 10 janvier 2003 ;

– accord opérationnel délivré par la DGSNR à Areva NC le 22 juin 2004, autorisent-elles Areva NC à entreposer en France les combustibles usés en provenance de l'usine de Borssele (Pays-Bas) dans l'attente de leur traitement et les matières nucléaires issues du traitement de ces combustibles usés dans l'attente de leur utilisation ultérieure ainsi que les déchets radioactifs issus du traitement de ces combustibles usés dans l'attente de leur réexpédition. »

Une question préjudicielle est une demande que formule un tribunal à un autre avant de statuer. La plus connue d'entre elles est la question préjudicielle de constitutionnalité (abrégée en QPC) dont les conseils de Jacques Chirac ont fait usage récemment.

À titre subsidiaire, la Cogema sollicite également un sursis à statuer dans l'attente de la conclusion de l'accord intergouvernemental en cours de négociation par les gouvernements de la République française et des Pays-Bas, pour prévenir tout risque de contrariété entre les dispositions du jugement à intervenir et celles de l'accord international en cours de négociation.

On ne sait si le juge de la mise en état de Cherbourg fut agacé par ces demandes qualifiées de dilatoires par l'association écologique, mais il les rejeta le 12 juillet 2007.

La Cogema nullement découragée s'empresse alors de saisir la Cour d'appel de Caen qui suivit par décision du 2 mars 2010 la position du tribunal de Cherbourg.

Et avec le mérite de la persévérance, elle saisit, en invoquant un fait nouveau, l'existence de négociations entre les gouvernements français et néerlandais en vue de la modification de l'accord du 29 mai 1979 relatif au traitement en France d'éléments combustibles irradiés, le juge de la mise en état d'une nouvelle demande de sursis à statuer, le 9 octobre 2007. Elle n'attend pas que la Cour d'appel de Caen rende sa décision.

Elle est déboutée le 12 janvier 2010 de cette nouvelle demande.

Depuis lors, les parties continuent à échanger leurs écritures, sans que l'affaire n'ait été ni plaidée, ni jugée.

La justice sait suspendre le temps, ce qui permet sans doute à la société nucléaire de continuer à travailler pour la société électrique des Pays-Bas.

Greenpeace pris à la gorge

Au premier abord, il y a quelque chose d'étrange dans le ballet auquel se livrent indéfiniment Greenpeace et Areva.

L'association écologique tente des coups de force : militants enchaînés aux voies ferrées, prélèvements sauvages de rejets en mer de l'usine de la Hague, opérations commando sur les sites nucléaires, à l'Assemblée nationale… etc.

Elle se fait alors condamner par la justice.

Sur une courte période de 2000 à 2003, le montant des condamnations atteint la somme faramineuse de 3 723 000 euros, de quoi inciter Greenpeace à la retenue.

Areva prend même parfois les devants et demande à la justice des mesures préventives pour interdire sous astreinte l'accès à certains sites avec une augmentation constante du montant des astreintes.

Ainsi le 7 avril 2010, le juge des référés du tribunal de grande instance (TGI) de Cherbourg a interdit à Greenpeace de s'approcher d'un convoi de combustible MOX, mélange de plutonium et d'uranium, qui doit quitter la Manche pour le Japon et que l'on retrouvera notamment dans la centrale de Fukushima, tristement célèbre depuis les fuites radioactives de mars 2011.

Les militants de l'organisation écologiste internationale doivent se tenir à plus de 100 mètres du convoi ferroviaire terrestre et plus de 300 mètres du convoi maritime qui suivra sous peine d'une amende de 75 000 euros.

10 ans plutôt, le montant de l'astreinte était beaucoup plus faible, 100 000 francs (15 246 euros).

Chaque partie, dès qu'elle le peut, saisit la justice pour lui demander d'arbitrer et, d'autres instances se sont tenues qui n'ont pas encore été évoquées dont les plus connues sont celles de l'affaire du logo et celle du défi Areva.

Pour protester contre le géant du nucléaire français, l'association écologiste avait, en 2002, lancé deux campagnes publicitaires sur Internet en associant le logo d'Areva à une tête de mort assortie du slogan « Stop plutonium l'arrêt va de soi ».

Le tribunal de grande instance et la Cour d'appel de Paris avaient jugé que la campagne de Greenpeace relevait d'une démarche dénigrante et d'un abus de liberté d'expression (arrêt du 17 novembre 2006).

La Cour de Cassation a censuré l'arrêt d'appel et a confirmé que l'association verte représentait l'intérêt général (décision du 8 avril 2008). « En agissant conformément à son objet, dans un but d'intérêt général et de santé publique, Greenpeace n'a pas abusé de son droit de libre expression. »

Accident en 2002 avec le voilier sponsorisé par Areva et poursuites judiciaires correspondantes.

La société nucléaire a alors porté plainte pour « abordage en mer, destruction volontaire et mise en danger d'autrui ».

Greenpeace fut condamnée par le tribunal correctionnel à verser plus de 111 000 euros de dommages et intérêts, cette décision fut ensuite annulée le 23 juin 2004 par la Cour d'appel de Rennes.

Saisine des juridictions administratives par Greenpeace qui va obtenir l'annulation d'arrêtés, voire de décrets (par exemple le 30 juin 2004 : annulation d'un décret, suite à l'extension du site Areva de la Hague motivé par les insuffisances de l'étude d'impact concernant la station de traitement des effluents.)

Morale de l'histoire

De l'analyse des différents procès Areva-Greenpeace, il ressort que contrairement à des procès où l'enjeu est financier, les batailles judiciaires Areva-Greenpeace poursuivent un double objectif : le premier est de neutraliser l'adversaire, le second est d'obtenir un maximum de résonnance médiatique.

Les sommes que peut obtenir Areva de Greenpeace sont dérisoires comparées à son chiffre d'affaires, mais importantes pour l'association.

Ses frais de justice ne sont pas comparables, mais doivent peser sur ses comptes.

Chaque audience est suivie de part et d'autre de communiqués de presse, parfois triomphants, parfois dépités. C'est une croisade où chacun veut imposer son idéologie.

Areva clame que le nucléaire est de l'énergie propre puisque sans CO2.

Cette idée semble avoir cheminé dans l'opinion et en contrepoint de cette profession de foi, Greenpeace rappelle le caractère létal des déchets atomiques, avec l'audience qu'on lui connaît et qui pourrait être amplifiée par les retombées nucléaires et médiatiques de la catastrophe de Fukushima.

Pour parvenir à leurs fins, chacune des parties va tenter d'influencer le cours du procès par des actions périphériques : coups médiatiques de Greenpeace qui possède un pouvoir de nuisance certain à l'encontre de la société nucléaire, utilisation des pouvoirs publics et des parlementaires par Areva, voire modification législative, pression exercée par ses salariés lors des audiences.

La bataille Greenpeace-Areva qui vient d'être relatée concerne le retraitement des déchets, ceux qui peuvent être encore utilisés.

Mais, d'autres résidus de l'exploitation nucléaire existent qui ne sont pas recyclables. Ils vont faire l'objet d'une autre bataille, d'un combat encore plus paradoxal qui opposera le monde feutré du champagne à l'univers opaque du nucléaire.

Ce conflit pourrait s'appeler déchets contre des chais ou neutrons contre bulles.

Chapitre 2

Neutrons et bulles de champagne

Champagne ! C'est aujourd'hui synonyme de fête, de joie, de succès. Qu'on le sable ou qu'on le sabre – puisque les deux se disent – rien de plus convivial que le bouchon d'un bon champagne qui saute, la mousse qui déborde juste ce qu'il faut, les coupes qui se remplissent, les bulles qui dansent. On sourit, on chante, on laisse les soucis à la porte : voilà le miracle toujours recommencé de ce grand vin pétillant.

Un miracle économique aussi. Chaque année, la France exporte des millions de bouteilles de champagne, qui contribuent ainsi très largement à la notoriété de ses produits de luxe. N'est-ce pas une part de notre rêve, de notre culture que nous faisons partager par ce biais au reste du monde ? Un concentré de terroir et de savoir-faire français. Quelle grande occasion, quel contrat commercial, quel lancement d'un navire ou d'un avion, quelle fête de bonne famille, quel mariage n'appelle pas sa dose rituelle de « champ' ? »

Un partage qui s'inscrit dans une démarche exportatrice déjà tricentenaire. Pour s'en convaincre, il suffit de rappeler comment telle ou telle marque de champagne fut, en son temps et de nos jours encore, la boisson favorite d'un monarque, d'une princesse, d'une tête couronnée. C'est le gotha tout entier qui se presse alors dans notre mémoire.

En matière d'exportation, la crise financière et économique n'a constitué qu'une parenthèse malheureuse, certes, mais vite refermée. Dès 2010, les ventes ont repris de plus belle, comme le Président de Moët & Chandon, Christophe Navarre, se fait une joie de le confirmer, chiffres à l'appui : « Le pays où l'on vend le plus de Champagne c'est de très loin la France avec 60 % des ventes, suivi de la Grande-Bretagne, de l'Espagne et du reste de l'Europe. » Et de revenir, rasséréné, sur ces jours où la crise ne respectait rien, pas même le champagne. En y mettant les formes, toutefois : « Elle a été particulièrement forte aux États-Unis, moins en Europe, le marché français a bien tenu. Mais d'habitude dans le champagne, on met 3 à 4 ans pour revenir aux volumes d'avant-crise, or là, le rebond a été beaucoup plus rapide. »

Tout pour le mieux dans le plus champagnesque des mondes ? Non, car il est temps de l'avouer : derrière ce conte de fée se profile une menace qui pour les uns ne serait que fictive et qui pour les autres semble au contraire bien réelle, est tout à fait dangereuse. Nulle autre que… la pollution, fruit possible de la cohabitation entre vignobles et emplacements de stockage de déchets nucléaires.

L'atome à deux pas des bulles

Nous ne plongeons certes pas dans un scénario catastrophe à la Tchernobyl ou à la Fukushima qui verrait le vignoble emporté par une explosion géante, ravageant en les brûlant tous les ceps champenois. Rien d'aussi spectaculaire, rien d'aussi géant, mais quelque chose de sournois, d'insidieux. La pollution proviendrait de multiples mini-fuites, chacune d'elles sans conséquence importante, mais dont l'accumulation même serait en mesure d'entraîner des maladies graves. Une mécanique analogue à celle de l'homéopathie, mais appliquée, cette fois, au nucléaire.

Délires d'écologistes qui voient le mal atomique partout ou menaces bien concrètes ? Il est trop tôt pour le dire. Mais déjà assez pour s'interroger sur l'impact que pourraient avoir de tels rejets sur la notoriété planétaire du Champagne.

Le combat discrètement engagé entre les tenants de l'atome et ceux du trésor culturel champenois ne ressemble guère à la lutte pot de fer contre pot de terre qui oppose, on l'a vu, les groupes écologistes aux mastodontes que sont les sociétés nucléaires. Il s'agit au contraire d'une partie plus équilibrée, quasi symétrique, menée par des intervenants de puissance comparable. Des gens du « même monde » : celui du commerce et de l'industrie, qui s'affrontent en circuit fermé un peu comme aux temps jadis, les nobles seuls possédaient le droit de se battre en duel entre eux.

Quels adversaires ? Côté Bulles, à ma droite, dirait un présentateur de match de boxe, le tout-puissant Comité Interprofessionnel des vins de Champagne. Une institution atypique créée en 1941 à l'initiative du comte Robert-Jean de Voguë, – directeur de la maison Moët & Chandon qui en prend la présidence –, et disposant de pouvoirs quasi-régaliens.

Côté Atome, l'ANDRA, l'Agence Nationale pour les Déchets Radioactifs, un établissement public chargé du stockage des déchets radioactifs issus aussi bien des centrales nucléaires que d'autres filières comme les déchets médicaux. Des déchets dont on va le voir, les lieux de stockage avoisinent de près, de très près, les terroirs de production du Champagne…

Comme le théâtre du drame n'est autre que la cour des grands, le duel « bulles contre atome » se fait à fleurets mouchetés, passes d'armes subtiles et furtives de peur que le grand public apprenne l'existence même du conflit. La publicité ? Rien de plus néfaste à l'un comme à l'autre camp. Du coup, la ruse, cette demi-déesse que les Grecs appelaient Métis, reste l'arme principale : à la fin de l'envoi, je touche, mais le plus discrètement possible.

Pourquoi tant de circonspection ? Elle s'explique par le souvenir des tribulations en nucléaire d'un Côtes du Rhône qui, rayé de la carte des vins, n'a dû sa survie qu'à un changement d'appellation.

Drôle d'histoire vraiment, celle du Tricastin menacé d'irradiation. Et non moins drôlement édifiante…

Nucléaire a failli me tuer

Faire fonctionner une centrale atomique, refroidissement oblige, ça demande de l'eau, beaucoup d'eau. Et même si la France, pays agricole, semble abondamment pourvue à cet égard, l'eau ne s'y trouve pas partout en quantité suffisante. Or, c'est justement le cas aux bords du Rhône. D'où leur caractère de haut lieu du nucléaire.

Mais le long du fleuve pas si tranquille que ça, on ne trouve pas seulement des centrales. Depuis des générations, bien avant que les scientifiques n'en viennent à concevoir la réaction en chaîne, l'homme y cultive la vigne sous des appellations aussi réputées que celle des Coteaux du Tricastin. Un beau vignoble de 2 500 hectares répartis sur 21 communes, sur la rive gauche du Rhône entre Dauphiné et Provence.

L'appellation ne figure pas parmi les plus prestigieuses, certes, et nul ne s'aviserait de classer le Tricastin parmi les grands crus. Mais le vin reste apprécié de certains consommateurs et raisonnablement placé au plan commercial.

Hélas, une cascade d'incidents, d'accidents et autres rebondissements malencontreux s'apprête à réduire à néant cette configuration qui permettait aux vignerons de vivre avec leurs familles.

Certaines gouttes d'eau font en effet déborder le vase, surtout quand cette eau n'est pas vraiment pure. Et c'est précisément une fuite de plus dans l'usine du site nucléaire du Tricastin à Bollène, gérée par la SOciété Auxiliaire du TRIcastin – Socatri, filiale du groupe Areva qui va, si l'on ose dire, mettre le feu aux poudres (pas à la centrale, tout de même!). Le 7 juillet 2008, trente mètres cubes d'une solution contenant de l'uranium se déversent dans les rivières environnantes.

Pas de chance pour les habitants du coin, et pour les exploitants du site nucléaire aussi. Car voici les faits : quelques jours auparavant, mauvaise coïncidence, la Criirad (Commission de recherche et d'information indépendantes sur la radioactivité), association de surveillance du nucléaire libre de toute tutelle des organismes officiels, avait noté d'importantes fuites radioactives provenant du stockage des déchets nucléaires pour la plupart d'origine militaire sur le site.

La société responsable de l'accident, Socatri ne réagit pas sur le coup. C'est seulement le 8 juillet, à 7 h 30, qu'un signalement de sa part alerte l'Autorité de sûreté nucléaire (ASN).

Les pouvoirs publics, de leur côté, mettront un temps tout aussi long à se manifester. Près de quatorze heures durant, rien n'est entrepris dans le but de limiter les dégâts. Finalement, la machine administrative se met en route. On prend des mesures de protection : interdiction de consommation d'eau, de l'irrigation agricole issue de la Gaffière et de l'Auzon, deux petites rivières voisines. De même, les activités nautiques et la baignade sont prohibées ainsi que la pêche.

Ceci explique peut-être cela : pour les autorités nucléaires, il s'agit d'un incident minime classé de niveau 1 sur l'échelle INES (*International Nuclear Event Scale*) qui en compte 7. Pas de péril en la demeure autrement dit. Telle est du moins la version officielle.

Sans surprise, les organisations écologistes avancent une présentation bien différente de l'incident, beaucoup plus grave à leurs yeux. Comme souvent, elles évoquent le spectre du cancer. Une plainte est finalement déposée par l'association « Sortir du nucléaire » pour délit de pollution de l'eau. L'instruction permettra en effet d'apprendre que le jour de l'incident, 74 kilos d'uranium s'étaient échappés du site en direction de deux rivières.

Nouvel incident le 23 juillet : cette fois, des poussières radioactives contaminent plusieurs dizaines de salariés. Ce qui, on s'en doute, ne contribue guère à détendre l'atmosphère.

Celle-ci s'alourdit encore un peu plus le 8 octobre 2008, avec une nouvelle fuite de 50 grammes d'acide fluorhydrique. Une quantité très minime, estime pourtant Areva. Assez faible, en tout cas, pour que l'entreprise nucléaire ne prenne pas l'initiative d'avertir les élus locaux.

La série noire touche-t-elle à sa fin ? Hélas, non. Dans la nuit du 14 au 15 décembre 2008, une nouvelle alerte à la contamination radioactive intervient. Une partie des locaux de la Socatri et de BCOT sont inondés par la Gaffière en crue. En cause, des grilles de sécurité qu'Areva, décidément mal inspirée, aurait « oublié » de relever.

À petite cause, grands maux. Catastrophe, même, pour les vignerons du Tricastin, dont le terroir, leur seul gagne-pain, est désormais suspect de contamination. La rumeur se répand. Les ventes chutent de plus de 40 %. Plus grave encore, on doit arracher 600 hectares de vignes – sur un total de 2 500 rappelons-le.

Sauver le vignoble

Désormais, le nom Tricastin se voit associé de manière durable au nucléaire, ce qui ne constitue certes pas un gage de succès. Certains élus locaux, dont ceux du Conseil Général de Saint-Paul les trois châteaux jugent la situation particulièrement « insupportable « pour les producteurs.

Tout naturellement, ces derniers se tournent donc vers Areva et sa filiale. Accepteraient-elles de changer le nom de la Centrale, arrangement à l'amiable qui permettrait peut-être de limiter les dégâts sur le long terme ? Mais le nucléaire, on le sait, ne revient jamais volontiers sur ses propres décisions et bref, la démarche n'aboutit pas.

Par ailleurs, comme les vignerons n'ont pas que des amis, les inévitables mauvaises langues s'en donnent à cœur joie. Ricanements : comment la radioactivité pourrait-telle faire perdre leurs qualités aux vins du Tricastin, connus pour n'en avoir guère? Une mauvaise plaisanterie qui n'en trouve pas moins des oreilles complaisantes tant le malheur des uns réjouit souvent d'autres.

Puisque la centrale garde le nom de Tricastin, quelle autre solution ? Pour relancer les ventes, une seule se présente : le changement d'appellation du vin ! Il faut en trouver d'urgence une autre, qui n'évoque en rien le nucléaire. Les vignerons saisissent donc l'Institut NAtional de l'Origine et de la Qualité (INAOQ) et lui proposent un nom différent : « Grignan-les-Adhémar ». Soigneusement pensée, l'appellation en projet provient de la commune drômoise de Grignan, un lieu de résidence de la marquise de Sévigné et de la famille noble qui régnait sur la région au XIIe siècle. Elle conférerait à l'ex-cru du Tricastin un cachet supplémentaire d'aristocratie.

Compte tenu de l'urgence, la procédure se déroule en mode accéléré. Elle se présente plutôt bien.

Le 10 juin 2010, l'INAOQ rend en effet un avis favorable. Conformément aux textes, cette décision ouvre une période de deux mois pendant laquelle toute personne autorisée peut s'opposer à l'utilisation du nom. Si nul ne proteste, ou si les objections des uns et des autres sont rejetées, le nouveau nom doit encore être homologué par un décret du ministre de l'Agriculture.

Joie chez les viticulteurs ! Les plus optimistes d'entre eux prévoient que la cuvée 2010 du Tricastin pourra d'ores et déjà prendre le nouveau nom de Grignan-les-Adhémar.

Vont-ils trop vite en besogne ? Prudent, l'INAOQ s'est empressé de préciser que la décision n'avait « pas vocation à faire office de précédent ».

Au demeurant, rien n'est gratuit. Pareil changement a son coût. Celui, élevé, des campagnes de presse ou de publicité destinées à faire connaître le nouveau nom. En tout, un million et demi d'euros, somme bien supérieure aux possibilités des vignerons. Une solution intervient quand Areva, conciliante ou désireuse de couper court à de nouvelles polémiques, propose de prendre en charge près d'un million d'euros, soit les deux tiers du devis.

Un accord qui, bien entendu, n'empêche pas la Justice de poursuivre son travail. Le Procureur de la République requiert 100 000 euros d'amende contre la Socatri, la société qui gère l'usine du Tricastin, pour avoir omis de déclarer sans délai l'incident de 2008 à l'Autorité de sûreté nucléaire (ASN). Si le délit de pollution de l'eau n'est pas retenu, le magistrat demande la fermeture de l'unité de production en cause. Le 14 octobre 2010, finalement, la Socatri est condamnée à 40 000 euros d'amende pour sa déclaration jugée trop tardive, la fermeture de l'unité de production n'étant pas retenue.

Il n'empêche: pour l'appellation Tricastin, c'est déjà trop tard.

Le champagne dans la ligne de mire

D'autres vignobles auraient pu connaître des mésaventures comparables. Ceux de Chinon, par exemple, avec la centrale voisine. Ou encore le Sancerre et le Pouilly Fumé en raison de la présence d'une usine du même type à Cosne-sur-Loire.

Mais fort heureusement, aucun remous médiatique, aucun « buzz » sur le net n'est venu induire une quelconque relation entre ces noms de crus et le nucléaire. Une non-interférence qui s'explique probablement par l'inexistence d'incidents et de rejets accidentels constatés dans ces deux centrales. De quoi renforcer le sentiment que sûreté nucléaire bien comprise profite à tous, riverains en particulier.

Mais en Champagne, la situation se présente sous un jour bien différent. Tellement différent que même si nous n'en sommes qu'à ses prémisses, un scandale comparable à celui de l'appellation du Tricastin se dessine aujourd'hui. Avec en perspective des conséquences beaucoup plus graves.

Les ingrédients de la crise sont en effet les mêmes que ceux du Tricastin. Mais la notoriété du champagne, son importance économique – 4,5 milliards d'euros tout de même –, son poids dans notre balance à l'export, les milliers d'emplois directs et indirects qu'il génère constituent autant de facteurs propres à l'aggraver.

Déjà, quelques sites internet se répandent en rumeurs. Des articles commencent à évoquer « le champagne radioactif » avec les conséquences que l'on imagine.

Univers Nature se pose ainsi la question : « Si les concurrents étrangers du champagne (Californie, Australie, etc.) se mettaient à orchestrer une savante campagne de dénigrement du type "champagne = nucléaire", l'appellation Champagne y résisterait-elle ? ».

Sachant qu'en matière industrielle et commerciale, les mauvais coups sont monnaie courante, on peut s'interroger, en effet. Comme le fait d'ailleurs Philippe Martin, Député et Président de l'Association Nationale des élus de la vigne et du vin (Anev), qui clame sans ambages : « Ce sera un argument pour les Américains qui ne veulent pas reconnaître l'appellation champagne. Il y a un vide juridique là-bas et les producteurs peuvent appeler champagne du mousseux ».

L'interférence avec l'atome, cheval de Troie d'une attaque en règle contre les appellations contrôlées ? Ce serait déjà gravissime. Mais voyons plus loin encore. Si les bulles du champagne devaient être accolées par malheur (ou malveillance) au nucléaire, on imagine sans peine les conséquences en termes d'image – énormes. Et comme le champagne reste dans le monde entier synonyme de luxe français, d'autres productions nationales de prestige pourraient être à leur tour affectées. Une réaction en chaîne particulièrement désastreuse…

Faut-il en effet rappeler que le principal groupe de luxe français LVMH possède la maison de champagne Moët & Chandon ? Et que toute dégradation de l'image de ce produit phare rejaillirait à l'évidence sur les autres produits du groupe. Ceux de la marque Hermès, par exemple.

On passerait alors de la contamination nucléaire à la contamination marketing. De quoi inquiéter les professionnels du luxe et singulièrement les professionnels du champagne regroupés au sein du Comité interprofessionnel des vins de Champagne (le CIVC). Lequel possède, il est vrai des armes pour se défendre comme l'atteste son histoire déjà longue…

Lobby contre lobby

Le CIVC naît en 1941, à l'époque pour le moins troublée de la Révolution nationale et de son promoteur, le maréchal Pétain. Ce qui n'empêche pas son animateur, Robert-Jean de Voguë, d'être arrêté par la Gestapo deux ans plus tard et déporté pour faits de résistance. Alors que les ouvriers de l'entreprise ont fait grève en solidarité avec leur patron, en prend la tête l'Allemand Otto Klaebisch, chef du bureau de répartition des vins mousseux de la Wehrmacht et beau-frère du ministre des Affaires étrangères du Reich, Joachim von Ribbentrop…

Reste qu'au plan économique et social, les temps sont au corporatisme. Chaque profession doit en effet s'organiser et s'autoréguler, les syndicats ouvriers faisant place à des organismes de branche où se retrouvent employés et patrons.

C'est pourquoi dans ce cadre, le CIVC avait reçu dès sa création de l'État vichyssois la mission de gérer les intérêts communs des vignerons et des négociants producteurs du vin de Champagne.

Puisque nous sommes dans le domaine des boissons, disons, pour employer une formulation moderne, que son statut ressemble à une sorte de Canada dry, Le Comité champagne a l'apparence du privé, mais en réalité, c'est un organisme semi-public.

L'article 9 de la loi du 12 avril 1941 lui a confié le soin d'édicter des « mesures générales » et de prendre des décisions « obligatoires » pour tous les intéressés. Tellement obligatoires que si les décisions du CIVC n'étaient pas respectées, des sanctions pourraient être prises par la puissance publique.

Dans la logique corporative, le Comité est composé à la fois de vignerons et de négociants. Une composition que la victoire sur le nazisme et l'abolition de l'État vichyssois ne viendront pas modifier. Mais c'est naturellement dans le cadre des institutions républicaines que ce groupe de pression poursuivra, avec efficacité et discrétion, son œuvre de défense et de promotion des vins de Champagne[1].

Un groupe de pression dont il ne faut pas se cacher la puissance aujourd'hui. Son président n'est en effet autre que Ghislain de Montgolfier, ancien dirigeant des champagnes Bollinger, cher au cœur de James Bond, l'agent secret de Sa Majesté. Quant à son vice-président, Jean-Marie Barillère, il dirige la société Moët & Chandon, propriété du groupe LVHM.

Il se trouve, nul ne l'ignore, que le président de LVMH, Bernard Arnaud, est un proche du 6e Président de la Ve République.

Mais il se trouve également, et cela aussi, nul ne l'ignore, que Nicolas Sarkozy, défenseur de par sa fonction des grands intérêts industriels français, se présente volontiers comme le meilleur représentant du nucléaire. Un élément non négligeable puisque l'on imagine mal quelqu'un de l'entourage du président de la République le contredire ouvertement sur un sujet à caractère stratégique comme le nucléaire.

De là à en déduire que dans cette affaire « Bulles contre Atome », une lutte d'influence fait rage, il n'y a qu'un pas. Que nous nous autoriserons à franchir au nom de la vraisemblance car de fait, une telle lutte est déjà engagée entre ces deux lobbies opposés : celui du champagne et celui du nucléaire.

En la matière, le CIVC n'est pas dépourvu de cartes. C'est qu'il a développé très tôt une fibre écologique, mettant par

1. Libéré par les Britanniques en 1945, le comte de Voguë reprendra la direction de Moët & Chandon et diversifiera son entreprise notamment par l'achat des parfums Dior et le rapprochement avec le cognac Hennessy.

exemple en place un important programme de réduction de son empreinte carbone. Aussi le plan climat de la Champagne comporte-t-il aujourd'hui cinq axes majeurs, seize programmes de recherche et développement et plus d'une quarantaine d'actions soit déjà en cours, soit programmées. Avec cet objectif ambitieux : réduire les émissions de la Champagne de 25 % entre 2003 et 2020.

Une des missions essentielles du CIVC consistant à défendre le Champagne en France comme à l'étranger, il va de soi qu'il n'hésitera pas à utiliser l'arme judiciaire pour la mener à bien. Cette mission, il la prend en effet très au sérieux. Au point d'apparaître souvent comme le « cerbère du champagne ».

Cerbère en action

Si la presse se fait parfois l'écho de telle ou telle action judiciaire visant à la protection du champagne, on ignore que le CIVC se trouve généralement derrière ces procédures, souvent épaulé par l'INAOQ.

Son budget pour la défense de l'appellation « champagne » est d'ailleurs conséquent dans la mesure où il se monte à quelque 9 à 10 millions d'euros par an. Des sommes suffisantes pour s'assurer les services d'une cinquantaine d'avocats.

Non sans résultats probants puisque jusqu'à présent, les actions conjuguées du comité champagne et de l'INAOQ ont permis de protéger l'appellation dans les pays d'Europe, au Japon, en Nouvelle-Zélande. Il en va toutefois autrement aux États-Unis où les règles de droit étant différentes, le nom de « champagne » ne bénéficie d'aucune protection légale. D'où la crainte, une fois encore, qu'une interférence entre l'industrie nucléaire et le terroir du champagne proprement dit ferait courir sur les marchés d'Outre-Atlantique. On verrait alors le « champagne » américain se présenter comme un produit sain face au vrai champagne suspect, lui, de pollution…

Pour être franc, les actions menées en faveur du champagne, se colorent parfois de patriotisme économique - de protectionnisme disent leurs détracteurs. Dans ces cas, il s'agit d'éviter que des étrangers rachètent des producteurs de champagne.

Un exemple en 1995. Quand la Safer locale refuse de préempter des vignobles en passe d'être rachetés par un étranger, le CIVC provoque immédiatement un incident auprès d'élus que l'on sollicite pour essayer de bloquer l'opération. Sans parvenir à influencer le pouvoir politique toutefois.

Dans d'autres circonstances, pour parvenir à ses fins, le CIVC met sans hésitation en œuvre un droit peu connu, apanage de quelques spécialistes seulement : celui de l'appellation contrôlée. Il lui arrive même de pousser… le bouchon plus loin.

Gueules de bois au champagne

Critiquer le champagne et son organisation, c'est dangereux. Pour avoir publié, dans son édition du 18-19 décembre 1999, un article intitulé « Gueules de bois au champagne » qui annonçait la diffusion à la télévision, d'un documentaire consacré à l'histoire, la fabrication et l'économie du vin de Champagne, le journal *Libération* en fera l'expérience. Voici ce qu'il écrivait :

« Le documentaire laisse ainsi entendre que tout le champagne n'est produit qu'à partir de raisins locaux. Or, cela fait belle lurette que les vignerons de la Côte d'Or, entre autres, fournissent (à prix d'or) leurs collègues champenois en pinot noir ou en chardonnay. Pas un mot non plus sur les pratiques commerciales limites de certaines grandes maisons qui, en période de forte demande, commercialisent sous leur étiquette des bouteilles de qualité aléatoire achetées à des petits producteurs ».

De quoi faire bondir sur place le CIVC qui, furieux, poursuit *illico Libération*. Avec succès dans un premier temps puisque le quotidien sera condamné pour diffamation le 27 juin 2002 par la Cour d'appel de Paris. Mais tant va la cruche de champagne à l'eau qu'à la fin, elle donne des signes de faiblesse. La preuve, tout ce qu'il y a de plus juridique, c'est qu'en 2004, la Cour de Cassation va casser cette décision.

Aux yeux des magistrats, en effet, les règles de la diffamation ne sont pas applicables à un produit. Diffamer, c'est porter atteinte à l'honneur ou à la considération. Or, contrairement à une personne morale ou physique, un produit n'a pas d'honneur.

Tel n'est, on s'en doute, pas le point de vue du Comité. L'affaire revient donc devant la Cour d'appel de Paris. Et le 20 septembre 2006, celle-ci s'aligne sur la position de la Cour de Cassation.

La rédaction de *Libération* va-t-elle pouvoir célébrer cette victoire… au champagne ? Non, puisque nullement découragé, le CIVC saisit à nouveau la « Cour de Cass ». Laquelle, tout aussi tenace, confirmera sa position initiale par arrêt du 5 juin 2008.

L'histoire ne dit pas si ce soir-là, les bouchons ont sauté rue Béranger, au siège de *Libération*. Mais quel acharnement du CIVC : presque 10 ans de procédure pour un reportage jugé inopportun ! C'est dire à quel point le Comité peut se montrer persévérant quand il s'agit de défendre l'image du vignoble champenois contre ses ennemis réels ou supposés…

Sur le front des appellations contrôlées

Le droit des marques et des appellations contrôlées, c'est l'arme juridique qui permet de s'opposer à des contrefaçons. En d'autres termes, il n'est pas possible de reprendre dans le même secteur d'activité une marque déjà déposée ou d'en créer une ressemblante.

Dans le même ordre d'idées, retenons qu'il est également interdit de retirer la marque d'un produit.

Plus d'explications encore. Pour préciser que le code de la Propriété Intellectuelle proscrit toute manœuvre visant à porter atteinte à l'image ou à la notoriété d'une production relevant d'une appellation d'origine contrôlée.

C'est fort de ces dispositions que le CIVC, toujours à la pointe du combat, va traquer impitoyablement toute personne utilisant le terme champagne à d'autres fins que la publicité et la commercialisation des vins du même nom. Une détermination qui l'a conduit, gardien du temple champenois, à s'attaquer à d'autres secteurs du luxe, comme le parfum…

Des femmes qui pétillent

En 1993, Yves Saint-Laurent, connu pour son sens du raffinement, veut mettre sur le marché un nouveau parfum. Dénommé « Champagne », il s'adresse « aux femmes pétillantes ». Sa fonction principale : « fêter des événements heureux ». Et pour que nul ne s'y trompe, le flacon choisi aura la forme d'un bouchon de champagne.

Yves Saint-Laurent, qui a annoncé franchement la couleur, est immédiatement récompensé de ses efforts : entre juin et décembre 1993, « Champagne » sera le parfum le plus vendu en France. Mais sans doute le grand du luxe ignore-t-il le caractère ombrageux du CIVC… Car le Comité alerte bien entendu la justice.

La procédure s'engage donc. Et dûment saisi par le CIVC et l'INAOQ, le tribunal de grande instance de Paris, dans un jugement du 28 octobre 1993, finit par annuler le « Champagne », interdisant son utilisation.

Compte tenu des enjeux commerciaux mais aussi des enjeux de prestige, la société Yves Saint-Laurent fait, sans surprise, appel de ce jugement. Une nouvelle procédure qui aboutit malheureusement pour elle aux mêmes résultats que la précédente. Dans son arrêt du 15 décembre 1993, la Cour d'appel de Paris confirme en effet le jugement de première instance.

Écoutons les arguments de la Cour. Ils sont sans ambiguïté: « en adoptant le nom "Champagne" pour le lancement d'un nouveau parfum de luxe, en choisissant une présentation rappelant le bouchon caractéristique des bouteilles de ce vin et en utilisant dans les arguments promotionnels l'image et les sensations gustatives de joie et de fête qu'il évoque, la société Yves Saint-Laurent a voulu créer un effet attractif emprunté au prestige de l'appellation "Champagne" ; de ce seul fait, elle a, par un procédé d'agissements parasitaires, détourné la notoriété dont seuls les acteurs, etc. »

Cette décision de justice connaît un énorme retentissement. Car, non sans audace ni humour, Yves Saint-Laurent trouve aussitôt le moyen de rebondir sur elle pour… relancer le parfum. N'ayant, aux termes de l'arrêt du 15 décembre, pas le droit d'utiliser le nom « Champagne », la société détourne astucieusement, dans sa campagne publicitaire, l'idée de la boisson festive. « Hommage aux femmes qui pétillent », assurent ses slogans. Et de préciser : « Son nom a été interdit, les femmes sauront l'appeler ». Un argument de poids dans un pays comme la France où l'esprit frondeur reste très vif.

Et ce n'est pas tout. Aux États-Unis, marché stratégique pour les géants du luxe, la décision de la justice française s'applique d'autant moins qu'on le sait, l'appellation « Champagne » n'est pas protégée. Pour le lancement de son parfum outre-Atlantique, Yves Saint-Laurent se servira donc de l'aura sulfureuse acquise au travers de la procédure. Une forme de rebond que le CIVC n'avait certes pas prévu. Et qui entraîne… un nouveau rebondissement quand un sénateur français, Albert Vecten, en vient à s'étonner de la décision de la Cour d'appel, laquelle interdit – pour cause il est vrai – la commercialisation sur le seul territoire national et non à l'étranger.

Saint-Laurent continue d'exploiter son avantage extrajudiciaire. Toujours avec la même inventivité. En 1998, la société rebaptise son parfum : « Yvresse », jeu de mots qui évoque le prénom de son fondateur, Yves, certes, mais aussi l'appellation précédente. Une piqûre de rappel pour ainsi dire…

Yves Saint-Laurent joue… sur du velours car, même en France, tout le monde n'est pas d'accord avec la protection inconditionnelle de la marque[1] « Champagne ». Le 15 avril 1996, un député du Pas-de-Calais – Monsieur Léonce Deprez ne s'inquiétait-il du coût pour le contribuable de cette défense dont il évaluait le montant à 50 millions de francs :

« M. Léonce Deprez demande à M. le ministre de l'Agriculture et de la pêche de lui préciser dans quelles conditions son ministère intervient en liaison avec le Comité interprofessionnel des vins de Champagne (CIVC) et l'Institut national des appellations d'origine (INAO), à l'égard d'une filiale de Sanofi qui poursuit, à l'étranger, la vente d'un parfum portant le nom de "Champagne". Il apparaît que la moitié des sommes dépensées à l'occasion des procès en cours serait à la charge du contribuable français et que le budget prévu au titre de son ministère serait de 4 millions de francs pour la seule année 1995. Si les actions se développent, comme prévu, dans une centaine de pays, ce serait plus de 50 millions de francs, l'équivalent d'un budget annuel de l'INAO, qui dépensés par la France "sans qu'à aucun moment, le Gouvernement n'ait mis son poids dans la balance pour faire cesser la bagarre" ». (*Le Nouvel Économiste* – n° 978 – 6 janvier 1995). Il apparaît que, devant l'ampleur prise par ce contentieux, il serait opportun que le Gouvernement français s'en préoccupe, s'agissant d'une bataille juridique « franco-française », dont les contribuables font les frais.

Dans sa réponse, le ministère sollicité appelle à la conciliation :

« La défense des appellations d'origine contrôlées constitue l'une des missions fondamentales que la loi a confiées à l'Institut national des appellations d'origine. C'est dans ce cadre que l'Institut a engagé un recours contre la commercialisation

1. *JO* Assemblée nationale du 15 avril 1996.

par une société française d'un parfum portant le nom de « Champagne » et a obtenu gain de cause devant la Cour d'appel de Paris le 15 décembre 1993. L'INAO est ensuite intervenu devant les juridictions compétentes des différents pays où ce parfum était mis en vente. Devant la multiplication des procès et le développement d'une bataille juridique à la fois coûteuse et inopportune, le Gouvernement francais a souhaité qu'un accord puisse intervenir entre les parties prenantes. C'est ainsi que l'INAO, d'une part, et Sanofi et YSL Parfum, d'autre part, sont parvenus à un accord le 15 février 1995. L'affaire est désormais close. »

Reste que le CIVC a remporté la bataille juridique et qu'il compte bien s'appuyer sur la décision favorable de la Cour d'appel pour gagner la guerre. Ainsi va-t-il mettre en place, dans toute la France, un dispositif permanent de recensement et d'opposition aux marques comportant l'appellation « champagne ».

Au tour du Comité de rebondir. L'importante publicité autour de cette affaire – celle d'Yves Saint-Laurent y compris – constitue en effet le meilleur moyen de faire savoir à tous que le CIVC n'hésitera pas à s'attaquer à quiconque, puissant ou misérable.

Et « puissant », cela peut être le groupe Pernod-Ricard...

Du champo, du Champomy

Pauvres chères têtes blondes, elles ont bien failli se voir privées de boisson. Enfin, pas de n'importe quelle boisson. Seulement du Champomy, ce breuvage pétillant mais sans alcool qui accompagne volontiers les goûters, anniversaires et autres fêtes réservées aux enfants.

Société sérieuse et connaissant ses droits, Pernod-Ricard, qui lance le Champomy en 1989 a pris la précaution, la même année, d'en déposer la marque à l'INPI.

Reste à populariser le nouveau produit auprès de la jeune clientèle visée. Par la publicité bien sûr. Pernod-Ricard lance de nombreuses campagnes publicitaires où est évoqué, mais indirectement, l'univers qu'on associe souvent au champagne, celui de la fête, du luxe.

Et le CIVC, naturellement, de dresser l'oreille. Des discussions s'engagent donc avec le groupe de spiritueux.

Les clientèles respectives du champagne et du Champomy n'étant toutefois pas les mêmes (on peut en tout cas l'espérer pour la santé de nos enfants), le risque de concurrence est faible. Le Comité, et il le sait, n'a donc aucune certitude de l'emporter dans les prétoires. D'autant qu'en matière de Propriété Intellectuelle, l'issue des litiges s'avère souvent incertaine. Aussi choisit-il la voie d'une transaction amiable, ce que les juristes appellent dans leur jargon, un accord de coexistence.

Cet accord est finalement trouvé le 9 janvier 1991 : les sociétés du groupe Pernod-Ricard s'engagent à ne plus évoquer le champagne dans leur publicité ou le conditionnement de la boisson en question. De leur côté, l'INAOQ et le CIVC s'obligent, en contrepartie, à ne pas s'opposer à l'usage de la dénomination Champomy, uniquement pour les boissons pour enfants.

Embrassons-nous, Folleville ? Pas tant que cela puisqu'en 2001, Pernod-Ricard lance une nouvelle campagne publicitaire et que cette fois, le CIVC s'émeut, estimant qu'il s'agit en l'espèce d'une grave entorse à l'accord de 1991.

Au diable la prudence ! Outré, le Comité décide de saisir le tribunal de grande instance puis la Cour d'appel, laquelle lui donne tort en 2007. Tenace comme toujours, le CIVC introduit alors un recours. Mais malheureusement pour lui, la Cour de Cassation, par un arrêt en date du 7 juillet 2009, finit par approuver la décision de la Cour d'appel.

Le raisonnement des magistrats est simple : à l'origine le Champomy tentait certes une confusion avec le champagne, mais il a fini par créer son univers propre, totalement différent, à tel point qu'aucune confusion n'est à présent possible.

Le Comité a joué et perdu. Désormais, champagne et Champomy poursuivront, avec la bénédiction de la justice, leurs parcours commerciaux respectifs sans interférence mutuelle. Mais en ira-t-il de même pour deux nouveaux intervenants, le Champ Halal et le Cham'Alal ?

La guerre des « sans alcool »

Retour dans le prétoire. Nullement échaudé, par la défaite Champomy, le CIVC décide en effet de s'attaquer à deux marques déposées pour la première le 20 septembre 2007 et pour la seconde le 8 avril, Champ Halal et Cham'Alal.

Comme ces deux noms le laissent entendre et compte tenu des impératifs de la religion musulmane, les boissons commercialisées, qui ne s'adressent pas spécifiquement aux enfants, ne comportent aucun alcool. Une perspective intolérable pour le Comité, non que ce dernier entende pousser à l'ivresse mais parce qu'à ses yeux, le champagne reste un vin. Aucune comparaison n'est d'ailleurs possible selon lui entre Champ Halal, Cham'Alal et les champagnes kasher comme celui du roi David, qui eux sont alcoolisés.

Le CIVC saisit alors le tribunal de grande instance de Paris, qui lui donne raison le 27 janvier 2009. Décision confirmée par la Cour d'appel de Paris le 3 novembre 2010. Voici pourquoi : les exploitants de la marque ont eu le tort de présenter leur produit comme un champagne hallal lors de la campagne publicitaire.

La Cour prit même un malin plaisir à décrire les infractions :

« Considérant qu'il est établi par les documents versés au débat que, dans un article paru sur le site internet [...] intitulé « Lancement du champagne halal à l'heure du Ramadan 2008 » la boisson dénommée Cham'Alal était présentée dans les termes suivants, rapportés comme les propos de M. Rachid Gacem, préposé de la société Rothwell chargé du développement du produit en France : « Après la bière et le foie gras halal, les produits dits halal continuent de germer sur le marché français. Au moment du Ramadan, les consommateurs musulmans "et non musulmans" découvriront le champagne halal, une boisson pétillante sans alcool certifié mais dont le goût et l'aspect se veulent être comme du champagne traditionnel. Le lancement sera mondial et son utilisation se veut être comme pour son pendant alcoolisé un marqueur festif et événementiel. *Saphir news* vous dévoile en exclusivité ce nouveau produit et tente d'analyser ce concept d'imitation d'un produit illicite. Du jus de raisin, des bulles, une robe dorée, un goût de champagne mais pas d'alcool ! Cham'Alal, le champagne certifié halal sera lancé en septembre prochain, au moment du Ramadan. Quel musulman ne s'est pas retrouvé un jour à une cérémonie, à un jour de l'an ou à un mariage, sans pouvoir participer au moment où le champagne pète ? Le champagne halal va pouvoir proposer une alternative. »

Que la plaquette publicitaire du Cham'Alal transmise au CIVC par M. Ibghei représente, sur un fond sombre barré de la dénomination « Cham'Alal » calligraphiée à l'ancienne, une bouteille de forme champenoise dont le goulot, habillé d'un élément doré et déchiré, laisse jaillir la boisson effervescente en propulsant un bouchon champignon, tandis que le fond de l'image montre six flûtes alignées derrière la bouteille.

Bref, pour la justice, le doute n'est pas permis. Elle a donc tranché en conséquence.

Hors des frontières aussi

Soixante-dix ans, c'est le bel âge. Pour la marque de shampoing Andrélon, en tout cas, qui ne laisse pas passer un anniversaire. Or, son nouveau produit est malencontreusement baptisé. « Andrélon Champagne ». Et selon un porte-parole d'Unilever, cité par l'agence de presse ANP, elle en produira la bagatelle de 340 000 bouteilles.

Dénuée d'ambiguïté, la campagne publicitaire représente, entre autres, la bouteille de shampoing dans un seau à champagne ! Pour le CIVC, impossible de rester l'arme au pied. Dès qu'il apprend le lancement du produit, le Comité intente une action devant le tribunal international de La Haye, aux Pays-Bas.

À bon droit puisque le 9 octobre 2010, le tribunal décide qu'Unilever se voit interdire la poursuite de la vente et de la promotion du shampooing « Andrélon Champagne », sous peine d'une amende de 5 000 euros par jour au CIVC, pour une amende totale de 500 000 euros au maximum.

Estimant qu'Unilever a « violé les droits d'une appellation d'origine protégée », le CIVC remporte une victoire sur toute la ligne. Si bien que quelque 340 000 bouteilles d'« Andrélon Champagne » vont devoir changer d'emballage.

Une fois de plus, la pugnacité a payé. On peut donc s'étonner qu'ayant gagné une manche aussi importante sur une des plus grandes entreprises mondiales, le Comité manifeste peu d'empressement à en découdre face à une menace autrement plus importante, celle de Soulaines…

Soulaines Story

Penchez-vous sur une carte de la Champagne, et vous y verrez une région littéralement cernée par le nucléaire civil et même militaire. À Brienne-le-Château, un site de stockage d'obus d'artillerie avec tête à l'uranium appauvri. À Morvilliers, un lieu d'enfouissage de déchets radioactifs dits TFA. À Soulaines, les déchets radioactifs dits FMA. Le terminal ferroviaire de Brienne. L'entreprise Daher d'Épothémont qui trie et reconditionne les déchets TFA. Et – *last but not least* –, les deux réacteurs atomiques de la centrale de Nogent-sur-Seine.

Cet encerclement constitue à coup sûr une menace à terme pour tout le vignoble. Pour le moment, il est vrai, le site de Soulaines pose seul problème. Mais qui sait ce que l'avenir réserve ?

Situé à Bar-sur-Aube et Montier-en-Der, à une cinquantaine de kilomètres de Chaumont, le centre Soulaines stocke en surface, depuis 1992, les déchets faiblement et moyennement radioactifs à vie courte. D'une capacité d'un million de m^3, il a pris le relais du Centre de la Manche, à la Hague, et accueillera en principe ces déchets durant environ 50 ans.

Dépliez encore votre carte. Soulaines se situe à 9 km des premières vignes de l'appellation « Champagne ». Même pas dix, neuf !

Le décret du 4 septembre 1989, autorisant le CEA (Andra) à créer, sur le territoire des communes de Soulaines-Dhuys, d'Épothémont et de Ville aux Bois une installation de stockage de déchets radioactifs solides (INB n° 149) indiquait en toutes lettres que le CSA ne donnerait lieu à aucun rejet radioactif liquide ou gazeux :

Article 2.2 : « L'installation sera conçue, réalisée et exploitée pour ne pas rejeter d'effluents radioactifs liquides ou gazeux pendant les phases d'exploitation et de surveillance ».

Les déchets y sont expédiés dans divers contenants non point uniformes, mais tout ce qu'il y a de plus multiforme au contraire. Cela va de fûts métalliques de 200 litres à des caissons en béton de 10 m^3.

Une fois réceptionnés, ces contenants sont rangés dans « des alvéoles de stockage » – en réalité des bâtiments de 8 m de haut et de 25 m de côtés. Ceux-ci s'alignent en rang serrés sur des hectares, se suivent et se ressemblent. Beaucoup de déshumanisation dans ces murs de béton, et rien, vraiment rien qui fasse penser à une bonne soirée avec des amis autour de bouteilles de champagne.

Il n'y a pas que l'ambiance. La sécurité compte aussi. De ce côté, en principe, tout est prévu. Les éventuelles eaux d'infiltration au travers des ouvrages seront collectées à leur base, dans des cuves de rétention étanche, d'une capacité minimale de 500 mètres cubes, en au moins deux réservoirs. Et l'eau ainsi recueillie, elle-même confinée pour éviter toute fuite radioactive.

Bref, sur le papier, tout baigne. Mais le papier, vous savez…

Très vite, des associations locales commencent à nourrir de sérieux doutes. Elles soupçonnent le site de rejets illégaux.

C'est à la fin du printemps 2006, que les soupçons prennent corps. Greenpeace annonce alors une contamination de la nappe phréatique autour du centre de stockage de Soulaines.

L'Andra procède aussitôt à des mesures qui concluent selon elle à de faibles fuites non significatives.

Elle bénéficie, une fois n'est pas coutume, de l'appui d'un laboratoire indépendant, celui de l'Association pour le contrôle de la radioactivité dans l'Ouest (Acro) : « Nous n'avons pas trouvé de radioactivité artificielle en dehors du site, dans la limite de précision de nos mesures. Le centre de l'Aube n'a donc pas d'impact sur l'environnement », assure Mylène Josset, chargée d'études qui a participé au rapport. « Nous avons par contre mis en évidence des radioéléments comme du césium 137, du cobalt 60 ou du nickel 63 dans le bassin d'orage du centre. Mais ces éléments, en quantité très faible, n'ont pas été trouvés dans les eaux extérieures[1]. »

Interrogé au début de l'année 2007, Franck Castanier, directeur Industriel de l'Andra, ne conteste pas les rejets mais prétend que leur quantité reste infime. Selon lui, ils ne peuvent en aucun cas entraîner des conséquences pour les riverains : « Pour que la radioactivité mette en cause la santé d'un riverain, il faudrait qu'un individu stationne jour et nuit à proximité de l'établissement. »

1. *Le Monde* du 17 décembre 2010.

Le même Castanier concède quand même que le décret de fonctionnement n'autorise aucun rejet. Et d'ergoter sur la notion de rejet. Ce que le site laisse échapper ne serait pas assez radioactif selon lui pour qu'on le considère comme un rejet…

Les élus s'en mêlent

Les élus locaux réagissent pourtant et attitude rare, le conseil régional de Champagne-Ardennes décide de financer, à hauteur de 5 000 euros une étude qu'elle confie à la Criirad.

L'implication du conseil régional montre que les élus ont déjà compris le danger d'une contamination éventuelle pour leur terroir et les productions vinicoles. Voire, d'une simple rumeur de contamination qui ne manquerait pas d'affecter la renommée du champagne.

Qu'en est-il donc ? L'étude de la Criirad confirme la présence d'une radioactivité, élément à charge qui ne peut qu'embarrasser l'Andra. Cette agence possède néanmoins des appuis étatiques conséquents. Elle va se lancer donc dans une opération auprès des pouvoirs publics, qui oublieux des engagements imposés par eux à l'origine, décident d'autoriser les rejets.

Un décret adopté le 10 août 2006 lui donne à cet égard une latitude appréciable. L'Andra pourra, stipule-t-il, rejeter 400 Bq/l de tritium lors même que, selon les écologistes, le seuil d'alerte défini par la Directive Européenne 98/83/CE [http://aida.ineris.fr/textes/directives/text0507.htm] est de 100 Bq/l.

Déplaisante leçon de choses : plutôt que de réprimer la transgression à la loi, l'État prend sur lui de l'avaliser ! Une attitude d'autant plus contestable que les fuites champenoises surviennent à un mauvais moment pour l'Andra…

Et le bal (nucléaire) continue

Pour l'agence, un nouvelle tâche s'impose : dénicher de nouveaux sites pour des déchets dont la quantité ne cesse de croître année après année.

Une croissance dont l'évaluation oppose une fois de plus les pro et les anti-atome.

Selon l'Andra, la production nationale de déchets radioactifs s'établirait à environ 2 kg par an et par habitant [http://fr.wikipedia.org/wiki/Aide:R%C3%A9f%C3%A9rence_n%C3%A9cessaire]. Mais à en croire le réseau « Sortir du Nucléaire », il faudrait multiplier par 50, 100 ou plus la quantité annoncée pour approcher de l'ordre de grandeur réel[1]. Autant dire que la fourchette se montre particulièrement large.

De plus, les modes de stockage vont varier en fonction de la nature des déchets.

La France répertorie cinq catégories, pas moins, de déchets radioactifs. Par esprit de clarté, présentons-en la liste par ordre croissant :

- Les déchets de très faible activité (TFA) ;
- Les déchets de faible et moyenne activité à vie courte (FMA-VC) ;
- Les déchets de faible activité à vie longue (FA-VL) ;
- Les déchets de moyenne activité à vie longue (MA-VL) ;
- Les déchets de haute activité (HA).

L'Andra voit de façon un peu différente les modes de classement :

1. Cité par Wikipedia.

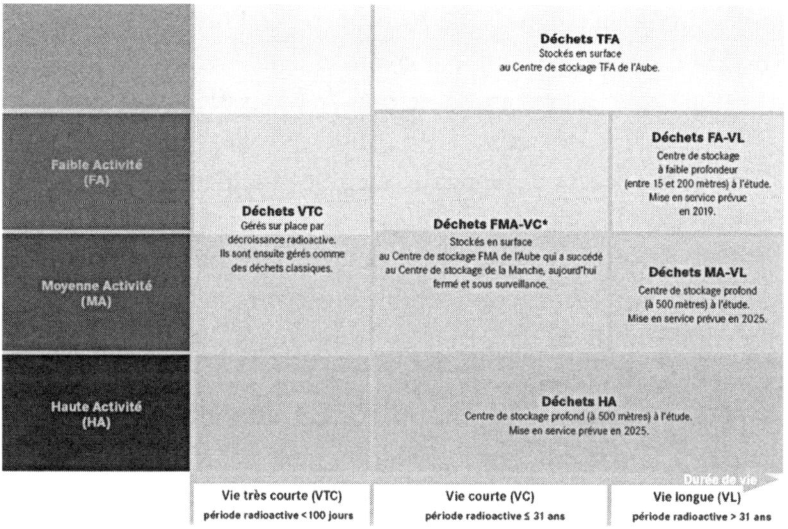

Reste que quel que soit le type de stockage, en surface ou dans les entrailles de la terre, la difficulté pour l'agence, consiste à trouver un terrain géologiquement stable sur plusieurs dizaines de milliers d'années.

Et là, contrairement à ce que nous pourrions croire, nous les non-initiés, le nombre de ces terrains possibles s'avère beaucoup plus faible qu'il n'y paraît. Du coup, peu de communes peuvent y prétendre en France, si tant est d'ailleurs qu'elles le souhaitent.

Des communes qui postulent

Mi-juin 2008, l'Andra envoie donc un dossier d'information à 3 115 communes situées dans les cantons dont la géologie semble *a priori* compatible avec l'installation d'un centre de stockage de déchets radioactifs FA-VL. Trois mille cent quinze, soit presque dix pour cent du total, la France comptant 36783 communes, nombre officiel, au 1er mars 2008.

Une quarantaine de destinataires marquera son intérêt pour le projet avant le 31 octobre 2008. Les communes candidates sont toutes situées en Champagne-Ardennes et en Lorraine, à moins de 180 km des sites de l'Andra, à savoir les deux Centres de stockage de l'Aube et le laboratoire souterrain de Meuse/Haute-Marne.

Dans ce lot des quarante postulantes, l'agence sélectionne les deux meilleures et demande au gouvernement de valider. Le ministère de Borloo confirme.

Pour ces petites communes de respectivement 900 et 700 habitants, l'enjeu est considérable en termes de budget. À titre d'exemple, révélons dans quelles proportions Soulaines profitera par la suite des retombées… financières de l'atome: une manne de plusieurs millions d'euros tombant chaque année. Et qui sera affectée à la construction d'établissements sportifs et de projets structurants. De quoi peser sur les choix de certaines communes aux maigres budgets.

Bien sûr, les écologistes ne mangent pas de ce pain nucléaire-là. Opposés à l'installation de nouveaux sites dans la région, les voici qui se déchaînent. Peu nombreux mais actifs, ils s'efforcent de sensibiliser les conseils municipaux, insistant tant sur le danger sanitaire que sur le risque de dégradation de l'image du terroir – un argument sérieux dans les zones viticoles.

La sensibilisation prend un tour excessif, passionnel avec parfois des dérapages. Le militant écologiste le plus actif, Michel Guéritte, se voit ainsi condamné à trois mois de prison avec sursis par le tribunal correctionnel de Troyes, le 16 décembre 2010 ; on lui reproche d'avoir menacé de mort une élue, ce qu'il conteste, les propos retenus par la juridiction auraient été sortis de leur contexte. Outré, Guéritte fait appel de la décision. L'audience se tient le 10 mars 2011 et l'avocat général requiert simplement une amende et pas une peine de prison.

La Cour d'appel de Reims devrait rendre sa décision le 5 mai 2011.

Michel Guérrite est persuadé qu'il est victime d'un procès politique; son « crime »: avoir obtenu de deux communes qu'elles renoncent à l'accueil des déchets FAVL.

Il fourbirait une arme secrète : une analyse par un laboratoire indépendant sur la présence plus importante de traces de tritium dans le champagne de l'Aube, comparée aux autres champagnes produits dans le monde.

On peut penser que le Japon sera exclu de l'étude...

Est-ce lié aux actions des verts – deux communes vont accepter puis refuser de stocker les déchets.

En octobre 2008, la commune de Soulaines procède à un second scrutin et revient sur sa décision initiale. Elle refuse désormais d'accueillir sur son territoire le nouveau site de stockage. Demi-mesure aux yeux des écologistes il est vrai, tant le premier site assure à Soulaines une manne financière confortable. Qu'on en juge plutôt : son budget est équivalent à celui d'une ville de 60 000 habitants pour une population vingt fois inférieure.

Une seconde commune candidate fait également machine arrière.

Alléchées par l'argent de l'Andra, plusieurs communes ont fait dans un premier temps acte de candidature, en particulier dans l'Aube. Mais face à l'hostilité de la population et aux manifestations anti-nucléaires, leurs élus vont voter dès juillet et à l'unanimité, le retrait de la candidature « pour apaiser un climat délétère », selon les termes de la maire de Pars-lès-Chavanges, Joëlle Pesme. Quant aux élus d'Auxon, qui avaient décidé à une très large majorité de faire acte de candidature pour le site de stockage, ils retoquent finalement le projet en août 2009, revirement qui va entraîner au passage la démission du maire, Jean-Louis Caillet[1].

Confrontée à un risque de réaction... en chaîne, l'Andra fait alors savoir qu'elle renonce à trouver de nouveaux sites.

1. *France Info*, le 10 juin 2010.

Le champagne à l'offensive

Le CIVC, lui, se trouve désormais au cœur d'un dilemme épineux. Doit-il attaquer la politique nucléaire de stockage des déchets au risque de s'aliéner les sympathies gouvernementales, ou se montrer conciliant au prix d'une sérieuse atteinte à l'image du champagne ?

Aucune des deux solutions n'est satisfaisante. S'il reste l'arme au pied, les vignes de Champagne pourraient bien être affectées par des effluents radioactifs et du coup, les 15 000 vignerons membres du Comité ne comprendront pas sa passivité.

En sens inverse, s'il met en cause les décrets autorisant le stockage ou les décisions qui permettent le rejet d'effluents, le CIVC va se heurter à la politique nucléaire du gouvernement. Or, on se rappelle les liens de longue date du président de la République avec le président de LVMH, Bernard Arnaud qui fut témoin de son mariage avec sa première épouse, Cecilia.

D'autres éléments entrent en ligne de compte. Tout procès, surtout si les écologistes s'en mêlent, est naturellement susceptible de médiatisation, elle-même source de rumeurs, des bruits, d'échos, d'articles – en franglais, de « *buzz* » – que pourraient utiliser certains concurrents étrangers. On songe bien entendu aux Américains, qui rappelons-le, refusent toute protection légale à l'appellation « Champagne ».

La crainte de se voir assimilés à des suppôts de l'écologie compte aussi beaucoup. Composé, prestige oblige, de notables, de personnes bien établies, le CIVC préférerait ne rien avoir à faire avec ces « fauteurs de troubles ». Car, sociologiquement, c'est sûr, un Ghislain de Montgolfier se situe aux antipodes d'un Michel Guérrite, ce militant écolo emblématique de la région Champagne-Ardennes.

Impossible malheureusement de connaître dans le détail le contenu des discussions internes au CIVC car celui-ci, interrogé, se refuse de répondre à toute question sur ce point. Une réserve bien dans son style – feutré – qui ouvre la porte à toutes les interprétations possibles.

Ce qui paraît avéré, c'est le résultat de ces conciliabules. Car au final, le Comité va mettre en place une stratégie toute en subtilité qui doit largement son inspiration à Métis, la demi-déesse de la ruse des Grecs.

Rien de plus habilement balancé que la dialectique du Comité. Côté face, il saisit les tribunaux – le moyen de procéder autrement ? Mais côté pile, il le fait de manière assez molle pour que les pouvoirs publics comprennent qu'il s'agit uniquement de répondre à la pression de la base vigneronne. L'essentiel de l'opération se fera en quelque sorte sur la tranche, par le biais de manœuvres tout à fait originales de contournement dont beaucoup d'autres causes que celles du champagne gagneraient à s'inspirer.

Fleurets mouchetés dans les prétoires

Le décret du 10 août 2006 comporte deux volets. Le premier offre aux ministres chargés de l'industrie et de l'environnement, la possibilité de notifier à l'exploitant des prescriptions particulières applicables à l'exploitation de l'installation, ainsi que la latitude d'autoriser des dérogations à ces considérants techniques.

Le second confère à ces mêmes membres du gouvernement la possibilité de définir les conditions de gestion des effluents liquides et gazeux propres à telle ou telle installation.

Le 21 août 2006, le gouvernement prend un décret complémentaire ainsi qu'un arrêté découlant du décret du 10 août. Ce texte fixe le taux maximum de radioactivité.

Or, conformément au droit public français, toute personne intéressée peut contester la légalité d'un arrêté administratif devant le tribunal du même nom. Lorsque ce plaignant est mécontent d'une décision du tribunal administratif, il peut saisir la cour administrative et enfin, en dernier recours, le Conseil d'État.

Sachons également qu'un décret s'attaque en première instance directement devant le Conseil d'État et un arrêté, devant le tribunal administratif.

En bonne logique, le CIVC va donc demander au Conseil d'État d'annuler toutes les dispositions prises au titre du décret du 10 août 2006.

Le 27 juillet 2009, le Conseil rend une décision mi-chèvre, mi-chou. Il donne partiellement raison au CIVC en annulant la première partie du décret, mais maintient la seconde, celle qui autorise les ministres à fixer par voie d'arrêté le taux de rejet radioactif admissible.

Partie nulle, dirons-nous. La deuxième manche, assez biscornue, va se jouer devant le tribunal administratif de Chalons-en-Champagne.

Face à cette juridiction se manifeste en effet le caractère ambigu de la position du CIVC. Un magistrat, le Commissaire du gouvernement, doit se prononcer au final dans l'intérêt de la loi.

Le Comité demande bien entendu au tribunal administratif l'annulation de l'arrêté du 21 août 2006 qui a fixé le taux de rejet autorisé. Il sait pertinemment que devant un tribunal de ce type, la procédure est essentiellement écrite. Que les débats à l'audience, loin d'appeler de grands effets de manche, sont avant tout techniques, pour ne pas dire ternes.

Or, le jour de l'audience, le 30 septembre 2010, seul l'avocat de l'Andra est présent : le CIVC n'a ni daigné venir, ni même demandé à un avocat de le représenter.

Parce que nous avons affaire à une procédure surtout écrite et qu'en l'occurrence, la présence des avocats n'est nullement obligatoire ? Peut-être. Reste que sur le plan médiatique, le flop s'avère total. Et, les quelques opposants au CICV ne manqueront sûrement pas d'en tirer argument.

La décision est rendue le 10 octobre 2010 : les rejets sont de trop faible intensité pour porter atteinte à l'environnement.

En conséquence, l'arrêté doit donc être maintenu et l'Andra pourra continuer à œuvrer comme par le passé.

Le CIVC : stratégie indirecte

Mais, ce qui est le plus surprenant, c'est l'absence de réaction du comité interprofessionnel des vins de Champagne. Une apathie qui contraste avec l'ardeur belliqueuse que nous l'avons vue manifester dans tant d'autres circonstances.

Selon un communiqué adressé à l'AFP, le CIVC, « prend acte de la décision, mais restera vigilant et intransigeant afin de s'assurer, en permanence, de la parfaite conformité du stockage des déchets radioactifs avec toutes les règles en vigueur ».

Pour sa part, l'Andra pavoise. « Il y a des rejets gazeux émis par une cheminée et des rejets liquides issus d'un bassin de rétention mais tous ces rejets sont sous un contrôle strict et il n'y a pas de conséquences sur l'environnement au-delà d'un millionième de la radioactivité naturelle », explique, triomphant, à l'AFP Patrice Torres, le directeur des centres de stockage de l'Andra dans l'Aube.

Quoi qu'il en soit, compte tenu d'une faiblesse dont il a bien conscience au plan des textes légaux ou réglementaires existant, le CIVC adopte une nouvelle stratégie : créer des contraintes juridiques supplémentaires pour le gouvernement et l'Andra. Contraintes qui, espère-t-il, constitueront autant d'obstacles insurmontables.

Une ligne de conduite redoutablement habile. Déplaçant par surprise l'action sur un terrain vierge insoupçonné de l'adversaire, le Comité s'emploie désormais à l'inscription du vignoble de Champagne au patrimoine mondial de l'Unesco !

Dans le même temps, des modifications surgissent dans le règlement d'au moins un des parcs naturels champenois tandis que les observateurs constatent l'extension des vignes relevant de l'appellation d'origine contrôlée « Champagne ». Autant de décisions dans lesquelles le CIVC ne joue officiellement aucun rôle, certes. Mais dont la simultanéité peut laisser pensif : n'y aurait-il pas anguille… sous le vignoble ?

Internationaliser le combat

L'Unesco d'abord. Sa convention du 16 novembre 1972 précise que les États signataires doivent engager des mesures de nature à préserver le patrimoine inscrit mais qu'il leur incombe aussi d'édicter les « mesures juridiques, scientifiques, techniques, administratives et financières adéquates ».

Des mesures qui, en cas de classement du vignoble champenois, restreindraient considérablement la marge de manœuvre du nucléaire dans la région. Si le gouvernement persistait dans son soutien au lobby de l'atome, il devrait alors consentir un coût politique important. L'opinion publique, en effet, comprendrait mal, et sans doute pas du tout, le maintien d'installations nucléaires dans un secteur protégé par une institution internationale.

L'idée est moins farfelue qu'il n'y paraît. Car certains vignobles prestigieux ont déjà fait l'objet d'un tel classement : la Jurade de Saint-Émilion, le Haut-Douro et l'île Pico au Portugal, Tokaj en Hongrie, Lavaux en Suisse, la vallée de la Loire et quelques autres. Et là, nul ne s'est avisé d'y stocker des déchets radioactifs…

L'Unesco, en outre, a justement créé en 1992 une catégorie nouvelle : « les paysages culturels ». Pour bénéficier d'une telle certification, la procédure à suivre est stricte. Il faut d'abord figurer sur la liste des sites rédigée par le Comité des biens français, une émanation des ministères de la Culture et de l'Environnement. Ensuite, se voir sélectionné à titre de champion national. Et enfin, présenter un dossier bien fourni à l'Unesco.

Côté calendrier, l'inscription sur la Liste du patrimoine mondial de l'Unesco est décidée chaque année par le Comité du patrimoine mondial, constitué de 21 États signataires de la Convention du patrimoine mondial. Ce, au terme d'un examen qui dure plusieurs mois.

L'argumentaire présenté par le CIVC est convaincant :

« Paysage du champagne » : c'est l'intitulé qui a été retenu pour dénommer la candidature à l'inscription sur la liste du

Patrimoine Mondial de l'Organisation des Nations Unies pour l'éducation, la science et la culture (Unesco) en tant que paysage culturel, soit l'intégralité de l'aire d'appellation « Champagne ».

Les paysages culturels sont définis par l'Unesco comme des « œuvres conjuguées de l'être humain et de la nature (qui) expriment une longue et intime relation des peuples avec leur environnement ».

N'est-ce pas le cas exemplaire de la Champagne viticole ?

Sur cette terre singulière, historiquement vouée à la vigne, les hommes ont donné naissance à un vin unique, que le monde entier lui envie.

Les paysages du champagne racontent cette épopée. Vignobles, mais aussi maisons de vignerons et de négociants, loges de vigne, vendangeoirs, caves et crayères témoignent des liens particuliers qui unissent les hommes du champagne à leur terre. C'est bien là, dans ces paysages, que, génération après génération, s'est établie une véritable civilisation du champagne fondée sur une triple alliance exceptionnelle : terroir, technologie, organisation professionnelle.

Des ambitions élevées ! Et calculées avec soin puisqu'elles impliquent de protéger tant l'horizontalité du paysage que sa verticalité.

Ce dernier point permettrait d'inscrire au patrimoine les crayères rémoises ; 300 kilomètres de galeries sous l'avenue de Champagne, à Épernay ; les petites caves médiévales des Riceys.

Retenons aussi l'idée de verticalité, particulièrement intéressante dans la mesure où elle pourrait influer sur l'enfouissement des déchets nucléaires. Et du coup, suivons le regard du Comité.

Sa longue marche vers le classement au patrimoine commence mal : dépôt du dossier en novembre 2009 et rejet dudit dossier dès la première étape, celle, purement nationale, du Comité national des biens français. Lequel préfère soutenir les bâtiments fortifiés bâtis par Vauban et hors métropole, les lagons de Nouvelle-Calédonie.

Créé en 2004, ce comité comprend des experts de différentes disciplines. Il conseille le gouvernement sur les propositions des sites à présenter devant le Comité du patrimoine mondial, comme sur les orientations en matière de politique de suivi de la Convention du patrimoine.

Les causes du rejet de la candidature champenoise ne sont pas connues immédiatement. C'est en février 2011 seulement que le comité paysages de champagne reçoit quelques explications.

Il décide alors de déposer une nouvelle candidature, aux ambitions plus modestes cette fois: seules quelques parties de la Champagne seront proposées au classement.

Histoire de déjouer les critiques d'éventuels détracteurs de cette réduction de périmètre, un argument est déjà concocté. L'inscription de Porto au patrimoine mondial n'a-t-elle pas permis la protection de la vallée du Douro, qui concentre les vignes nourricières du célèbre vin cuit?

Il est trop tôt pour dire si la stratégie de comportement suivie par le CIVC va porter ses fruits. Mais on peut toujours se pencher sur un deuxième volet de la contre-attaque champenoise: les parcs naturels.

La bataille des parcs naturels

Créé par décret en Conseil d'État du 16 octobre 1970, le parc naturel aime à se présenter comme un modèle de préservation de l'environnement[1].

«Au levant, à l'Aube, à l'Orient, aux marges du Bassin parisien et au sud de la Champagne, s'étend une vaste contrée mystérieuse où l'eau, la terre et la forêt ont donné naissance à un territoire singulier, fruit de la nature et des hommes. Le Parc naturel régional de la Forêt d'Orient n'est ni réserve animalière, ni musée à ciel ouvert ou sanc-

1. [http://www.pnr-foret-orient.fr/fr/].

tuaire botanique, mais un espace de vie, ouvert à tous, où préservation de l'environnement rime avec développement du territoire. Ce territoire légendaire abrite d'immenses lacs-réservoirs nichés au creux de forêts profondes, qui feront le bonheur des amoureux de nature, culture, sports et loisirs... »

Un parc naturel regroupe les différents acteurs de la vie locale, conseil régional, général, communes. Il est régi par une charte, laquelle tire justement sa force de l'engagement des signataires. Dans le cas qui nous occupe, ils sont nombreux : communes, communautés de communes, Conseil général de l'Aube, Conseil régional de Champagne-Ardennes et Syndicat mixte du Parc naturel régional de la Forêt d'Orient. Sans oublier l'État qui doit l'adopter par décret.

En 2009, la charte couvrant la Champagne, déjà prorogée pour une période de deux ans, vient à renouvellement. Une occasion à saisir pour les opposants au stockage des déchets.

Ceux-ci ne manquent pas de se manifester lors des travaux de révision de la charte. De manière suffisamment convaincante, paraît-il, pour que le président du parc naturel en vienne à s'interroger sur la compatibilité de la présence d'un centre de déchets avec les engagements inclus dans le document.

À l'issue de discussions houleuses où, d'un côté, l'on met en avant les pertes d'emplois qu'entraînerait une interdiction de stockage, et de l'autre, l'on souligne les dangers du nucléaire, la charte finit par être adoptée par les membres du parc.

Son article 49, tout à fait clair stipule que « l'État et les signataires s'engagent à ne pas implanter sur le territoire du parc de nouveaux centres d'enfouissement technique, ni aucun incinérateur, ni centre de stockage de déchets nucléaires. ».

Une disposition gênante aux yeux de la puissance publique. Assez pour que lors de la procédure d'avalisation par décret, l'État retire subrepticement l'interdiction d'implanter un incinérateur. De quoi faire hurler les écologistes, qui n'y manqueront pas, mais en vain.

Les vignerons, eux, sont ravis. L'essentiel est acquis : le péril nucléaire s'éloigne.

La bataille des parcs naturels n'est pourtant pas terminée. Elle pourrait rebondir au contraire dans le parc naturel de la Montagne de Reims et avec la création d'un troisième parc.

L'arme de l'AOC

L'Appellation d'origine contrôlée « Champagne », la fameuse AOC répond en premier lieu à un besoin économique évident.

Or, il se trouve que les vignerons, harcelés de demandes provenant notamment des marchés étrangers, n'arrivent pas à produire des quantités de champagne suffisantes pour les satisfaire.

La solution : agrandir la superficie utilisable en labellisant de nouvelles communes. Une demande en ce sens du Syndicat des Vignerons de Champagne auprès du Comité National, remonte à novembre 2003.

Mais l'économie n'est pas seule en jeu. Et là encore, le problème nucléaire se pose. Il serait en effet difficile au gouvernement de stocker des déchets dans une région bénéficiant du classement AOC.

Autrement dit, plus on élargira le périmètre du champagne, appellation contrôlée, mieux on protègera le cœur des vignes historiques. Une manière originale de recréer une frontière – limes disaient les Romains – sur laquelle le CIVC montera, nul n'en doute, une garde vigilante.

Oh, bien sûr, le Comité refuse d'établir le moindre lien entre les problèmes nucléaires et la demande d'extension de l'AOC. Mais là encore, l'observateur perspicace ne peut que constater une coïncidence surprenante entre l'émergence des problèmes nucléaires et l'évolution du dossier d'appellation contrôlée.

Plusieurs des communes qui ont accepté d'étudier l'accueil d'un centre de stockage sur leur territoire sollicitent aussi le privilège de bénéficier de l'appellation d'origine. Pour paradoxale qu'elle soit, leur démarche n'a rien d'illogique. Elle traduit la volonté de développement économique à tout prix de leurs élus. Reste qu'il est bien difficile de manger à deux râteliers différents, comme dit la sagesse populaire. Surtout quand ces deux râteliers sont opposés.

Quoi qu'il en soit, le jeudi 13 mars 2008, Le Comité National des Vins, Eaux de Vie et autres boissons alcoolisées de l'Institut National de l'Origine et de la Qualité, approuve le rapport relatif à l'évolution de l'aire géographique de l'AOC « Champagne ».

Toute en subtilités, la stratégie indirecte du CIVC serait-elle donc payante ? L'avenir le dira. Un avenir qui n'est pas gravé dans le marbre. En Champagne comme ailleurs, tant que la fin de partie n'est pas sifflée, de nouveaux revirements de situation peuvent se produire. Et bref, nous ne sommes peut-être pas au bout de nos surprises dans le combat atome contre bulles.

Mais cette agitation judiciaire n'est pas uniquement dans les bulles puisqu'on l'a retrouve aussi dans les télécoms.

Les télécoms, un univers impitoyable…

Chapitre 3

L'odyssée d'Iliad

Dans le monde des télécoms, l'Europe, véritable incitatrice à la révolution permanente, ne cesse d'apporter des bouleversements d'ampleur.

Ainsi, c'est en application d'une directive bruxelloise que le monopole étatique sur les télécoms va disparaître à compter du 1er janvier 1998.

À cette libéralisation forcée du marché, s'ajoute un nouveau facteur : l'émergence d'Internet. Cette fois, il ne s'agit pas d'une révolution réglementaire, mais d'une révolution technique : les réseaux ne servent plus à « transporter » de la voix, ils charrient également des données.

L'étape suivante sera celle du développement de la téléphonie mobile, suivie de près par l'apparition de la vidéo.

La conjonction de ces différents éléments va prendre le nom de « convergence ». Non sans poser au passage une question stratégique essentielle : l'opérateur public peut-il se contenter de disposer des réseaux, ou doit-il au contraire intervenir sur les contenus à diffuser au travers des « tuyaux » qu'il possède ?

Tuyaux ou… voies ferrées ? Un problème un peu analogue s'est en effet posé dans le domaine ferroviaire. En dissociant les infrastructures des services de transports, le gouvernement a alors opté pour une position radicale : Réseau Ferré de France s'est vu attribuer la gestion de toutes les voies de circulation tandis que la mission de la SNCF se limitait aux transports de fret et de personnes.

Lors de la privatisation de France Télécom, c'est la solution inverse qui prévaut en matière de télécommunication, rendant épineuse l'instauration de nouvelles règles de la concurrence.

Pour pallier cette difficulté, les gouvernements successifs vont faire appel à des arbitres chargés de favoriser l'émergence de plusieurs sociétés rivales. Nuls autres que les fameux *quangos* appelés aussi autorité indépendante, dont les plus connus sont l'ARCEP, le CSA et l'Autorité de la concurrence.

Des sociétés nouvelles grâce à l'action des *quangos* vont donc venir concurrencer France Télécom sur son terrain traditionnel. Une fin de monopole dont l'opérateur fraîchement privatisé n'a guère l'habitude, et pour cause.

Les noms de ces challengers sont bien connus : SFR, Bouygues et pour finir Free. Avec France Télécom, ils s'apprêtent à former un quatuor infernal d'alliés-ennemis. Quatre comme les Trois mousquetaires mais ici, le « Un pour tous, tous pour un » n'est de mise que quand les intérêts commerciaux convergent, donc pas toujours…

Les deux premières firmes concurrentes de l'ex-service public vont être créées à partir de structures existantes. Et pas n'importe lesquelles puisqu'il peut s'agit de Cegetel, de la Société française du radiotéléphone, ou encore de l'entreprise de travaux publics Bouygues.

SFR, elle, est développée par la Compagnie générale des eaux, qui changera au passage de nom pour devenir Vivendi à l'initiative de Jean-Marie Messier. La volonté de s'imposer à tout prix dans le cadre d'une stratégie du « tout-médias » conduira d'ailleurs le même Messier à commettre les égarements presque mégalomaniaques que l'on connaît.

Quant au groupe Bouygues Télécom, il adopte d'entrée de jeu une position prudente. Sa stratégie à lui : partir du contenu pour aller vers le réseau plutôt que le contraire.

Quelle que soit la voie empruntée, SFR et Bouygues Télécom peuvent se targuer de belles réussites industrielles en matière de télécoms. Pour autant, elles ne pourront empêcher l'émergence d'un troisième acteur, la société Free, dont la maison-mère porte le nom d'Iliad. Ceci, grâce à un personnage haut en couleurs, Xavier Niel, dont l'étonnant parcours va lui permettre, fin 2010, d'entrer dans l'establishment en s'associant à Mathieu Pigasse et à Pierre Bergé, pour former le trio d'actionnaires principaux du grand quotidien du soir *Le Monde*.

La réussite de Xavier Niel tient, il nous permettra de le dire, du roman balzacien. C'est l'histoire d'un homme d'extraction moyenne, voire modeste qui, en un quart de siècle de travail acharné, va créer un puissant groupe de Télécom. Free devient en effet rapidement l'un des leaders français de cette branche d'activité prometteuse. Si prometteuse qu'à la fin de 2010, la fortune de son fondateur était évaluée à la coquette somme de 2,67 milliards d'euros.

Comment un tel succès s'est-il avéré possible ?

Certes à cause d'un génie marketing incontestable dont va attester le spectaculaire lancement de la Freebox – une parfaite réussite.

Mais aussi, et tel est le côté disons « obscur de la force », par une politique soigneusement calculée de recours systématique aux tribunaux. Qui n'a d'égale que la capacité à répondre aux assauts judiciaires de ses concurrents, lesquels ne reculeront devant aucun procès dans l'espoir d'obtenir le temps nécessaire au développement de produits concurrents comme par exemple la Livebox.

On parlait plus haut des Trois mousquetaires. Mais c'est plutôt aux guerres antiques relatées au travers de l'*Odyssée* d'Ulysse que l'on peut dès lors appréhender le jeu complexe d'alliances faites et défaites coup sur coup entre opérateurs téléphoniques tantôt alliés, tantôt rivaux.

Puisqu'il s'agit en premier lieu de faire tomber un monopole auquel s'arc-boute l'opérateur historique, France Télécom va souvent se trouver dans la ligne de mire des trois autres guerriers du téléphone et de l'Internet.

L'autre cible ? Free bien sûr, qui effraye la concurrence par sa stratégie des prix bas et par ses innovations marketing qui la prennent de court.

Free dont l'audacieuse stratégie judiciaire, élément clé d'une stratégie globale, mérite d'être démontée...

Salut, c'est moi Free !

Les mousquetaires toujours ! Il y a dans Xavier Niel, le créateur de la Freebox, quelque chose de Cyrano de Bergerac. D'un côté, une intelligence brillante, doublée d'une volonté sans faille ; de l'autre une crainte de se montrer, une timidité et une gaucherie presque maladives.

Même si ses rares apparitions médiatiques donnent de lui une image bien différente de celle de l'entrepreneur classique, l'homme n'arbore pas pour autant le physique ingrat du héros d'Edmond Rostand. Les cheveux sombres recouvrent le col de la chemise – ils pourraient presque permettre un katogan. La cravate ? Elle ne fait pas souvent partie du décorum. Mais la ligne pleine de rondeurs, elle, pourrait faire penser à celle d'un notable. Bref, tout semble contradictoire chez Xavier Niel.

Sa Roxane à lui, son égérie, n'est pas une belle jeune femme, mais l'Internet, le monde de télécom. Et, comme dans la pièce de Rostand, c'est l'amour fou qu'il lui porte qui manquera de faire trébucher ce sujet indiscipliné.

Le lecteur l'aura compris : le fondateur du groupe Free, né en 1967 en banlieue parisienne, se double d'un bretteur redoutable. Un escrimeur hors pair que ses bottes secrètes ont conduit, à plusieurs reprises, à triompher de ses adversaires.

N'empêche qu'au noble art de l'épée, on ne gagne pas toujours. Plus encore dans les empoignades pas toujours glorieuses entre opérateurs. Et qu'avant de porter le coup décisif, il faut subir moult estafilades, verser moult gouttes de sang.

Est-ce de son père juriste que Niel tient sa passion, et sa technique, des procès ? Le fait est que le sens du marketing n'a pas suffi à garantir son ascension. Celle-ci fut aussi le produit de très nombreuses bagarres judiciaires où le patron de Free s'est trouvé tantôt en position d'assaillant, tantôt sur la défensive.

Son adversaire de prédilection ? L'opérateur historique France Télécom, autour duquel va s'engager un quadrille aux alliances byzantines.

Je t'aime (enfin, presque)… je te hais : France Télécom, Free, SFR et Bouygues s'allient puis combattent à tour de rôle les uns contre les autres. L'unique but de ce jeu de chaises musicales à base de renversements permanents d'alliance : ralentir l'activité commerciale de tel ou tel concurrent que ses trois rivaux prendront sous leur feu avant que la composition du trio comme l'identité de celui qu'il assaille change, et ainsi de suite.

Un jeu dangereux. Parfois, quelque franc-tireur isolé se retrouve au milieu du champ de bataille, agressé, maltraité alors qu'il ne pensait, le (ou la) pauvre, que faire son devoir de journaliste.

Quant à la stratégie judiciaire de Niel ou de ses sociétés, elle ne peut se comprendre qu'au regard de son parcours. En voici donc les grandes lignes.

Brillant sujet, Xavier Niel entre, en 1984, dans une classe de Mathématiques supérieures. Math sup que, saisi par le démon de l'entreprise commerciale, il abandonne en cours d'année pour se lancer dans la création de sociétés dévolues au minitel rose, activité très lucrative en ces temps de « libération sexuelle ». Pour ce faire, notre homme s'associe très vite avec Fernand Develter, ex-fondé de pouvoir à la Société générale.

Les affaires marchent bien. Si bien qu'en 1991, Niel rachète une société spécialisée dans la gestion des minitels coquins, Fermic Multimédia. Société qu'il rebaptise Iliad, et qui deviendra son navire amiral pour partir à la conquête de cette terre vierge qu'est l'internet émergent.

Nouveau pas en 1995. Niel entre en effet au capital de la société Wordlnet, qui offre des kits de connexions à internet. Or, les deux fondateurs de cette société, associés de Niel, seront bientôt poursuivis pour « détention d'images à caractère pédophile », au motif que leurs serveurs donnaient accès à des newsgroups « sensibles ».

En mai 2000, Worldnet est revendue à la société Kaptech, qui deviendra par la suite Neuf Télécom. Xavier Niel empoche au passage la coquette somme de 40 millions d'euros. Une cagnotte qui va lui permettre de lancer Free, déployant alors, chacun a pu le constater, un talent inégalable dans l'art du marketing mais aussi, et là c'est moins connu... une impressionnante armada d'avocats. Du minitel rose, on vient de passer aux robes noires. Et c'est sans doute l'affaire du « 3617 annu » qui préfigure le plus les bagarres entre Niel et France Télécom.

Un annuaire vraiment à l'envers

France Télécom, à laquelle une loi du 2 juillet 1990 transfère les biens appartenant antérieurement à l'État (à travers la Direction générale des télécommunications), exploite à cette époque un annuaire électronique des abonnés au téléphone, accessible par Minitel sous le code 3611, et ce depuis 1983.

Toujours précurseur, toujours en avance sur l'opérateur historique, Niel, lance sur ces entrefaites un annuaire inversé. Dès 1995, la société MA éditions permet en effet de retrouver l'identité et l'adresse d'une personne donnée à partir de son numéro de téléphone. C'est le fameux « 3617 Annu », promis à une importante notoriété grâce à une campagne de publicité intensive.

Indignation à France Télécom. Voir « débouler » sur le marché un trublion qui ose proposer un service que la société n'offre pas, c'est inadmissible. Résultat : France Télécom va fondre sur Xavier Niel comme le rapace sur sa proie. Avec cet argument majeur : l'homme d'affaires agirait en totale illégalité.

C'est que le dirigeant d'Iliad ne disposant pas des numéros de France Télécom, n'hésite pas à piller purement et simplement la base de données de l'opérateur ex-public ! Lequel l'assigne en bonne logique le 31 mars 1998.

Coïncidence, France Télécom lance dans le même temps que son assignation un service d'« annuaire inversé ». Sous l'intitulé « 3615 Quidonc », cette fois. Autant dire qu'en l'occurrence, la justice vient à l'appui du marketing, et inversement. Au passage, l'affaire permettra d'apprendre que les revenus du « 3617 Annu » sont de 167 millions de francs pour l'année 1998 – l'euro n'existe pas encore, mais la somme représente alors l'équivalent de 30 millions de nos euros.

Voilà Xavier Niel en situation délicate dans la mesure où une loi de juillet 1998, en gestation au début du procès, protège désormais les bases de données. L'opérateur historique réclame à l'homme d'affaires la bagatelle de 204 millions de francs (environ 37 millions d'euros).

Pour autant, Niel ne se démonte pas. Il lance une contre-attaque, saisissant le conseil de la concurrence par lettre enregistrée le 22 décembre 1998, demande dont il se désistera au demeurant le 17 décembre 2001.

Bien entendu, la procédure initiée par France Télécom se poursuit. Elle débouche sur une décision du 18 juin 2006. Le tribunal de commerce de Paris condamne Iliad à payer la somme de 100 millions de francs (18 millions d'euros) à l'opérateur historique. En définitive un accord est trouvé avec un versement de 22 millions de francs (4 millions d'euros) par an au profit de l'opérateur historique sur trois ans, soit un total de 66 millions de francs (12 millions d'euros).

Telle que, la condamnation semble terriblement injuste à Niel. Il ne comprend pas comment France Télécom, qui a constitué son fichier d'abonnés à l'époque du monopole, peut encore en bénéficier alors que ledit monopole a été aboli. De là à vouloir prendre sa revanche sur l'opérateur historique, il n'y a qu'un pas.

Dans ces conditions, la nouvelle affaire qui survient en matière d'annuaire téléphonique ne manque pas d'attirer son attention de passionné de la chose judiciaire.

Le dossier Filetech

Même s'il s'est lancé le premier dans cette voie, le patron de 3617 Annu n'est en effet plus le seul à passer outre la propriété de France Télécom sur ses listes d'abonnés. Un nouvel intervenant sur le marché des annuaires s'y emploie. Nul autre que Filetech, qui prendra par la suite le nom de Lectiel. Spécialisée dans le marketing direct, cette société a besoin des listes d'abonnés au téléphone.

Son optique diffère de celle de 3617 Annu. Filetech se livre à des traitements spécifiques des listes. Non seulement elle les enrichit, mais elle pratique aussi des extractions ciblées, revendant ensuite les fichiers plus pointus ainsi constitués.

Dès 1991, Lectiel s'est tournée vers l'opérateur historique, lui proposant d'acheter ses fichiers. Une proposition que France Télécom ne peut pas refuser juridiquement. Contrainte et forcée, l'ex-société nationale des télécoms accepte alors de vendre ses informations mais à un prix prohibitif qui rend impossible la tractation.

Un diktat que Lectiel n'accepte pas. Le problème, c'est que sans attendre, elle décide de pirater purement et simplement la base de données de France Télécom ! Assez pour se heurter sous peu à un problème technique : le fichier récupéré contenant les références d'abonnés inscrits sur la liste rouge, impossible de le revendre pour des opérations marketing.

Comment tourner la difficulté ? Lectiel demande à l'opérateur historique de lui communiquer cette liste. Et devant le refus qui lui est opposé, elle saisit le Conseil de la Concurrence en 1992.

Pour comprendre la suite (légèrement compliquée) des événements, un petit détour par le fonctionnement du Conseil s'impose...

Le Conseil de la Concurrence, qui deviendra ultérieurement l'Autorité de la Concurrence est un organisme hybride chargé tout à la fois d'examiner, voire d'autoriser le cas échéant certaines opérations qui pourraient nuire à la loyauté des affaires (par exemple, le rapprochement de deux grandes entreprises susceptibles de créer un monopole ou un oligopole) et de sanctionner les atteintes à la concurrence telles que les abus de position dominante.

Cette autorité ne rendra sa décision que le 29 septembre 1998, condamnant France Télécom à une amende de 10 millions de francs (pas tout à fait 2 millions d'euros) pour pratique anticoncurrentielle.

L'opérateur historique refuse toutefois de s'incliner. Il décide de faire appel, mais c'est pour se voir de nouveau retoqué. Que croyez-vous qu'il arrivât ? France Télécom, obstinée, persiste, signe et bref, se pourvoit en cassation.

Ayant examiné le dossier, de plus en plus épais désormais, la juridiction suprême tranche : France Télécom dispose certes d'un droit sur les listes des abonnés, mais elle se doit de les commercialiser à un prix abordable pour ses clients.

Pour autant, la victoire de Lectiel n'est pas totale. Il s'en faut même de beaucoup...

France Télécom change sa garde

Connaissant sans doute la faiblesse de sa position, France Télécom change alors sa garde, si l'on veut poursuivre dans la veine « escrimeuse » dont nous avons déjà usé à propos des quatre opérateurs rivaux.

Comment ? En attaquant la société Lectiel là où celle-ci ne s'y attend pas. L'opérateur ex-public s'associe en effet à la Commission nationale informatique et liberté, la Cnil, et dépose plainte pour délit de traitement d'informations nominatives concernant des personnes physiques malgré leur opposition légitime.

L'idée d'« opposition légitime » vise certainement les abonnés figurant sur la liste Orange, dite « anti-prospection ». Et la contre-attaque de France Télécom ne manque à coup sûr pas de pertinence puisque par arrêt de la Cour d'appel de Versailles en date du 2 juillet 1997, la société Lectiel et son représentant légal sont reconnus coupables.

Parade-riposte : nous voilà derechef dans le domaine de l'escrime. Car, histoire de résister à cet assaut judiciaire, l'ex-société Filetech porte à son tour plainte… contre France Télécom, laquelle aurait détourné de sa finalité le fichier des abonnés Orange ! Mais nul ne gagne à tous les coups, et par jugement du 21 février 2001, France Télécom obtient gain de cause : elle se voit relaxée des fins de la poursuite intentée.

Tout ragaillardi, l'opérateur historique – et ici, plutôt vindicatif – reprend dès lors l'offensive. Objectif : Lectiel, à qui il s'agit, cette fois, de porter l'estocade définitive. Lectiel qui effectivement y laissera beaucoup de plumes – son poids spécifique par rapport au plomb de son adversaire - dans ce nouvel assaut.

Reste que tout n'est pas joué d'avance. En poursuivant Lectiel devant le tribunal de commerce pour contrefaçon de base de données, France Télécom croyait peut-être mener une action de

Blitzkrieg judiciaire. Si oui, c'était une erreur au plan technique car l'affaire s'éternisera sur près de vingt ans. Mais pas au plan stratégique puisque la procédure va épuiser la société défenderesse, laquelle, au final, sera mise en liquidation judiciaire…

Suivons les étapes de son calvaire.

Première décision rendue le 5 janvier 1994 : le tribunal de commerce condamne Lectiel. Vient alors une série d'épisodes judiciaires qu'il serait trop long de détailler ici.

Quatorze ans plus tard, par décision du 30 septembre 2008, la Cour d'appel de Paris condamne Lectiel à verser à France Télécom une somme de 3 870 000 euros en réparation du préjudice subi par l'opérateur pendant les dix-huit années où l'annuaire a été exploité.

Fin de partie ? Pas encore. Coup de théâtre en effet le 23 mars 2010 : la Cour de Cassation décide de casser partiellement la décision de la Cour d'appel. La haute juridiction confirme certes la condamnation de Lectiel au paiement de la somme de 3 870 000 euros, mais en indiquant que la Cour d'appel aurait également dû examiner la demande de dommages intérêts dirigée contre France Télécom pour ne pas avoir mis à disposition la liste des abonnés dans des conditions satisfaisantes (rappelons que l'opérateur historique avait demandé un prix prohibitif).

La Cour de Cassation invitant en bonne logique la Cour d'appel de renvoi à condamner France Télécom, l'instance reprendra donc. Devant une nouvelle juridiction, cette fois. En principe, une compensation pourrait intervenir entre les sommes dues à l'opérateur historique et celles auxquelles il sera condamné. Sauf que la société Lectiel, à bout de forces, se trouve en liquidation judiciaire. Et dans une telle hypothèse la compensation n'a rien d'automatique.

Si l'on compare chiffres en main les deux affaires évoquées tour à tour plus haut, force est de constater que Niel s'est vu contraint de verser des sommes sensiblement plus élevées à France Télécom. Le montant de la condamnation de Lectiel ne représente en effet qu'un tiers environ de celle qui a frappé la société Iliad.

Lectiel recevra en outre une indemnité venant en déduction de celle qu'elle doit à France Télécom, et dont le montant reste inconnu à ce jour, l'épilogue judiciaire n'étant point encore survenu.

Quant au patron de Free, lui aussi poursuit son combat, mais dans d'autres prétoires…

Peep-shows & Co

Outre, les procès liés aux décisions des *quangos*, (voir ci-après) Niel s'apprête à devenir familier de la 17e chambre du tribunal de grande instance de Paris, spécialisée dans les affaires de presse. Et pour cause puisque l'homme d'affaires n'hésite guère à porter plainte pour diffamation. Sachons tout de même qu'en sens inverse, il lui arrivera d'être poursuivi à ce titre également.

Pour comprendre cette facette de sa stratégie judiciaire, il faut en revenir à l'époque où, ayant cédé ses minitels roses, Niel se retrouve à la tête d'une fortune considérable. En bon financier, il décide alors de diversifier des investissements.

Diversifier, oui, mais pas n'importe comment. Doué d'une certaine suite dans les idées, Niel investit en effet dans quatre sex-shops, à Paris et à Strasbourg. L'un d'entre eux, qualifié par la presse de peep-show, appartient à une société nommée… Roxane.

Cyrano n'est jamais loin, on le voit ! Mais l'argent, pas plus que le sexe, n'intéressait le bretteur gascon d'Edmond Rostand. Or, cette Roxane-là semble des plus profitables, puisqu'elle rapporte en liquide pas moins de 5 000 euros par mois à Xavier Niel. Qui touchera, comme il le reconnaîtra ultérieurement, au moins 200 000 euros en provenance de cette source.

Mais tant va la cruche à l'eau… Le jeudi 26 mai 2004, l'homme d'affaires passe brutalement du septième ciel à l'enfer :

une forte escouade de policiers débarque en effet chez lui à 6 heures du matin pour procéder à la fouille de sa maison. Niel, arrêté, passe sa première nuit en prison, dans le quartier VIP de la Santé, à la demande d'un juge connu pour son intransigeance, Renaud Van Ruymbeke. Une intransigeance qui ne s'applique pas seulement aux dossiers politiques puisque l'homme d'affaires ne ressortira de la prison qu'un mois plus tard.

Que lui reproche le magistrat ? Les délits d'abus de biens sociaux et de proxénétisme aggravé, rien de moins. Et si, dans l'œuvre de fiction de Rostand, Roxane la jeune femme faisait frémir le héros de la pièce par ses charmes, Roxane la société commerciale monnayait, elle, dans la vie réelle de Niel, des charmes… autres que les siens. Ce peep-show, lieu d'effeuillage explicite, cachait quelque chose de pas très légal. L'enquête devait en effet mettre en évidence l'aptitude des strip-teaseuses à s'isoler avec les clients contre rémunération. Par ailleurs, une circulation importante d'argent liquide se produisait dans les lieux.

Cette mise en examen provoque un certain bruit dans le monde des affaires. Les concurrents de Free en ont-ils fait des gorges chaudes ? C'est possible. On ignore s'ils se sont employés à colporter la nouvelle, voire à l'amplifier, mais force est de constater qu'elle se répandra un peu partout à la vitesse de l'éclair.

Ses rivaux opérateurs de télécoms ne riront néanmoins pas longtemps. C'est que le 30 août 2005, Renaud Van Ruymbeke prononce un non-lieu partiel, considérant que le fondateur de Free n'a jamais téléphoné à Roxane, ni ne s'est rendu sur les lieux. Et qu'en conséquence il n'a pu ni connaître, et encore moins être l'instigateur des faits de proxénétisme. La morale sexuelle est sauve.

Reste le second délit, celui d'abus de biens sociaux. Prélever régulièrement en liquide des sommes importantes n'a rien de très légal. Du coup, la cause semble difficilement défendable. La preuve : plutôt que de contester les faits et de se perdre dans des joutes procédurales, Xavier Niel choisit, sur les conseils de son avocate, Caroline Toby, de faire profil bas, reconnaissant les faits à l'audience.

Faute avouée, mais pas forcément pardonnée. Deux ans de prison avec sursis et 375 000 euros d'amende sont requis le 20 septembre. Et le vendredi 27 octobre 2006, la 11e chambre du tribunal correctionnel de Paris condamne l'homme d'affaires à 2 ans d'emprisonnement avec sursis et 250 000 euros d'amende pour recel d'abus de biens sociaux. Le tribunal ordonne également la confiscation d'une partie du produit du délit, soit 188 600 euros.

La peine est lourde pour un délit de cette nature, et Niel va traîner cette affaire comme un boulet. Tellement que Nicolas Sarkozy lui-même conserve l'incident en mémoire. Quelques années plus tard, inquiet de l'entrée de Niel au capital du quotidien *Le Monde*, le président de la République n'hésitera pas en effet, d'après le magazine *Le Point*, à le traiter d'« homme du peep-show », peu digne d'entrer au capital du journal fondé par Hubert Beuve-Méry[1] ».

L'animosité de Nicolas Sarkozy à l'encontre de Niel ne s'explique sans doute pas par des raisons de morale. Elle vise plus probablement les investissements du patron de Free dans des médias mal disposés envers le pouvoir comme les sites internet d'informations Bakchich ou Médiapart. On évoque même, mais c'est beaucoup moins sûr, le réseau Voltaire du très controversé Thierry Meyssan, surtout connu pour ses théories concernant les attentats du 11 septembre 2001 aux États-Unis.

Au plan commercial, l'affaire des *sex-shops* a été initiée avec un associé de Xavier Niel dans Iliad, Fernand Develter. Et concernant cet ancien fondé de pouvoir de la Société Générale, la 11e chambre correctionnelle aura la main beaucoup plus lourde : deux ans de prison, dont 15 mois avec sursis, pour corruption !

1. *Le Point* du 11 juin 2010.

Develter ne retourne toutefois pas en prison, sa peine ayant été purgée en détention provisoire.

Il n'est pas possible de savoir s'il y a eu appel de la décision et si le jugement du tribunal correctionnel a été confirmé. Fernand Develter comme l'escargot s'est apparemment replié dans sa coquille et ses conseils contactés et liés d'ailleurs par le secret professionnel n'ont pas communiqué à l'auteur des informations.

À en croire *Libération*, Develter se serait par ailleurs retiré de Free dans des conditions atypiques. Voici ce qu'affirme le quotidien dans son article du 14 septembre 2006 : « En 2001, son partenaire historique dans Iliad, Fernand Develter, lui avait vendu une partie de ses actions. Le prix de cession étant discutable, ils auraient convenu d'un complément de la main à la main : 9 100 euros mensuels, sur une durée de trente ans. » Toujours selon *Libération*, la soulte aurait donc été de près de 3 300 000 euros. Une belle somme, surtout si elle a effectivement été réglée en liquide comme le rapporte l'article.

Niel en veut-il à Develter de l'avoir attiré dans une histoire louche ? Le fait est que l'homme d'affaires n'en a pas fini avec la famille de son ex-associé. Car, s'il retourne devant les tribunaux, c'est cette fois à propos du frère de Develter, Xavier.

Une affaire de famille

Difficile de compter parmi ses principaux cadres un proche parent de l'homme qui vous a conduit en prison. Une situation intolérable pour Niel. Lequel décide de procéder au licenciement de Xavier Develter, alors directeur informatique de Free et frère de Fernand.

Par lettre recommandée avec accusé de réception remise en main propre, en date du 5 mars 2007, Xavier Develter se voit convoqué pour un entretien préalable à une mesure de licenciement. Par courrier du même jour, il fait l'objet d'une mise à pied conservatoire dans l'attente de l'issue de la procédure disciplinaire.

L'entretien préalable se déroule le 13 mars 2007. Mal semble-t-il puisque par courrier en date du 19 mars 2007, Xavier Develter est licencié pour faute lourde. Sa lettre de licenciement est ainsi libellée :

« Vous vous êtes autorisé à consulter un fichier confidentiel détenant des données à caractère personnel et à en soustraire les informations concernant les dirigeants du groupe aux fins de les porter à la connaissance de tiers extérieurs à l'entreprise.

Pourtant, vous n'êtes pas sans ignorer que le fichier concerné faisait l'objet d'une déclaration obligatoire à la Cnil. Ainsi, notre société est tenue de conserver ces données confidentielles et d'en préserver leur sécurité sous peine de sanctions.

Par conséquent, nous rappelons régulièrement aux salariés l'usage strictement professionnel de ce fichier. Or, pour des raisons exclusivement personnelles, vous vous êtes permis de violer la confidentialité accordée aux données qui y sont contenues et ce malgré toutes les mesures de protection mises en place par la société.

Nous devons vous rappeler qu'il ne s'agit malheureusement pas d'un fait isolé puisque dans une procédure opposant des tiers au groupe Iliad, nous avons eu à déplorer la présence dans le dossier de la partie adverse des pièces provenant d'un échange de correspondance entre vous et votre employeur.

Vos pratiques nous paraissent inexcusables et inacceptables dans le cadre des relations professionnelles et des relations de confiance qu'il peut y avoir entre un salarié et son employeur.

Par ailleurs, nous avons constaté avec regret un certain nombre de manœuvres frauduleuses dans l'exercice de vos fonctions. En effet, le détournement des procédures mises en place par la société à des fins purement personnelles, vous a permis notamment de bénéficier indûment du remboursement par l'entreprise de certaines de vos dépenses privées en frais professionnels.

Vous avez également permis à certaines personnes n'appartenant pas au groupe de profiter des abonnements gratuits exclusivement réservés aux salariés.

Nous considérons que ces agissements constituent un manquement sérieux à vos obligations contractuelles, de loyauté et de discrétion. Ils sont préjudiciables à la société et nuisent considérablement à son image.

Les explications que vous nous avez fournies lors de cet entretien n'ont pas apporté d'éléments nouveaux et ne sont pas plus satisfaisantes que celles de votre courrier daté du 13 mars 2007, dans lequel vous tentez de contester les motifs invoqués, alors même qu'au cours de l'entretien, vous avez reconnu notamment avoir consulté le fichier mis en cause à des fins purement personnelles.

Nous nous voyons donc dans l'obligation de mettre fin à votre contrat de travail vous liant à notre société. Les conséquences immédiates de votre comportement rendent impossible la poursuite de votre activité au service de l'entreprise même pendant un préavis.

Nous vous notifions par la présente votre licenciement pour faute lourde et par conséquent un licenciement immédiat sans préavis ni indemnités de rupture.

Le directeur informatique de Free n'a pas l'intention de se laisser faire. Outré, estime-t-il, de faire les frais d'une guerre entre son frère et Niel, le voici qui, en tant que salarié mis à pied, traîne son employeur devant le conseil de prud'hommes de Paris.

La juridiction prud'homale de Paris rend sa décision le 15 mai 2008.

Reconnaissant que le licenciement est sans cause réelle et sérieuse, elle condamne Free au paiement des sommes suivantes :

- 3 000 euros à titre de rappel de salaire pour la période de mise à pied ;
- 300 euros au titre des congés payés y afférents ;
- 15 000 euros à titre d'indemnité compensatrice de préavis ;

- 1 500 euros à titre d'indemnité compensatrice de congés payés sur préavis ;
- 2 150 euros à titre d'indemnité de licenciement ;
- 40 000 euros à titre d'indemnité pour licenciement sans cause réelle et sérieuse.

L'affaire pourrait s'arrêter là, mais Free, jusqu'au-boutiste, décide de faire appel. Et mal lui en prend puisque la décision de la Cour d'appel de Paris du 18 mars 2010 apparaît comme une victoire claire et sans ambiguïté pour le salarié licencié à tort. Free voit en effet sa condamnation aggravée lourdement.

Voyons-en les détails. La juridiction d'appel :

- Condamne la SAS Free à payer à Xavier Develter, avec intérêts au taux légal à compter de la réception par l'employeur de sa convocation devant le bureau de conciliation du conseil de prud'hommes, 21 250 euros à titre de solde de l'indemnité conventionnelle de licenciement ;
- Condamne la SAS Free à payer à Xavier Develter, avec intérêts à compter du présent arrêt 65 000 euro à titre de dommages et intérêts pour licenciement sans cause réelle et sérieuse ;
- Condamne la SAS Free à payer à Xavier Develter la somme de 86 000 euros à titre de dommages et intérêts pour perte de chance du bénéfice des stock-options avec intérêts au taux légal à compter de l'arrêt ;
- Condamne la SAS Free à payer à Xavier Develter 2 500 euros en application de l'article 700 du code de procédure civile, (cette somme est en principe destinée à prendre en charge les honoraires de l'Avocat, mais son montant est en réalité très faible par rapport à ce que paie le client).

Pour Free, l'addition est lourde : près de 200 000 euros. Autant dire que Niel n'en a pas fini avec la famille Develter…

Actions « données » et Mercedes revendue

Remontons à nouveau le temps. Il se trouve que les actions de la société Iliad, quand celle-ci s'appelait encore Fermic, faisaient l'objet de sessions consenties aux salariés.

C'est ainsi que, par acte du 15 avril 1998, Niel a cédé à Xavier Develter, frère de son associé devenu aussi son associé de ce fait, onze actions d'un montant nominal de 100 francs chacune pour un prix total de 74 250 francs soit 11 319,34 euros.

D'après, Xavier Develter, il aurait toutefois été convenu que Niel renonce à percevoir le prix de cession.

Or, à la suite de différentes augmentations de capital et d'attribution d'actions, ledit Develter se retrouve au bout du compte à la tête de 16 500 actions.

Licencié le 20 mars 2007 par la société Iliad au sein de laquelle il exerçait, rappelons-le, les fonctions de directeur informatique, Xavier Develter se voit réclamer le 12 septembre 2007, le paiement de la somme de 11 319,34 euros correspondant au prix des actions qui lui ont été cédées en plusieurs fois depuis 1998.

Il refuse.

Niel l'assigne alors, le 29 septembre 2008, devant le tribunal de commerce de Bobigny. Sans expliquer pourquoi il a attendu près de dix ans pour introduire une action en justice.

Pour sa défense, Xavier Develter produit deux attestations. Ces documents émanent de deux salariés. Ayant eux aussi reçu des actions, ils confirment ne les avoir jamais payées à Niel. Pourquoi Develter ne se trouverait-il pas dans la même situation qu'eux ?

Tel n'est pas l'avis de la juridiction consulaire de Seine-Saint-Denis, qui considère qu'une faveur octroyée à l'un ne l'a pas été forcément à l'autre. En foi de quoi, elle donne gain de cause à Niel.

Au final, Xavier Develter sera condamné à verser à Niel la somme de 344 646,76 euros. La différence entre les 11 319 euros initiaux et le montant de la condamnation s'explique par le fait que Develter avait revendu ses actions Iliad pour ce montant.

La Cour d'appel de Paris, le 30 septembre 2010 confirme la décision.

Niel pourrait en rester là, mais nous commençons à le connaître : c'est un homme qui pousse toujours son avantage à fond. Le résultat positif (pur lui) de ce procès ne lui suffisant pas, voilà qu'il attaque Xavier Develter sur un autre front devant le tribunal de grande instance.

Le motif de cette nouvelle plainte : en 1996, Niel aurait vendu sa Mercedes personnelle à son directeur informatique pour une somme de 60 000 ou 80 000 euros qui n'aurait jamais été versée.

L'assignation est délivrée le 25 juillet 2007, et la décision sera rendue le 16 avril 2008. Contraire aux attentes de Xavier Niel, qui se voit débouté.

Il n'obtient aucune condamnation pécuniaire et a simplement le droit de récupérer son véhicule.

Le patron de Free persiste, et saisit la Cour d'appel de Paris. Laquelle va confirmer, le 3 février 2010, le Jugement en ordonnant la restitution du véhicule par Develter à Niel.

Dans cette affaire, pour faire pression sur Monsieur Develter, Xavier Niel a sollicité du Juge de l'exécution l'autorisation de pratiquer une saisie conservatoire des valeurs mobilières détenues par son adversaire auprès de la SA Boursorama.

La procédure de saisie conservatoire est assez simple : le créancier ou supposé créancier dépose au tribunal une demande de saisie, ce en l'absence de son adversaire. Choquant ? Pas tant que cela car si l'on prévenait le débiteur, ce dernier pourrait faire disparaître l'objet de la saisie, en transférant par exemple les valeurs mobilières à l'étranger. Mais bien entendu, il conserve la possibilité de contester la saisie.

Xavier Develter, heurté par la saisie conservatoire admise à son endroit, décide de saisir le Juge de l'exécution dans l'espoir que le magistrat revienne sur sa décision.

Une saisine qui change tout. Car cette fois-ci, la procédure devient contradictoire, et chaque partie peut faire valoir ses arguments. Reste que pour obtenir le maintien de l'autorisation de saisie, il suffit à Niel de montrer l'existence probable de sa créance et de souligner d'éventuelles difficultés de recouvrement.

De fait, son argumentation convainc le Juge de l'Exécution, qui maintient la saisie par décision du 16 avril 2008.

Aussi têtu que son vieil adversaire, Xavier Develter fait alors appel. Et plus chanceux que lui, il obtient gain de cause le 11 septembre 2008, Niel se voyant même condamné au paiement d'une somme de 2 500 euros au titre des frais de procédure.

Face aux assauts judiciaires du patron de Free, Xavier Develter s'est défendu pied à pied. Qu'en sera-t-il de son frère Fernand, de nouveau exposé à une procédure de « l'ennemi de la famille » ?

Il n'a été possible de retrouver trace que d'une seule procédure ; les autres se sont-elles déroulées à l'étranger ? devant un tribunal arbitral ou le secret est de mise ?

Le nouveau coup de pied de l'âne concerne la SCI Maurice. Niel soutenant qu'il est associé de la SCI Maurice et arguant du dysfonctionnement de cette société, selon acte d'huissier du 3 octobre 2007, saisit le président du Tribunal de grande instance de Paris statuant en la forme des référés. Il s'agit d'une demande en désignation d'un mandataire de justice aux fins de convoquer une assemblée générale de la SCI. L'ordre du jour prévoirait alors la révocation de Fernand Develter de ses fonctions de gérant, et la désignation d'un nouveau gérant.

Pour s'opposer à cette demande, Fernand Develter affirme pour sa part que Niel aurait cédé ses parts en novembre 2004 à une dénommée Haïfa S.

Le patron de Free admet à son tour qu'il y a bien eu une cession, mais que celle-ci aurait été annulée par la suite, Madame Haïfa S. n'ayant pas les moyens de lui régler le prix de la cession.

À l'appui de son assertion, Niel produit le courrier d'une avocate se présentant comme le conseil de Madame Haïfa S. Or, bizarre contradiction, celle-ci indique qu'elle ne connaît pas ce membre du barreau.

Qui dit vrai ? Qui dit faux ? La situation est des plus entremêlées.

Adoptant une vision pragmatique, le tribunal décide, puisqu'il y a litige sur la propriété des parts, de nommer un administrateur parisien. Et pas n'importe lequel puisque Maître Lebosse allie classe et efficacité. À elle, la tâche de séquestrer les parts sociales et de voter aux assemblées dans le sens de l'intérêt social. La demande de nomination d'un administrateur judiciaire est alors repoussée.

Xavier Niel ne se démonte pas. Vous connaissez d'avance sa réponse : impavide, il décide de faire appel.

À bon escient, semble-t-il, puisque le 23 mai 2008, la Cour d'appel de Paris lui donne raison, constatant que Monsieur Develter est locataire des locaux appartenant à la SCI Maurice au travers d'une société Sylvialist. Donc, qu'il peut y avoir conflit d'intérêts. La juridiction désigne à nouveau Maître Lebosse, avec mission de gérer la SCI.

Pendant la procédure, le 1er février 2008, Niel avait assigné au fond Monsieur Develter. La bagarre se poursuit donc. Au passage, elle va concerner la presse.

Niel contre *Libération*

Non content de poursuivre de son ire son ex-associé, Niel imagine en effet de s'attaquer aux journaux qui ont évoqué l'affaire. Et particulièrement *Libération*, quotidien qui a publié des articles bien documentés.

Dès potron-minet, fin novembre 2008, la police interpelle le directeur de la publication de *Libération*, Vittorio de Filippis, à son domicile. Cette opération fait suite à une plainte en diffamation déposée par Xavier Niel.

Rappelons que la loi de juillet 1881, qui réprime la diffamation, prévoit que le directeur de la publication est responsable des délits de presse tout comme le journaliste qui rédige l'article. Un texte qui, contrairement aux apparences, n'a rien de liberticide : il s'agit d'éviter qu'un simple rédacteur, abandonné par ses chefs hiérarchiques, soit laissé seul face à la justice.

Complication supplémentaire : en l'occurrence, ce n'est pas un article de *Libération* proprement dit qui est visé, mais le commentaire d'un internaute rédigé en 2006, au moment de l'affaire Roxane.

Dans *Libération*, Vittorio de Fillipis relatera les circonstances de son interpellation en ces termes :

« J'ai été réveillé vers 6 h 40 ce matin par des coups frappés sur la porte d'entrée de ma maison. Je suis descendu ouvrir et me suis trouvé face à trois policiers, deux hommes et une femme portant des brassards, et j'ai aperçu dans la rue une voiture de police avec un autre policier à l'intérieur. (...)

« Je commence à m'énerver. Réveillé par le bruit, mon fils aîné, qui a 14 ans, assiste à toute la scène. Son frère, 10 ans, ne sort pas de sa chambre mais j'apprendrai par la suite qu'il était réveillé et a très mal vécu ce moment... Je dis aux flics qu'il y a peut-être d'autres manières de se comporter. Réponse devant mon fils : "Vous, vous êtes pire que la racaille" !

« J'ai juste le temps de rassurer mon fils, de lui dire que je ne suis pas un malfrat et que tout cela concerne le journal et qu'il est en train d'assister à une injustice. Je lui demande, en l'absence de ma femme qui est en déplacement, d'accompagner son frère à l'école et d'aller lui aussi en cours.

« Je me retrouve en slip devant eux, ils refouillent mes vêtements, puis me demandent de baisser mon slip, de me tourner et de tousser trois fois. »

Le directeur de la publication est à nouveau fouillé.

« Je signale alors que j'ai déjà été fouillé d'une manière un peu humiliante deux heures plus tôt et je refuse de baisser mon slip à nouveau. Bien que comprenant l'absurdité de la situation et mon énervement, ils me répondent que c'est la procédure et qu'ils doivent appeler la juge devant mon refus. Celle-ci leur répond que soit je respecte la procédure et dans ce cas-là elle m'auditionnera et je serai libéré, soit j'assume mes actes. »

Comment expliquer une telle débauche de moyens pour un simple délit de presse ?

La juge en charge du dossier indiquera avoir convoqué à plusieurs reprises Vittorio de Fillipis sans que ce dernier se rende à ses convocations. La magistrate n'aurait fait qu'utiliser, dans un cadre normal, les pouvoirs que la loi lui confère.

Pour leur part, les policiers intervenants vont contester avoir proféré la moindre insulte. « Nous avons fait preuve d'une correction sans faille », affirmeront-ils.

Quoi qu'il en soit, l'affaire quitte le terrain judiciaire et devient politique.

Quatre députés PS, dont l'ex-garde des Sceaux Marylise Lebranchu, annoncent en effet qu'ils saisissent la Commission Nationale de Déontologie de la Sécurité (CNDS), organisme indépendant chargé de contrôler les éventuels abus des forces de l'ordre.

Pour l'ancien ministre socialiste Jack Lang, « non seulement il est gravement porté atteinte à la liberté d'expression mais surtout à la dignité des personnes. Au-delà du cas de Vittorio de Filippis, c'est l'ensemble des citoyens de ce pays qui se trouve fréquemment en lutte avec de telles aberrations administratives[1] ».

Rachida Dati, alors ministre de la Justice, est d'un avis bien différent. Pour elle, la procédure semble régulière. Quant à Michelle Alliot-Marie, à l'époque ministre de l'Intérieur, elle apporte son soutien aux policiers ayant participé à l'opération.

1. Cité par *Le Parisien.*

Sur ce, Nicolas Sarkozy toujours à l'affût de faits divers propres à faire passer certaines réformes contestées, s'empresse d'informer la commission Léger, une structure qu'il a réuni dans le but de réformer la procédure pénale. Il s'agit notamment de supprimer la fonction de juge d'instruction.

Avant même que la commission Léger ne rende ses conclusions, le Président de la République annoncera d'ailleurs la réforme de la procédure pénale et confirmera sa volonté de supprimer le juge d'instruction.

Pour en revenir à l'affaire De Fillipis, celle-ci ne tarde pas à tourner court. La Cour d'appel de Paris, en mai 2009, annule la procédure. De son côté, la Chambre de l'Instruction (la composition de la Cour d'appel qui statue sur les actes d'un juge d'instruction) annule le « mandat d'amener » délivré à la police par la juge d'instruction Muriel Josié, ainsi que tous les actes en ayant découlé. Motif invoqué par la chambre : la procédure était disproportionnée.

Pour Niel, l'échec est patent. Lui qui espérait bénéficier d'un droit à l'oubli en demandant le respect de sa vie privée et de son passé, voit la procédure revenir à l'envoyeur comme un boomerang ! L'affaire concernant le respect de la liberté de la presse et du droit d'informer, un important battage intervient en effet autour des articles que Niel aurait voulu voir sombrer dans l'oubli. Au lieu du silence, le tintamarre…

Découragé, ce pragmatique aurait renoncé à sa plainte, lui préférant une campagne de communication intensive de nature à redorer son image quelque peu écornée – même s'il n'est en rien responsable des circonstances de l'interpellation de De Filippis par la police, les retombées médiatiques de l'événement ne peuvent qu'être néfastes pour lui.

À la « clef » de ce changement de stratégie, un enjeu majeur. Pour négocier dans les meilleures conditions l'installation des équipements nécessaires à son réseau 3G, l'homme d'affaires doit reconstruire sa respectabilité.

Et le fait est qu'à partir de ce moment, l'on verra fleurir les commentaires élogieux sur « le Steve Jobs à la française », cet homme simple qui se meuble chez Ikéa et qui passe du temps avec ses deux enfants…

Un comportement louable qui n'empêche pas le nom du patron de Free d'apparaître à nouveau dans les procédures judiciaires.

La guerre du droit continue en effet d'ébranler le monde opaque des opérateurs télécoms.

La plainte de France Télécom

Soucieux de contrôler les propos des journalistes à son encontre, Xavier Niel ne censure pas pour autant ses propres appréciations.

En mars 2009 intervient la présentation des résultats de Free. Un site internet – Univers Free box – relaie par vidéo la conférence de presse.

C'est le moment de se montrer prudent et avare de mots inutiles. Mais emporté par son élan, Niel se lâche, évoquant les condamnations de l'opérateur historique débouchant sur la perte d'exclusivité sur l'Iphone et ultérieurement sur les droits de retransmission de la ligue de Football (voir infra). Pour faire bonne mesure, il traite tout bonnement Orange de « délinquant multirécidiviste ».

L'opérateur pris à partie en des termes aussi vifs s'avère d'autant plus outré que le directeur général de Free, Maxime Lombardini, a de son côté critiqué vertement la filiale de l'opérateur historique. « Parler d'innovation quand on a copié le "triple play" et la Freebox avec deux ans de retard et en allant jusqu'à imiter son nom, c'est un comble ! », déclare Lombardini, estimant que « ce sont les cerveaux qui produisent l'innovation, pas le carnet de chèques ». Selon lui, « France Télécom a une apparence, celle d'un opérateur innovant, et une réalité, celle d'un acteur dominant. La réalité, dit-il, c'est qu'Orange utilise la distribution des contenus à ses seuls abonnés pour éliminer ses concurrents dans les télécoms[1]. »

Bref, pas de quartier pour Orange. Tant et si bien que l'opérateur historique porte plainte dès février 2010. En conséquence, Univers Freebox et Niel sont mis en examen.

L'accalmie ne tarde pourtant pas. Car, le 1er mars 2010, Stéphane Richard est nommé président de France Télécom. Et moins belliqueux que son prédécesseur Didier Lombard, le nouveau venu décide de retirer la plainte.

Sans contrepartie ? Peut-être pas. Ici encore, l'étrange configuration « adversaires-mais-aussi-alliés » de règle dans ce secteur continue à produire ses fruits. D'après BFM radio, Niel aurait retiré, en échange de cette attitude conciliante, deux plaintes, la première devant l'Union européenne sur les pratiques commerciales et tarifaires d'Orange. La deuxième, devant les juridictions nationales sur une stratégie anticoncurrentielle d'Orange pour empêcher Free de déployer l'ADSL.

Il faut croire que nos mousquetaires ne sont pas prêts à déposer les armes. Car la paix des braves sera de courte durée, France Télécom proposant bientôt une offre de reprise du quotidien *Le Monde* opposée à celle du trio Bergé-Niel-Pigasse. Lequel, nouveau pied-de-nez du patron de Free à son ennemi intime, obtiendra gain de cause.

Peut-être l'enjeu dépassait-il le seul conflit des opérateurs télématiques. Selon des langues certainement mauvaises, la main invisible de l'Élysée aurait poussé l'opérateur ex-public dans cette opération – manquée – de rachat d'un des premiers quotidiens nationaux. N'empêche qu'une fois de plus, Free et France Télécom s'étaient livrés à une partie de bras de fer bien musclée, comme l'un et l'autre semblent les affectionner.

Ah, cette odeur de poudre ! Les prétoires en sont remplis...

1. Le Point.fr – Publié le 20 mars 2009.

Chapitre 4

Le grand quadrille des télécoms

Avant qu'elle ne parle, la poudre, penchons-nous sur le travail mal connu de ceux qui ont pour mission de jouer les juges de paix. J'ai nommé les « autorités indépendantes ».

Dans son combat contre France Télécom, Free va pouvoir s'appuyer sur l'Art qui deviendra par la suite l'Arcep. Et sur le Conseil de la Concurrence, qui changera lui aussi de nom pour devenir l'autorité de la concurrence.

L'Arcep, comme l'autorité de la concurrence, est ce que l'on appelle « une autorité indépendante » de l'État. Lequel décide pourtant de sa création. C'est dire si, en principe, les autorités indépendantes échappent à leur créateur.

Mais peut-être pas comme le monstre du docteur Frankenstein.

Comme si l'État se défiait de lui-même, il délègue en effet ses pouvoirs à une structure de ce type qu'il rend autonome, non sans regrets parfois.

Une autorité indépendante est chargée de gérer un secteur de la vie nationale dans le domaine économique, technique, social, politique, intellectuel, tout en n'étant pas soumise à la hiérarchie ministérielle. Elle agit par des avis, propositions, règlements, décisions individuelles, sanctions[1].

La plus connue de ces structures est la Commission nationale informatique et libertés (CNIL). Elle est loin de constituer

1. Source Roger Drago, intervention du lundi 29 octobre 2007 à l'Académie des sciences morales et politiques.

la seule de son espèce puisqu'en 2006, on ne dénombrait pas moins de 55 autorités indépendantes en France.

Bien entendu, les autorités indépendantes ne bénéficient pas de prérogatives sans limites. En règle générale, il est d'ailleurs possible de se pourvoir devant les tribunaux pour contester leurs décisions.

La dernière autorité de ce genre créée en France est l'Hadopi, bien connue des internautes puisqu'elle traque celles et ceux qui téléchargent illégalement musiques et films. Bien connue, mais pas toujours en bien puisque bon nombre d'entre eux trouvent son indépendance face aux pouvoirs politiques tout relative.

Les autorités indépendantes, partie prenante du paysage juridique hexagonal ne sont pas une exclusivité française. Les anglo-saxons les apprécient, et les désignent par l'acronyme *quangos*, pour Quasi Autonomous Non-Governmental Organisations.

Le devenir de ces organismes n'a rien de certain : les autorités indépendantes, par principe, ne sont pas éternelles. Au contraire, certaines d'entre elles sont même susceptibles d'être réformées, voire supprimées. À l'heure actuelle, ce pourrait être le cas de la Halde, la Haute autorité de lutte contre les discriminations. On parle de l'intégrer dans un ensemble plus vaste. Reste que créée en application de textes européens, la Halde serait difficile à rayer de la carte.

Il n'empêche, les autorités indépendantes demeurent sur la sellette. Témoigne de leur statut imprécis ce rapport sénatorial intitulé : « Les autorités administratives indépendantes : évaluation d'un objet juridique non identifié ». Ses conclusions, déposées le 15 juin 2006, avançaient plusieurs préconisations. Notamment la présence d'un commissaire au gouvernement dans chaque autorité. Chargé de porter la bonne parole gouvernementale, son pouvoir varierait en fonction du domaine de compétente de l'autorité visée.

Les sphères politiques ne sont en outre pas les seules à se méfier des autorités indépendantes. Compte tenu de leur pouvoir de sanctions, les magistrats ont toujours considéré les *Quangos* avec une certaine réticence. Renaud Chazal de Mauriac, premier Président de la Cour d'appel de Paris, s'en est expliqué sans fard «... la création de certaines Autorités Administratives Indépendantes (AAI) correspond à une défiance à l'égard du judiciaire.»

Sachons, pour finir, que la loi autorise, et parfois impose à ces autorités, de se consulter entre elles. C'est d'ailleurs sur ce caractère «interactif» que se fondent les idées gouvernementales de fusion entre elles. Voici ce qu'en disait Éric Besson, le ministre de l'Industrie, en janvier 2011 :

«Les trois autorités compétentes en matière de gestion des fréquences, le Conseil supérieur de l'Audiovisuel, l'Autorité de régulation des communications électroniques et des postes, l'Agence nationale des fréquences, ont vocation à coopérer plus étroitement, a-t-il déclaré. La généralisation de l'accès à Internet haut débit fixe et mobile rend la frontière entre le monde de l'audiovisuel et celui des télécommunications tous les jours plus poreuse.»

Cerise sur le gâteau : certains députés ont proposé de rajouter l'Hadopi dans le panier.

Si je me suis permis d'infliger au lecteur ce développement sur les autorités indépendantes en général, c'est pour mieux évoquer le rôle de l'une d'entre elles en particulier, l'Autorité de Régulation des Télécommunications.

Comme son nom l'indique, l'Art a été créée en 1996 pour organiser le secteur des télécommunications. Et notons, au passage, que la loi qui lui donnait le jour entérinait par la même occasion la perte de son monopole par France Télécom, société dans laquelle l'État conservait néanmoins une importante participation. Précisons enfin que le texte législatif instaurant cette nouvelle autorité indépendante fut adopté, comme souvent, en application des directives européennes.

En 2005, le législateur a souhaité confier également à l'Art la régulation des activités postales. D'où un changement d'appellation destinée à inclure ces activités; l'Art devient donc l'Autorité de Régulation des Communications Electroniques et des Postes (Arcep).

Parmi ses attributions, le pouvoir d'octroyer les ressources nécessaires pour les télécoms comme l'attribution des fréquences n'est pas la moins importante. L'Arcep règle aussi les différents entre les opérateurs.

Cette autorité indépendante est dirigée par un collège de sept membres : trois d'entre eux désignés par le Président de la République et les quatre autres, respectivement, par le Président de l'Assemblée nationale et le Président du Sénat. Et en l'occurrence, le gouvernement n'est pas représenté par un commissaire.

Derrière ce collège s'active bien entendu une équipe de fonctionnaires chargés de tenir les dossiers à jour.

L'Arcep est née, comme on l'a vu, de la perte du monopole de France Télécom, société dans laquelle l'État conserve une importante.

La création de l'Arcep s'imposait du fait que l'État conservait, comme on l'a vu plus haut, une forte participation dans France Télécom. Aussi fallait-il veiller à ce qu'il n'ait pas tendance à favoriser les sociétés dans lesquelles il restait actionnaire au détriment des opérateurs purement privés.

Avec l'attribution des fréquences pour les téléphones mobiles, un autre enjeu a surgi. En effet, les opérateurs ne peuvent simultanément verser des redevances importantes pour prix de la licence qui leur est attribuée et conserver les moyens de développer un réseau sur tout le territoire.

Pour sa part, l'État dont les poches sont vides – à moins qu'elles ne souffrent de fuites chroniques – aimerait que la redevance soit fixée à un taux élevé de manière à combler ses importants déficits.

Et les consommateurs, dans tout ça ? Dans un premier temps, ils trouvent un défenseur en l'Arcep. Car l'autorité indépendante des télécommunications met en avant l'intérêt des utilisateurs et celui de tous les Français en souhaitant imposer plus d'obligations aux opérateurs tant en qualité de prestations fournies qu'en étendue géographique des réseaux.

Une attitude inadmissible pour le gouvernement. On fait donc monter en ligne Éric Besson, lequel, comme chacun sait, n'en est pas à un combat près. À lui la tâche de domestiquer le « monstre » de Frankenstein Arcep.

Plus facile à dire qu'à faire. Le secrétaire d'État à l'Économie numérique imagine alors de modifier le statut de l'Arcep. Et si on imposait la nomination d'un commissaire du gouvernement ?

Tollé général dans et au-delà des frontières nationales. Le 8 février 2001, la Commission Européenne menace la France d'une procédure d'infraction à la législation de l'Union européenne si elle persiste.

L'opposition aussi rue dans les brancards. Au Sénat, une bataille d'amendements bat son plein. C'est dans ce contexte difficile que va être avancé le projet de fusion entre différentes institutions. Un bouleversement déguisé en simplification qui permettrait au gouvernement d'avoir à nouveau la mainmise sur les autorités indépendantes.

À ce jeu, qui pourrait douter que les opérateurs tentent d'influencer les débats en coulisse, histoire de peser sur la décision ? Une manière de dire que si les jeux ne sont pas encore faits, les manœuvres, elles, battent leur plein.

Concernent-elles l'Autorité de la concurrence ? Héritière depuis le 13 janvier 2009, du Conseil de la Concurrence, cette structure indépendante est chargée de lutter contre les pratiques anticoncurrentielles. Autrement dit, les ententes illicites, abus de position dominante ou de dépendance économique et autres pratiques de prix abusivement bas ou prédateurs. Or, le domaine des télécoms n'est pas exempt de procédés frauduleux de ce type.

S'agissant d'autorité indépendante compétente en matière de télécommunications, il faut aussi compter avec le Conseil Supérieur de l'Audiovisuel (CSA), sans doute la plus connue d'entre elles. CSA qui, rappelons-le, a été créé par la loi du 17 janvier 1989.

La composition du CSA est assez voisine de celle de l'Arcep : un Collège de neuf membres nommés par décret du Président de la République. Trois sont désignés par le même Président, trois par le Président du Sénat et les trois derniers par le président de l'Assemblée nationale.

Même si une convergence se manifeste de plus en plus entre les acteurs de l'internet et les producteurs de contenus, le CSA préserve sa spécificité en surveillant les contenus et en gérant les fréquences hertziennes, notamment celles qui sont libérées par la TNT.

La surveillance des contenus l'occupe particulièrement avec le respect des temps de parole des différents partis politiques.

Les acteurs indépendants du jeu complexe des téléphonies mobiles présentés, reste à comprendre comment les opérateurs, et notamment Niel et sa société Free, mènent leur partie.

Entrez dans la boucle

Pour qu'un fournisseur d'accès puisse aller à la rencontre d'un abonné, il faut que France Télécom mette à sa disposition la liaison filaire allant du téléphone de l'abonné au serveur téléphonique. C'est ce que l'on appelle la boucle locale.

L'opérateur historique, nostalgique de son monopole légal d'antan et fort de son monopole technique d'aujourd'hui, va alors tenter de bloquer ses concurrents en freinant l'accès à l'abonné. Une stratégie de retardement dont il faut bien comprendre les motifs. France Télécom sait bien qu'à terme, elle devra rendre les armes. N'empêche qu'en éternisant les procédures, elle va pouvoir développer son propre produit concurrent, j'ai nommé la Livebox.

Le pied sur le frein, France Télécom va donc user de tous les moyens à sa disposition pour faire perdre un temps commercial précieux à Free et aux autres opérateurs.

Sa première ruse de guerre : imposer un formalisme d'enfer. Sous prétexte d'éviter des fraudes de la part de ses concurrents, l'opérateur historique décide par exemple de demander le mandat original écrit de son futur ex-abonné avant tout « dégroupage », c'est-à-dire l'opération technique qui permet l'ouverture du réseau local à la concurrence.

Même si l'on en est qu'aux prémisses de la souscription par Internet, l'exigence d'un écrit apparaît disproportionnée. L'Art condamne d'ailleurs cette pratique par une décision en date du 8 février 2001. Les opérateurs, précise-t-elle, peuvent envoyer un mandat numérisé.

Chou blanc au final pour France Télécom mais dans l'intervalle, le chronomètre a tourné en défaveur de ses concurrents. Ensuite, l'opérateur historique disposait d'une deuxième ruse de guerre économique face à Free et consorts : bloquer les informations et interdire l'installation de certains services techniques.

Précisons. Pour proposer un service aux abonnés, les autres opérateurs ont besoin de connaître des informations techniques, par exemple sur le nombre de paires de fils arrivants. Ils doivent également savoir si la ligne est éligible à l'ADSL. Rien de plus facile que de tarder, tarder encore à fournir à la concurrence ces éléments essentiels. Sauf que par la même décision du 8 février 2001, l'opérateur historique allait se voir condamné à délivrer les informations.

Saisi de la même problématique par un opérateur mineur, T-online, le Conseil de la concurrence devait même condamner l'opérateur historique, le 15 octobre 2007 au paiement d'une amende de 45 millions d'euros !

Mais ce n'est pas tout. Les lignes d'un abonné à l'ADSL appartiennent à France Télécom. Elles sont reliées à un « central », le Digital Suscriber Line Access Multiplexor (DSLAM) ou chaque autre opérateur peut installer son propre matériel pour faire passer la vidéo ou l'internet. Et là encore, la stratégie du pied sur le frein se donnait libre cours.

Neuf Télécom s'en était plaint auprès du conseil de la concurrence qui dans sa décision du 15 avril 2004 allait demander à France Télécom de permettre l'installation du matériel de vidéo ADSL dans ses répartiteurs. L'opérateur historique devait en plus séparer l'accès internet et la diffusion TV dans son offre, par rapport aux autres opérateurs.

Pour autant, son réservoir à ruses n'était pas vide. Une troisième était alors mise en œuvre : traîner sur les délais, prétendre qu'il n'y a pas de moyens techniques de connections.

Les internautes les plus âgés se souviennent fort bien de la situation : si l'on voulait se faire installer l'ADSL dans des délais raisonnables : mieux valait passer sous les fourches caudines France Télécom. Sinon des délais de plusieurs semaines, voire plusieurs mois, n'étaient pas rares.

Or, avec l'opérateur historique, miracle !, il n'avait qu'une attente de quelques jours…

Pour justifier ces écarts de temps, France Télécom se retranchait derrière de pseudo-problèmes techniques. Lesquels ne trompaient personne, d'où les plaintes multiples. Et, elle était condamnée à installer à un prix raisonnable les connections manquantes, et surtout avec un délai minimum.

Une raison de baisser les bras ? Que non. L'opérateur historique restait à la manœuvre. À preuve, ces autres techniques couramment de mise contre ses concurrents…

Finasseries Télécom

France Télécom n'hésite pas à espionner ses anciens abonnés « passés à l'ennemi » et à relever des informations passant sur la boucle locale (qui justement lui appartient) pour proposer des services.

En voici un exemple. R., abonné bas débit chez Liberty surf indique dans une lettre adressée à son fournisseur d'accès datée du 14 mars 2001 : « en tant qu'utilisateur de votre service d'accès à Internet, je vous écris pour vous informer que j'ai fait l'objet d'un démarchage téléphonique par France Télécom à la fin du mois de février. L'agence France Télécom dont je dépends m'a contacté pour me proposer, comme j'étais abonné à un fournisseur d'accès sans forfait, un abonnement à Wanadoo Intégrales en me vantant les avantages de ce service par rapport à la solution que j'utilise actuellement. Pour ce faire, on m'a détaillé, à ma grande surprise, la durée et le coût implicite de mes connexions sur les derniers mois, m'invitant à faire des économies en passant sur un forfait. [...] ».

Autre exemple frappant : Philippe C., abonné au service de téléphonie fixe, a, de son côté, adressé au Président de Wanadoo Interactive la lettre de réclamation suivante (et en copie à Liberty Surf, AOL, Club Internet, DGCCRF, UFC Que Choisir) : « Lors d'un appel au début du mois de juillet 2001 au service clientèle de France Télécom afin de requérir des précisions sur la facturation de certains frais téléphoniques dans le cadre de mon abonnement téléphonique résidentiel (ligne fixe), un conseiller clientèle de France Télécom, après avoir développé un argumentaire sur les services de Wanadoo, m'a proposé de me faire parvenir un kit de connexion Wanadoo, ce que j'ai accepté. Suite à cet appel, j'ai reçu un courrier de Wanadoo Interactive en date du 11 juillet 2001 (copie ci-jointe), qui avait pour objet de me confirmer un abonnement à Wanadoo, effectif depuis le 10 juillet 2001 – que je n'avais nullement souscrit. Le 24 août 2001, j'ai été informé par ma banque de la réception d'un avis de prélèvement de Wanadoo/France Télécom Interactive d'un montant de 64,94 francs : j'ai aussitôt requis le rejet de cette demande de prélèvement auprès de ma banque.

Ainsi, mes coordonnées bancaires portées sur l'autorisation de prélèvement accordée par mes soins à France Télécom en vue du règlement de mon abonnement résidentiel (ligne fixe) exclusivement, ont dû manifestement être communiquées à Wanadoo/France Télécom Interactive nonobstant les règles du secret bancaire[1].

Ces pratiques ont bien entendu été censurées par l'Autorité de la Concurrence mais chacun l'a compris : dans la guerre des télécoms, tout jour gagné, c'est autant de pris. France Télécom a d'ailleurs utilisé un autre subterfuge, pas moins sournois. En surévaluant, d'après ses concurrents, la participation aux différents frais.

Expliquons-nous. L'opérateur historique dispose d'un avantage important lié à la possession de son réseau. Or, de par la loi, il a obligation de mettre ce réseau à disposition de ses concurrents à prix coûtant. Apparaissent, en outre, des frais de raccordement ou de résiliation.

Cela, c'est le principe. Mais pour tenter d'élever une barrière à l'entrée de ses concurrents, France Télécom n'hésite pas à leur réclamer des participations aux frais importants, sommes sans doute déconnectées de la réalité. Consciente du problème, l'Art essaie néanmoins d'y mettre bon ordre. Toujours dans cette décision du 8 février 2001, l'autorité indépendante fixe elle-même les tarifs.

Problème réglé ? Non car loin de jouer le jeu, l'opérateur ex-public s'exécute mollement. Tellement qu'à deux reprises, l'Art devra lui indiquer qu'il ne respecte pas la décision du 23 février. Avertissement sans frais d'abord mais par la suite, tous les ans, l'Art puis l'Arcep vont donner des directives et des indications sur le coût de mise à disposition des infrastructures et du génie civil.

Les mêmes discussions vont d'ailleurs reprendre lors de l'installation de la fibre optique destinée à supplanter les réseaux

1. Décision du conseil de la concurrence : décision n° 07-D-33 du 15 octobre 2007 relative à des pratiques mises en œuvre par la société France Télécom dans le secteur de l'accès à Internet à haut débit.

cuivre tant la guerre des télécoms ressemble à un éternel recommencement. Et tiens, pourquoi ne pas adopter une énième technique : celle des « prix prédateurs » ?

France Télécom casse les prix ?

Travailler à perte afin d'éliminer ses concurrents et de pouvoir par la suite pratiquer des tarifs plus élevés que sur un marché concurrentiel, c'est ce que l'on appelle la méthode des prix prédateurs. Inutile de préciser qu'elle est tout ce qu'il y a de plus illégal, et pas seulement en France…

La preuve : le 16 juillet 2003, la Commission Européenne condamne l'opérateur historique à une amende de 10,35 millions d'euros. Procédurière, France Télécom conteste alors la décision devant le tribunal de première instance des Communautés. Mais pour rencontrer un nouveau « retoquage » : nouvelle condamnation le 30 janvier 2007. Et une autre : encore deuxième appel et échec définitif devant la Cour de Justice Européenne.

Il n'empêche : la stratégie des prix prédateurs s'est révélée assez efficace puisque de janvier 2001 à septembre 2002, la part de Wanadoo est ainsi passée de 46 % à 72 %, sur un marché dont la taille a plus que quintuplé au cours de cette période[1].

Les prix prédateurs reviennent à l'ordre du jour en décembre 2010 lorsque France Télécom fait l'objet d'une descente de l'Autorité de la Concurrence accompagnée par des officiers de police judiciaire.

Ces perquisitions ont lieu dans quatre sites, dont le siège d'Orange France à Arcueil, celui d'Orange Business Services à Saint-Denis et celui du groupe, place d'Alleray à Paris et jusque

1. Le *Nouvel Observateur* du 25 juin 2008.

dans le bureau de Stéphane Richard, directeur général de l'opérateur télécom[1].

L'Autorité de la Concurrence serait à la recherche de rabais trop importants accordés aux grands clients.

Il est trop tôt aujourd'hui pour connaître sa décision puisque celle-ci n'interviendra qu'à la fin de l'année 2011. Nous verrons alors si la guerre des prix marque une pause ou non…

Niel et SFR contre-attaquent

« Pause », voilà un terme qui ne fait pas partie du vocabulaire de Xavier Niel. Lassé de ces comportements, Free assigne en effet France Télécom en décembre 2006, lui reprochant d'avoir mis en œuvre de 2000 à 2005 une stratégie qui empêchait Free de déployer l'ADSL. Le plaignant demande au tribunal de condamner Orange à une somme de 1,9 milliard d'euros.

Avec l'arrivée de Stéphane Richard, un accord confidentiel sera néanmoins trouvé, Free renonçant à sa plainte. Une fois encore, les « mousquetaires » des télécoms auront trouvé le moyen de mener les combats les plus féroces avec… des fleurets mouchetés.

Pas toujours il est vrai. En mars 2009, la maison mère de SFR, Vivendi saisit par exemple la Commission Européenne, comme l'explique son directeur général Jean-Bernard Lévy[2] : « Nous estimons qu'il y a abus de position dominante de France Télécom, avec les tarifs pratiqués en matière d'abonnement et d'accès à la boucle locale, ce que l'on appelle aussi le dégroupage.

Le problème est simple : les opérateurs doivent emprunter la boucle locale de France Télécom, censée la refacturer à prix coûtant, donc sans bénéfice. Or, une ligne en dégroupage total

1. Source Reuters reprenant *La Tribune*.
2. Cité par *L'Expansion* du 02 mars 2009.

coûterait 6,77 euros par mois en 2007 à l'opérateur historique, lequel la facture 9,29 euros à ses concurrents.

9,29 moins 6,77 égale tout de même 2,52. Sur plusieurs millions d'abonnés, le résultat de l'opération, s'il était avéré, n'aurait rien anodin.

Fort de son calcul, SFR porte plainte alors devant la Commission Européenne, et celle-ci, pas convaincue, va lui donner tort en mars 2010. Un échec qui ne concerne pas seulement SFR mais aussi Bouygues, qui entretemps s'était associé à la procédure.

Pas découragé pour autant, le groupe Vivendi porte l'affaire mi-septembre 2010 devant la Cour européenne de Justice du Luxembourg. L'actionnaire de SFR considère en effet que l'opérateur historique continue d'imposer « des tarifs excessifs sur les offres d'accès à son réseau fixe ainsi que sur l'abonnement téléphonique[1] ».

Nul doute que la décision de la Cour européenne est attendue avec un intérêt par les grands des télécoms. D'autant que Niel et Free, insatiables, investissent désormais la téléphonie mobile.

La guerre des « moblots »

Insatiables, en effet. Une fois l'offre triple « play » télévision, téléphone fixe et Internet bien installée, Niel passe à une étape supplémentaire de sa stratégie de conquête.

Lui à qui tout réussit, cap sur la téléphonie mobile !

Le gouvernement hésite à attribuer une 4e licence mobile 3G, technologie quelque peu dépassée qui doit ensuite être supplantée par la 4 G, plus puissante, plus rapide et surtout plus adaptée au développement de l'Internet mobile. Ce, d'autant plus qu'un appel à candidature s'est révélé infructueux.

Le 8 mars 2007, l'Arcep lance la procédure d'attribution : le montant de la redevance est fixé alors à 619 millions d'euros

1. Cité par *L'Expansion* du 22 novembre 2010.

avec une part variable. Quant aux contraintes imposées, elles sont comparables à celles des opérateurs déjà existants.

L'Arcep a le souhait d'imposer l'émergence d'un nouvel acteur dans le but de faire baisser les prix en faveur des consommateurs. Les salariés de l'opérateur historique, eux vivent comme une injustice cette volonté de l'autorité de régulation.

Pour Free manifestement la barre est trop haute. Comment pourrait-il acquitter un tarif aussi élevé ?

Niel n'hésite pas plus que d'habitude. Aussitôt, il saisit donc le Conseil d'État dans l'espoir de voir le montant de la redevance annulé. La juridiction administrative examine le dossier avec célérité. Elle décide, le 11 juillet 2007, que la procédure est régulière.

Le 31 juillet 2007, Free, faisant contre mauvaise fortune bon cœur, dépose officiellement sa candidature.

On pourrait en rester là. Sauf que l'Élysée décide de se mêler de l'affaire. Sans la nommer, Nicolas Sarkozy s'emploie à contrer la candidature de Free : « Je suis assez sceptique et réservé sur le choix d'un quatrième opérateur de téléphonie mobile. Car le prix le plus bas n'est pas forcément le meilleur ».

Est-ce pour des motifs d'intérêt général ? Parce qu'un de ses amis proches, Martin Bouygues lui-même, a levé le spectre de la perte de 20 000 à 30 000 emplois en cas de guerre des prix en ces termes[1] ? On le dira mais le fait est que deux organisations syndicales, la CGC et l'Unsa, vont reprendre l'argument à leur tour.

Dans l'intervalle, l'Arcep épluche le dossier. Après plusieurs mois d'hésitation, l'autorité indépendante rejette, le 31 octobre, la candidature de Free. Des arguments financiers étayent sa décision :

« Le dossier de Free Mobile ne contient pas de tableau décrivant le plan de financement et précisant comment la société can-

1. Pcimpact – 13 janvier 2009.

didate compte payer la part fixe de 619 209 795,27 euros de la redevance, dont la loi de finances mentionne qu'elle est exigible dès l'année d'attribution de l'autorisation.

Le dossier indique que Free Mobile dispose d'un capital social de 40 000 euros, soit un montant très limité. Le dossier de Free Mobile ne mentionne aucune banque ou investisseur ayant l'intention de mettre à disposition de Free Mobile les montants financiers permettant de payer ces 619 209 795,27 euros. Le dossier ne contient *a fortiori* aucune lettre d'engagement financier de tels acteurs. »

L'autorité indépendante, peu sensible au charme de Niel, a visiblement vu en Free la grenouille de La Fontaine qui veut se faire aussi grosse que le bœuf.

Au demeurant, on peut supputer sur les raisons de ce dossier irrecevable : Free voulait-il gagner du temps pour être prêt techniquement en attendant que les normes de la 4G soient enfin écrites ? S'agissait-il de se positionner pour obtenir à l'avenir une licence dans des conditions plus avantageuses ?

Toujours est-il que presque deux ans vont s'avérer nécessaires pour que l'Arcep relance un nouvel appel à candidature.

Le 18 décembre 2009, la candidature de Free est enfin acceptée. Sérieuse victoire pour Niel qui a dégainé comme d'habitude son argument-massue : l'avantage qu'en retirerait le consommateur, avec notamment un forfait de 3 heures à moins de 20 euros. Free, dans une période difficile avec des taux de chômage important, s'engage en outre à créer 5 000 emplois dans sa propre société. L'opérateur pense en générer autant de manière indirecte. Il s'engage à investir un milliard et demi d'euros.

Le Canard enchaîné reprend les propos de Niel, qui expliquait « Fillon a fait adopter le texte en Conseil des ministres en vitesse pendant que Sarko était sorti répondre à un appel ! Et il a signé le décret en profitant de son malaise vagal[1]. »

1. Cité par Univers Freebox du 4 janvier 2011.

Restent les trois autres « mousquetaires » des télécoms. Pour les opérateurs initiaux, la perspective de l'émergence de Free semble intolérable. Dame, c'est qu'ils perdent une rente de situation ! À eux de réagir, donc d'attaquer la décision.

C'est Bouygues qui va monter le premier au front, bientôt imité par les deux autres opérateurs. Initiative surprenante car dans les différentes procédures judiciaires, Bouygues a constamment maintenu une attitude attentiste du type *wait and see.*

Quoiqu'il en soit, la société saisit alors le conseil d'État le 30 septembre 2009, et son homologue SFR le lendemain.

Orange, lui, se raccroche tardivement à la procédure.

Les arguments des opérateurs de télécoms sont multiples. Le principal tient au montant de la licence.

Écoutons-les. Le 28 juillet 2000 puis le 29 décembre 2001, deux appels à candidature successifs en vue de l'attribution de quatre autorisations d'exploitation de réseaux de téléphonie mobile de troisième génération (3G) dans la bande de fréquences 2,1 GHz, trois autorisations, comprenant chacune un bloc de 15 MHz de fréquences, ont été attribuées aux sociétés Orange, SFR et Bouygues Télécom. Or, la part fixe de la redevance, initialement fixée pour Orange et SFR à 4,95 milliards d'euros, a été ramenée en 2002, pour les trois opérateurs, à 619 millions d'euros et la durée de la licence portée de quinze à vingt ans.

Il est donc anormal selon eux que Free ne verse qu'une somme de 240 millions d'euros.

Le Conseil d'État, dans sa décision du 12 octobre 2010 balaie d'un revers de main l'argumentation. Posant que depuis dix ans, les opérateurs requérants ont eu largement le temps d'exploiter leur licence et de faire des substantiels bénéfices, il ajoute que la bande de fréquence attribuée à Free est plus étroite que celle des autres opérateurs. Sur un plan plus général, le Conseil déplore le manque de concurrence, dommageable pour les consommateurs. Selon lui l'arrivée d'un quatrième opérateur, de nature à offrir des tarifs plus avantageux aux usagers, n'a rien que de très bénéfique.

La Commission Européenne a été saisie du même sujet et, pareillement, elle a rejeté les recours des opérateurs contre l'attribution à Free de la licence 3G.

Free vient donc de remporter une première manche. Mais déjà, une nouvelle bataille bat son plein: celle des « licences complémentaires ».

La bataille des licences complémentaires

Encore un terme technique! À la suite de l'attribution de la quatrième licence 3G à Free Mobile en janvier 2010, restent deux blocs d'environ 5 MHz duplex à attribuer dans la bande 2,1 GHz. L'appel à candidatures pour l'attribution de ces fréquences résiduelles a été lancé le 25 février 2010 par l'Arcep.

Trois sociétés déposent leur dossier:

- Free Mobile, filiale à 100 % de la société Iliad;
- Orange France, filiale à 100 % de la société France Télécom;
- Société Française du Radiotéléphone (SFR), détenue à 56 % par Vivendi et à 44 % par Vodafone.

Une fois encore, Free échoue. Au final, il sera à nouveau écarté. Le 18 mai 2010, les deux autres opérateurs se verront attribuer les fréquences. Non sans qu'auparavant, SFR ait essayé de bloquer la procédure d'attribution en saisissant le Conseil d'État en référé. Mais celui-ci, dans une décision du 19 avril 2010, a validé l'argumentation de l'Autorité, considérant que l'expertise demandée ne présentait pas un caractère utile « eu égard à l'ancienneté et à l'ampleur du débat, notamment à l'initiative de l'Arcep, sur la consistance des lots de fréquences dans la bande 2,1 GHz susceptibles d'être soumis à une nouvelle procédure d'attribution, à la connaissance des données techniques de ce débat par SFR, opérateur expérimenté de téléphonie mobile, et aux délais réduits dont disposerait un expert en raison de la date du dépôt de la demande d'expertise par rapport à la date prévue pour la remise des offres. »

Mais Bouygues, qui nous avait habitués à plus de discrétion, s'est à son tour jeté dans l'arène.

Bouygues contre Orange et SFR

On sait que la filiale d'entrepreneur de travaux publics, venue tardivement dans le monde des télécommunications, a réglé pour prix de sa licence la somme de 619 millions d'euros.

Or, il se trouve que deux concurrents, France Télécom et SFR, avaient payé chacun, pour obtenir la même licence une somme de près de 5 milliards d'euros.

Soit huit fois plus ! À l'évidence, la situation était anormale. Le gouvernement a donc aligné rétroactivement le montant des deux premières licences sur celui de la troisième.

En 2004, la Commission Européenne, saisie par Bouygues qui n'admettait toujours pas que l'addition de ses deux concurrents soit ainsi réduite, avalise cette décision. Pour la Commission, cette décision de mise au même niveau n'avait rien de discriminatoire.

Saisi à son tour, le tribunal de première instance de l'Union européenne confirme la décision de Bruxelles dès juillet 200. Pour lui aussi, il n'y a pas eu « d'avantage concurrentiel » en défaveur de Bouygues Télécom.

Or, Bouygues, obstiné, interjette appel. La filiale du groupe de travaux publics souligne qu'à la date d'obtention de la licence de Bouygues, ses deux concurrents n'avaient pas encore pu lancer leurs services UMTS. Et donc que « la valeur économique » de leurs licences « ne pouvait être, du seul fait de leur antériorité, supérieure à celle (...) accordée à Bouygues ».

L'argument ne parvient pas à convaincre la Cour européenne qui rejette à son tour l'appel le 2 avril 2009. C'est donc peu dire que cette première incursion de Bouygues dans l'arène judiciaire n'a pas été couronnée de succès. Une arène où la bagarre « Free-contre-les-trois-autres » ne tarde pas à reprendre...

Le blues du *Roaming*

Un anglicisme de plus et dans les télécoms, Dieu sait s'ils sont légion ! Concrètement, le « Roaming » permet à des abonnés d'un opérateur d'utiliser le réseau d'un opérateur là où son propre opérateur n'offre pas de couverture.

Une possibilité que beaucoup d'usagers mettent en œuvre lorsqu'ils se rendent à l'étranger, passant alors par l'opérateur local. Or, chacun le sait bien : il existe en France des zones « blanches » où tel ou tel opérateur n'offre pas de couverture. Dans ce cas, un client SFR, par exemple, ou Bouygues, va pouvoir passer par le réseau Orange et vice versa.

À l'époque de la 2G, aucun problème : les opérateurs avaient l'obligation de se couvrir mutuellement. Le système fonctionnait donc tant bien que mal. Mais il se trouve qu'avec la 3G aucune obligation de ce type n'existe.

Dès lors va s'engager une partie de bras de fer entre Free et les autres opérateurs. Et pour cause, puisque avant de pouvoir déployer son propre réseau, la société de Niel a besoin de s'appuyer sur ceux, déjà existants, de ses concurrents.

Le Figaro décrira ainsi en mai 2010, les négociations et leurs enjeux : « Mais il s'agit d'une partie de poker menteur, où chacun attend le meilleur moment pour abattre ses cartes. Premièrement, parce que, les opérateurs peuvent avoir un vrai intérêt financier à nouer un accord avec Free sur la 3G. Pas un accord d'itinérance à bas prix, mais un accord commercial d'opérateur virtuel (MVNO) au prix fort. En clair, le premier qui lui donnera accès à son réseau 3G s'assurera des revenus complémentaires, qui viendront compenser l'éventuelle perte d'abonnés. »

MVNO, qu'est-ce donc que ce nouveau sigle ? L'encyclopédie Wikipédia définit les MVNO de la manière suivante : « Un opérateur de réseau mobile virtuel, également connu sous le sigle MVNO pour l'anglais *Mobile Virtual Network Operators*, est un opérateur de téléphonie mobile qui, ne possédant pas de concession de spectre de fréquences, ni d'infrastructure de réseau propres, contracte des accords avec les opérateurs mobiles possédant un réseau mobile pour leur acheter un forfait d'utilisation et le revendre sous sa propre marque à ses clients. »

Une sorte de locataire, si l'on veut. Mais un locataire contraint et forcé de s'adresser à ses concurrents pour pouvoir exister.

Car, c'est bien de survie qu'il s'agit. En août 2010, Maxime Lombardini se fait d'ailleurs menaçant. Le directeur-général de Free indique que ce qu'il n'obtiendrait pas à l'amiable, il l'arracherait devant les tribunaux[1]. Son raisonnement apparaît assez carré : Comment les trois opérateurs concurrents de Free pourraient-ils justifier leur refus de vente alors qu'ils acceptent de vendre à des MVNO ?

Dans une interview accordée au *Figaro* le 16 septembre 2010, Stéphane Richard, le directeur général d'Orange va pourtant confirmer le refus de l'opérateur historique : « Nous leur avons fait une proposition pour un contrat d'itinérance 2 G. Le débat sur la 3G n'est pas d'actualité. Notre rôle n'est pas de faire la courte échelle à un concurrent qui claironne qu'il va diviser les prix par deux ! Cela dit, je veille à ce que France Télécom ne soit pas un frein à la concurrence. Cela participe de la reconstruction d'une image globale. »

En octobre 2010, Franck Cadoret le directeur général grand public et professionnel de SFR, déclare quant à lui :

« Nous avons fait des propositions à Free. Pour moi, la négociation est close et la balle est dans leur camp » Il ajoute : « Nous souhaiterions que Free rejoigne SFR (sur la 2G) parce que l'on a le meilleur réseau. On serait très heureux de l'accueillir. Mais on ne donnera pas la 3G, c'est sûr ».

En décembre, à nouveau interrogé sur le sujet, Stéphane Richard glisse dans la conversation que les discussions avec Free

1. Univers Freebox.

sur la 3 G seraient à peine commencées. Non sans ajouter perfidement que le concept de la Box aurait été volé par Free à l'opérateur historique.

Menace pour faire avancer les discussions ou prémisse d'un procès futur ?

Il faut que croire que non puisque le 3 mars Orange et Free font paraître un faire-part de fiançailles, sinon de mariage où le lieu de la célébration serait la 3G[1] :

« Au terme d'un processus de négociation de plusieurs mois, Free Mobile (groupe Iliad) et Orange ont signé le 2 mars 2011 un accord d'itinérance nationale mobile 2G, élargi à la 3G ».

Stéphane Richard, président d'Orange, explique peu après sur France Inter : « C'est pour nous une façon de ne pas entraver la concurrence, et on ne veut pas être dans ce rôle-là ». Il ajoutait qu'il s'agissait là d'« une façon de valoriser un investissement très important qu'on a fait dans notre réseau ».

Avant l'accord, indiqué le directeur général d'Iliad, Maxime Lombardini s'était montré menaçant une nouvelle fois :

« Le quatrième opérateur existera, il aura accès à l'itinérance, soit de manière négociée, soit au travers d'un contentieux, à un moment ou un autre, et c'est peut-être plus intelligent de négocier avec lui un bon contrat. »

Les *quangos* auraient-ils pu à nouveau voler au secours de Niel ?

Rien n'est moins sûr à en croire la lettre d'information confidentielle La Lettre A. Spécialisée dans les enjeux de pouvoirs et généralement très bien informée, elle a mis en cause l'Arcep. Cette dernière aurait commis une bourde en ne forçant pas aux accords d'itinérance sur la 3G.

En octobre 2010, l'Arcep avait réagi vivement : « Il n'était pas légalement possible pour l'Autorité de prévoir un tel droit dans la licence de Free puisque l'appel à candidature qui a débou-

1. *Libération* du 3 mars 2011.

ché sur la sélection de Free Mobile pour une quatrième licence de téléphonie mobile s'inscrivait dans la continuité des précédents appels à candidature initiés en 2000 et qui ont permis, en 2001 et 2002, l'octroi de licences 3G aux sociétés SFR, Orange et Bouygues Télécom, qui étaient déjà titulaires de licences 2G.

Il ne pouvait être question d'octroyer une mesure d'itinérance 3G au bénéfice du nouvel entrant, alors qu'aucun opérateur n'avait encore déployé de réseau 3G. Ainsi, dès lors que l'attribution d'une licence à Free Mobile s'inscrivait dans la même procédure que celle ayant conduit à attribuer les trois premières licences, il n'était pas possible d'en modifier les règles d'organisation pour imposer, dans le cadre de cette procédure, un tel droit à l'itinérance 3G. »

Mais une chose est certaine en tout cas : la guerre à rebondissements multiples des « moblos » n'est pas terminée.

La fibre optique, et comment l'avoir

Tacticien éprouvé, Free tente désormais de prendre ses concurrents sur un autre terrain très coûteux : celui du passage de la fibre optique. Ou, comme on la désigne souvent, la FTTH – *Fiber To The Home.*

Dans ce domaine, un poids plume apparaît justement face à la « bande des quatre » grands opérateurs de télécoms, la société Numéricable.

Le capital de cette société est détenue en 2008 par les fonds d'investissements Carlyle et Civen à hauteur de 70 %. selon *Le Canard enchaîné* repris par *Libération*[1] un des directeurs généraux de Carlyle n'est autre que le demi-frère du président Sarkozy, Olivier. D'où l'hypothèse émise par l'hebdomadaire satirique de certaines actions de lobbying efficace.

1. Édition du vendredi 18 juillet 2008.

L'enjeu économique semble cette fois-ci différent.

Interrogé par l'auteur du présent ouvrage, un membre du gotha français des administrations chargées des télécoms, prudemment resté anonyme, se demande par exemple si, pour des raisons de « marketing », les opérateurs n'avaient pas fait des effets d'annonces sur la FTTH. Explication de texte : tout en clamant à grands sons de trompe leur intention de câbler des centaines de milliers de foyers et d'entreprises, lesdits opérateurs, en sous-main, auraient fait au contraire tout pour retarder le déploiement de la fibre, se retranchant tantôt derrière la réglementation, tantôt sur les turpitudes avérées ou non de leurs concurrents. Tout en crânant pour la façade, ils auraient freiné en réalité des quatre fers.

Pourquoi une attitude aussi frileuse ? Amortis depuis des années, les réseaux cuivre permettent de diffuser des données avec un taux de rentabilité extraordinaire que la fibre optique ne pourra jamais atteindre. La tentation commerciale serait donc forte – irrésistible peut-être – de les utiliser le plus longtemps possible, que l'on en soit propriétaire comme France Télécom ou simples usagers comme les autres opérateurs.

Le raisonnement est moins justifié depuis le déploiement de l'internet mobile sur téléphone ou tablette qui exige un débit très important d'où une presque saturation des réseaux à laquelle il ne pourrait être mis fin que par la fibre.

Mais faisons nos calculs. Selon certaines sources, un abonné fibré ne commence à rapporter à l'opérateur qu'au bout de 18 ans. Des estimations construites sur la base d'un abonnement à 45 euros. Or, Free veut délivrer des abonnements à 30 euros par mois. Une politique tarifaire de nature à casser le marché.

Le magazine internet *PC-Inpact* résumait ainsi la situation dans son édition du 11 décembre 2006 : « Entre autres joutes verbales, on se souviendra qu'en octobre dernier, Matthieu Coutière, qui travaille à la direction de la stratégie et du développement au sein du groupe Vivendi, avait pris à parti Xavier Niel, fondateur d'Iliad (Free), critiqué pour avoir annoncé offrir de la fibre optique pour 30 euros, mettant à mal le business model d'Orange et SFR (Neuf Cegetel) basé sur un tarif mensuel de 60 euros.

La réponse de Xavier Niel à l'époque ne manquait pas de mordant : « Orange ne fait pas d'investissement, parce qu'un jour dans une conférence de presse Free a dit quelque chose ».

L'homme d'affaires ajoute qu'en passant à la fibre, il économise 10 euros par connexion… le montant qu'il verse à France Télécom au titre de la boucle locale. Le raisonnement sur l'amortissement ne s'appliquerait donc pas à lui. Une déclaration qui n'a sûrement pas fait tressaillir de joie l'opérateur historique.

Les mauvaises langues qui présentaient les grands opérateurs de télécoms comme peu empressés au passage à la fibre auraient-elles eu raison ? Comme s'il s'agissait de confirmer les rumeurs, ces derniers vont annoncer coup sur coup des retards dans leur projet d'investissement. Parallèlement à cette guerre économique, se joue une bataille plus technique sur les standards à adopter. En la matière, en effet, les options sont multiples.

Free, cela n'étonnera personne, repart sur ces entrefaites à l'assaut de France Télécom. Son argument : il ne lui serait pas possible d'accéder aux infrastructures de génie civil. Et bref, la société de Xavier Niel entend passer ses fibres là où passent celles de l'opérateur historique… Pas besoin d'être devin pour comprendre que le bras de fer est reparti de plus belle !

Avec un angle d'attaque original.

Free tente le passage en force

Début 2007, Free envoie 2350 brochures à des syndics de copropriété. Ces documents comportent le logo de la ville de Paris et la mention suivante : « le raccordement de votre immeuble à un réseau de fibres optiques répond à une obligation réglementaire ».

Bien entendu, la ville de Paris se plaint de l'utilisation de son logo. Elle demande à Free, qui s'exécute, de mettre fin à l'envoi de ces brochures.

Mais ce n'est pas tout. France Télécom, quant à elle, décide d'assigner l'entreprise de Xavier Niel. Il s'agit de faire interdire sous astreinte la diffusion des brochures.

D'abord débouté le 15 mai 2007 de sa demande, l'opérateur historique n'hésite pas à faire appel. Et bien lui en prend puisque par arrêt en date du 4 juillet 2007, la Cour d'appel, infirme la décision de première instance. Non seulement elle interdit l'envoi des brochures et condamne Free sous astreinte de 10 000 euros par jour de retard, mais elle le condamne à envoyer dans les huit jours un démenti aux syndics de copropriétés. Pour finir, Free devra payer la somme de 5 000 euros à France Télécom.

Encore l'entreprise de Xavier Niel peut-elle se payer le luxe d'essuyer quelques revers. Tel n'est pas le cas de sociétés de taille plus modeste. Par exemple, Numéricable…

La pétition du désespoir

Nous n'avons pas perdu la SAS Numéricable de vue. Souffrant terriblement face au rouleau compresseur de France Télécom et de Free, la petite entreprise ne voit qu'une solution : appeler les internautes à la rescousse.

Elle publie sur son site Internet une pétition, demandant à ses abonnés, et à tous les internautes de la signer.

La pétition est ainsi rédigée :

« Pour le développement rapide du Très Haut Débit en France :

– Je suis favorable au déploiement rapide des réseaux en fibre optique jusqu'aux logements pour permettre au plus grand nombre d'accéder facilement aux nouveaux services multimédias : TV HD, VOD, Internet ultra haut débit…

– Je souhaite disposer d'un véritable choix entre plusieurs réseaux et plusieurs opérateurs : seule la concurrence effective m'assurera d'accéder aux services multimédias aux prix les plus compétitifs.

Par conséquent :

– Je suis favorable à ce que Numéricable, en tant qu'opérateur de réseau, ait la possibilité de moderniser son réseau dans mon immeuble pour amener la fibre optique jusqu'à mon logement, sans travaux ni nuisances.

– Je suis fermement opposé à l'instauration d'un monopole de fait en faveur de l'opérateur historique ou d'un quelconque opérateur sur le déploiement du Très Haut Débit : cela aurait pour conséquence de limiter mes possibilités de choix de réseau pour accéder aux services d'avenir et nuirait à la compétitivité des prix. »

Un texte insupportable pour l'opérateur historique. France Télécom décide de saisir le juge des référés du tribunal de commerce de Paris. Lequel, le 17 juillet 2008, demande à Numéricable de modifier sa pétition. La société de câble fait appel. Mais en cours d'instance, Free se joint à la procédure.

Finalement, la Cour d'appel de Paris va infirmer le 14 janvier 2009 la décision du tribunal de commerce. Elle considère en effet que la pétition n'excède pas l'argumentation commerciale. La pétition du désespoir aura fourni à Numéricable un bol d'air très précieux.

Mais négligeant les poids plumes, Free et France Télécom continuent à se livrer à leur sport favori : la lutte. Qui passe, cette fois-ci, par une phase originale, la « guerre des tranchées ».

« Guerre des tranchées » et bataille des « sous-répartiteurs »

Diminuer ses coûts, c'est l'obsession de tous les opérateurs. Celle de Free en particulier, qui conçoit l'idée originale de demander à France Télécom le libre passage par ses infrastructures de génie civil : fourreaux de passage des câbles, gaines, etc. France Télécom est, on l'imagine, réticente.

Comme c'était prévisible, Free s'en va porter plainte devant le Conseil de la Concurrence en juin 2007. Plainte assortie en l'occurrence d'une demande de mesures conservatoires pour faire cesser immédiatement le trouble que l'entreprise de Xavier Niel juge grave.

Cette fois, la procédure débouche sur un coup nul. Le 12 février 2008, le Conseil de la Concurrence ne prononce pas de mesures conservatoires à l'encontre de France Télécom, mais il prend acte de l'engagement souscrit par l'opérateur historique devant l'Arcep de donner à la concurrence accès à ses fourreaux.

Une concurrence toujours pleine d'appétit. Et comme une fois n'est pas coutume, le prochain coup viendra de SFR.

Dans l'espoir de contrer en douce le déploiement de la fibre qu'elle soutient officiellement, France Télécom a en effet décidé de mettre en place des sous-répartiteurs. Il s'agit de réduire la distance qui sépare l'abonné du central téléphonique, suffisamment en tout cas pour rendre un plus grand nombre de personnes éligibles à l'ADSL.

Or, il se trouve que cette solution technique peut conduire l'opérateur historique à diminuer le nombre d'abonnés à la fibre.

Fin 2009, SFR attaque donc France Télécom devant l'Autorité de la concurrence. Un assaut victorieux. Car quelques mois plus tard, en janvier 2010, l'Autorité recommande aux collectivités de « veiller à minimiser les risques de distorsion de concurrence, tant sur le marché des réseaux d'initiative publique que sur celui du haut débit ». En foi de quoi, elle stipule que la création de sous-répartiteurs ne doit se faire que dans des cas exceptionnels et dans les zones non dégroupables. Mais comme cette guerre est avant tout une guerre de mouvement, le combat se déplace déjà vers un autre front, celui des contenus...

Sur le front des contenus

La morale de cette histoire pas plus morale que cela pourrait être énoncée en ces termes : rien ne sert de passer des tuyaux, si on n'a pas de contenu à fournir.

Qu'on comprenne bien la situation. Au fil des années, les différents opérateurs télécoms en sont venus à pratiquer des prix voisins pour des services de substance et de qualité similaires. Dans ces conditions, qu'est-ce qui pourrait bien les départager ? Les contenus.

C'est ce qu'a compris le premier l'astucieux Xavier Niel. À son initiative, Free va donc bâtir son succès sur le lancement de l'offre triple Play (télévision, internet et téléphone fixe) qu'il lance dès la fin de 2003.

Mais impulser une offre de télévision n'est possible que si les différentes chaînes présentes sur le marché de l'audiovisuel acceptent d'être diffusées par le canal ADSL. Les opérateurs rivaux vont donc tout tenter pour bloquer les contenus auxquels leurs concurrents pourraient avoir accès.

TPS – Télévision par Satellite – est créée le 16 décembre 1996 notamment par le groupe TF1, le groupe M6, France Télécom.

Son objectif est de concurrencer CanalSat, lancé en 1992.

Ces différentes sociétés disposent de contenus importants, qui intéressent au premier plan Free. Le lecteur l'aura déjà deviné : voilà qui va donner lieu à de nouvelles joutes judiciaires.

À la recherche de contenus, ce Sésame-ouvre-toi du numérique, Free va se rapprocher de CanalSat. Cette télévision offre un bouquet de chaînes. Elle aussi a compris que la télévision par Internet représentait l'avenir – radieux si possible. En conséquence, elle s'entend avec Free pour être diffusée.

L'accord ne fait nullement les affaires de TPS, on s'en doute. TPS qui, se sentant en train de perdre des marchés considérables demande à Free de la diffuser également. Or, la société de Niel n'accepte cette perspective qu'en échange de la possibilité de diffuser TF1 et M6, deux actionnaires de TPS. Toujours opposée à cette diffusion, cette dernière assigne alors Free en justice le 20 octobre 2005.

La réponse du berger à la bergère ne se fait guère attendre. Et toc, Free assigne à son tour M6 et TF1, leur reprochant cet accord d'exclusivité avec leur filiale.

Le 6 janvier 2006, le tribunal de commerce prononce la jonction des deux procédures. Il considère, en d'autres termes, qu'il s'agit d'une seule et même affaire et qui doit être traitée au cours de la même procédure. Dans la même décision, la juridiction consulaire stipule en bonne logique qu'il faut attendre la décision du Conseil de la concurrence saisi à l'initiative de TPS de la même affaire.

En mars 2006, TPS décide de faire appel de la décision de sursis en réclamant des sommes considérables à Free : près de 12 millions d'euros.

Trois mois plus tard le 21 juin 2006, la Cour d'appel rend sa décision. Renversement de perspective : elle annule la décision de sursis et décide d'examiner l'affaire. Pour rendre une décision digne de Salomon en ne faisant droit ni à la demande de TPS, ni à celle de Free.

Un nouveau protagoniste s'était invité au procès en la personne de France Télécom. L'opérateur historique diffusait en effet les programmes de TPS sur Ma ligne TV, ce qui les réservait *de facto* à ses abonnés.

Free s'en était plaint. L'entreprise de Xavier Niel avait d'abord obtenu gain de cause devant le tribunal de commerce, dont la décision avait été cependant annulée en appel. Cette stratégie de lier contenu et abonnement devait être reprise par France Télécom dans l'affaire d'Orange Sport.

Du rififi dans l'offre télévisuelle

Le Conseil de la Concurrence est saisi le 28 novembre et le 26 décembre 2003 par les sociétés Iliad/Free et LDCom/9Télécom (devenue Neuf Télécom en janvier 2004) de pratiques du groupe TF1, de Métropole télévision (M6) et de France Télécom, relatives au secteur de la télévision par ADSL.

Les deux saisines ont été jointes et examinées lors de deux séances les 3 et 25 mars 2004.

Côté Free, on estime que le refus de TPS, TF1 et M6 de permettre à la société de Niel la diffusion de leurs chaînes constitue un abus de position dominante. TF1 et M6 se seraient entendues pour accorder une exclusivité de diffusion à TPS et évincer par là même Free du marché de la télévision par ADSL en l'empêchant d'enrichir le contenu de son offre.

L'entreprise de Xavier Niel demande notamment l'interdiction à titre provisoire, le temps que le conseil examine le dossier des accords conclus. Mais, le conseil de la concurrence va refuser cette demande dans une décision du 15 avril 2004.

Dès lors, qui pourrait donner gain de cause à Free ? Le Conseil supérieur de l'audiovisuel peut-être. Aussi est-il saisi.

Le 27 janvier 2004, le CSA rend son avis, plutôt favorable à Free. Pour le Conseil, l'obligation de diffusion qui s'impose aux chaînes sur les ondes hertziennes s'applique également aux réseaux type ADSL.

Mais faute que l'un ou l'autre des deux protagonistes ait pu obtenir une décision claire des tribunaux, la bagarre entre Free, TPS et les deux chaînes de télévision va se muer en une bataille de communiqués.

Sur Europe 1, Nicolas de Tavernost, directeur général de M6, affirme avec énergie en mai 2005 son refus que soient diffusées les chaînes TF1 et M6 sur l'offre Freebox en clair. Il n'acceptera que si Free diffuse TPS uniquement dans l'offre payante. Ce jour-là, précise-t-il, TF1 et M6 seront sur Free. Et d'ajouter méchamment que Free cherche à se faire des abonnés sur le dos de M6.

Michaël Boukobza, directeur général de Free, rétorque aussitôt que son entreprise est tout à fait disposée à diffuser TF1 et M6[1] :

1. Source 19.05.2005 11:26 - Freebox TV.

Ce que répond Nicolas de Tavernost est assez intéressant parce qu'il donne deux arguments. « Le premier est que nous voulons nous servir de TF1 et M6 pour vendre de l'abonnement à Free. (.../...) C'est tout à fait faux puisque les chiffres de croissance de Free sur les mois et les années derrière nous ont montré qu'on savait croître grâce à l'innovation et au rapport qualité/prix de nos produits et puis surtout je vous rappelle – et ça ne gêne pas Nicolas de Tavernost – que TF1 et M6 sont présents sur toutes les offres du câble – et notamment du câble numérique – et que c'est un des faire-valoir importants du câble puisque dans beaucoup de villes les immeubles n'ont plus d'antenne.

Vous êtes donc obligés de souscrire un abonnement au câble pour bénéficier des chaînes hertziennes, ce qui n'est pas possible avec la Freebox puisque vous avez un refus très net de TF1 et de M6 d'êtres présents sur la Freebox. En tous cas pour M6 Nicolas de Tavernost l'a reconfirmé.

Nous, notre position elle est claire : le bouquet TPS, comme le bouquet CanalSat – qui est aujourd'hui déjà présent sur la Freebox – est le bienvenu, à condition que les chaînes TF1 et M6 soient diffusées à l'ensemble des abonnés Freebox. »

Le directeur général de TF1, Patrick Lelay ne peut rester sur la touche. Il y va donc de sa menace : « Vous n'avez pas le droit de me poursuivre »... « Je vais vous clouer au mur ».

Le ton monte à nouveau. Jusqu'au sang, à la mort ? Pas du tout, jusqu'au prochain accord entre adversaires-partenaires obligés... Car tel celui des Horace et des Curiace, le combat va finir faute de combattants.

À la suite de l'achat par Canal+ des droits de diffusion de la ligue 1 de football pour la somme colossale que certains chiffrent à 600 millions d'euros, TPS se trouve en effet en difficulté. Quel grand malheur que de perdre des abonnés qui préfèrent regarder des émissions sportives sur la chaîne concurrente... Allons, il faut savoir renoncer. Les actionnaires de TPS se résignent donc à vendre cette société à Canal+.

Un tel rapprochement aurait pu conduire à des distorsions importantes de la concurrence. Pour que l'opération soit autorisée, les associés de TPS doivent donc montrer patte blanche. Du coup, ils décident alors de pactiser avec Free.

La fin de l'histoire, vous l'avez devinée. Début janvier 2007, TF1 et M6 sont diffusées par Free. Un véritable sport, les télécommunications. Et du sport, en voici justement…

Orange football

France Télécom a acquis pour les années 2008 à 2012 l'exclusivité des droits de retransmission de certains matches de la ligue 1, la première division du championnat de France de football. Et déboursé pour cela la coquette somme de 203 millions d'euros.

Cher, très cher. Si cher que France Télécom décide d'en réserver la diffusion à sa chaîne Orange sport.

Free ne l'entend bien entendu pas de cette oreille. Résolue à contre-attaquer, l'entreprise de Xavier Niel saisit la juridiction commerciale. Elle soutient qu'en effectuant des ventes liées : programme + tuyaux la société France Télécom contrevient aux règles de concurrence et commet un délit auprès des consommateurs.

Lorsqu'une personne ou une entreprise ne respecte pas les lois du commerce elle peut être poursuivie par ses concurrents ainsi pénalisées pour la vente de leurs propres produits sur le fondement de la concurrence déloyale.

Qu'en sera-t-il en l'occurrence ? Un nouveau succès pour Free. Le tribunal de commerce, dans sa décision du 23 février 2009, fait en effet injonction à France Télécom, sous astreinte de 50 000 euros par jour de retard, pendant trois mois « de cesser de subordonner l'abonnement à Orange Sport à la souscription d'un abonnement internet haut débit Orange ».

Pour France Télécom, la décision est particulièrement catastrophique car le tribunal l'assortit de l'exécution provisoire, c'est-à-dire que même en cas d'appel elle doit être exécutée.

L'opérateur historique se voit donc contraint de suspendre la diffusion de ces programmes acquis pour la somme considérable que l'on connaît.

Xavier Couture, Directeur des contenus chez Orange, avance cependant une approche moins noire de la décision.

« Le tribunal n'a pas statué sur la question de l'exclusivité. Cette question est actuellement en cours d'examen par l'Autorité de la concurrence. Ce jugement ne nous ordonne pas de mettre Orange Sport à la disposition nos concurrents, mais de ne plus subordonner la vente de ce service à celle d'un accès à haut débit[1]. »

Il se trouve que les temps sont alors difficiles pour l'opérateur historique, qui a perdu quelques semaines plus tôt l'exclusivité sur l'Iphone. Comment contrer, au plan judicaire, les effets de l'exécution provisoire qui risque de lui faire perdre des millions d'euros ?

Sûr de son bon droit, l'opérateur historique décide de porter l'affaire en appel. Et pour ce faire, de lancer une double manœuvre en utilisant les arcanes du code de procédure civile.

Premier acte : un référé au Premier Président. Il s'agit d'une procédure un peu particulière qui permet, en cas de succès, de suspendre les effets de l'exécution provisoire jusqu'à ce que la Cour d'appel rende sa décision.

Le code de procédure civile pose cependant des conditions très strictes, et rares sont les procédures de ce type qui ont le bonheur d'aboutir. De fait, France Télécom essuie un nouvel échec, comme cela était d'ailleurs attendu.

Deuxième acte, plus élaboré : une demande devant le Premier Président de la Cour d'appel pour que son affaire soit traitée en urgence. Demande acceptée, cette fois.

1. Interview dans le *Journal du dimanche.*

L'affaire sera plaidée le 30 avril 2009, à peine plus de deux mois après la décision du tribunal de commerce. Un délai exceptionnellement court qui n'en a pas moins été ponctué de multiples rebondissements.

Le ministère de l'Économie a en effet décidé de mettre son grain de sel sur l'affaire. Comment ? En déposant des conclusions de nature à soutenir l'opérateur historique. Toute l'ambiguïté de la position de l'État se retrouve dans cette intervention. Car normalement, la puissance publique se doit d'être neutre. Non sans s'assurer que le plus grand nombre de Français reçoive le maximum d'informations dans de bonnes conditions, notamment financières. Mais en même temps, l'État possède près de 25 % du capital de l'opérateur historique. De quoi lui renforcer sa tendance instinctive à soutenir France Télécom.

Le 14 mai, la Cour d'appel rend sa décision ; elle annule celle du tribunal de commerce. France Télécom qui est représentée par Hugues Calvet, un avocat, ancien magistrat bénéficiaire en son temps de la « passerelle » permettant aux juges de rejoindre le barreau. Il a même été Conseiller Référendaire à la Cour de Justice des Communautés Européennes de 1987 à 1991.

L'affaire va se solder, le 13 juillet 2010, par une décision de la Cour de Cassation confirmant celle de la Cour d'appel.

France Télécom triomphe sur toute la ligne. Sur toute la ligne vraiment ? En fait, l'idée de marier du contenu sport à la diffusion par internet ou par satellite ne doit pas être aussi bonne que cela puisque Stéphane Richard, le Président de l'opérateur historique déclarera dans les colonnes du *Parisien* en novembre 2010 qu'il envisageait de fermer Orange sport compte tenu des pertes importantes de cette chaîne.

Pour se défendre, devant le tribunal de commerce, l'opérateur ex-public n'a pas manqué de souligner qu'en diffusant en exclusivité des programmes il se trouvait dans une situation proche de celle de Canal+. La chaîne cryptée réserve en effet certaines de ses diffusions aux abonnés de CanalSat.

L'argument a un côté quelque peu pervers, puisque la chaîne cryptée n'est rien d'autre que la société sœur de SFR, toutes deux se trouvant détenues par Vivendi.

Reste que joignant l'acte à l'argument, France Télécom dépose plainte devant le Conseil de la concurrence contre Canal+ en novembre 2008. Pour faire bonne mesure, l'opérateur historique ira jusqu'à se plaindre d'un dénigrement systématique par la chaîne cryptée.

À l'appui de ses allégations, France Télécom communique divers articles de presse rapportant les déclarations de représentants de Groupe Canal+:

– S'agissant du développement de Studio 37, filiale de France Télécom dédiée au financement et à la coproduction de films: « il est vrai que, lorsque nous devons choisir entre deux projets, le fait que l'un soit coproduit par Studio 37 n'est pas un argument favorable » (*Les Échos* du 19 mai 2008);

– « Nous avons 9 des 10 matchs de Ligue 1 en exclusivité, et le dixième est largement commenté dans *Jour de Foot*, puis visible en différé. Notre abonné a donc tout le foot. Quant au cinéma, nous avons 95 % de la production française et 90 % de la production américaine. À ce stade, il n'est pas nécessaire de parler plus d'Orange » (*Écran Total*, 3 septembre 2008) ;

– Un article du magazine online *Satellifax* relate les propos du directeur général de Canal+ lors d'un dîner de presse, qui aurait « ironisé » sur les « comportements erratiques des opérateurs télécoms qui entrent dans les médias parce que c'est brillant et qui en sortent car ça n'est pas rentable » (*Satellifax*, 9 avril 2008);

– « La télévision, c'est un vrai métier. On n'y réussit pas parce qu'on a des tuyaux et beaucoup d'argent. Il faut apprendre longtemps, avoir du talent et être constamment créatif » (*Les Échos* du 17 avril 2008);

– « On ne peut pas soumettre le marché de la culture aux forces de l'argent » ; France Télécom viendrait déstabiliser « le marché fragile de la télévision » (*Satellifax* du 9 avril 2008 et *Le Figaro* du 9 avril 2008) ;

– « Orange, ils sont très bons en communication, franchement j'admire, et ils ont été très soutenus par la presse. Mais laisser entendre qu'ils seraient l'égal de Canal, alors qu'ils n'ont ni histoire, ni antériorité dans notre domaine est ridicule. Je le dis sans arrogance, entre Canal+ et Orange, il n'y a pas photo, ni sur le terrain du football, ni sur celui du cinéma. [...] Ce n'est pas parce qu'on loue une belle plage à Cannes pour faire des effets d'annonce qu'on est déjà un opérateur de télévision. » (*Journal du Dimanche* du 8 juin 2008) ;

– « Orange a acheté quelques droits de cinéma et de foot, mais il n'y a pas photo entre d'un côté la qualité éditoriale, de création, de talent qui est sur Canal+, et un peu d'esbroufe habillée avec beaucoup d'argent de l'autre côté » (*L'Équipe*, 26 mai 2008) ;

– « Orange a reconstitué un petit TPS Star avec un peu de foot et un peu de cinéma »... « On n'a pas été longtemps tranquilles »... « J'espère qu'on va tenir le temps qu'il faut »..., « Orange a quatre ans pour tester son offre et sa viabilité commerciale et financière. Nous avons quatre ans pour les dégoûter » (*Satellifax* du 9 avril 2008 et *Challenges* du 17 avril 2008[1]).

Finalement le 16 novembre 2010, l'Autorité de la concurrence, qui vient de reprendre le flambeau du Conseil de la Concurrence, conclut que France Télécom a déposé plainte à tort !

Mais ne s'agissait-il pas plutôt d'une partie de billard à plusieurs bandes ? À travers son attaque contre Canal+, l'opérateur

1. Informations citées dans la décision du Conseil de la Concurrence en date du 16 novembre 2010.

historique titille en effet Free qui a, depuis toujours, entretenu d'excellentes relations avec la chaîne cryptée.

«Vu l'impact!», comme on dit dans l'armée. Mais ici, le champ de bataille reste judiciaire. C'est que nos amis opérateurs, historiques ou pas, viennent de se trouver un nouveau sujet de controverse: le Catch-up TV.

Catch-up Télé

La télévision de rattrapage, dite encore Replay TV ou Catch-up TV, revient à proposer aux internautes la rediffusion d'un programme peu de temps après sa première diffusion. Ce, généralement pour une période de quelques jours. L'enjeu économique diffère de la diffusion de programmes car avant chaque émission rediffusée, prennent place une trentaine de secondes de publicité. Et qui dit publicité dit manne financière.

Détaillons l'ordre de bataille des protagonistes. Pour agir, plusieurs opérateurs de télécoms ont créé l'Association Française des Opérateurs de Réseaux et de Services de Télécommunications (Aforst).Une association qui regroupe notamment les sociétés Neuf Cegetel, SFR, Télécom Italia, Altitude Télécom, B3G Télécom, Bouygues Télécom, BT, Colt Télécommunication France, Completel, Hub Télécom, Ipnotic Télécom, Prosodie, Société Réunionnaise du Radiotéléphone (SRR) et Verizon France. Une belle brochette, en résumé.

Et voilà que l'Aforst saisit le Conseil de la Concurrence en octobre 2007. L'objectif de cette nouvelle procédure: dénoncer un partenariat signé le 28 décembre 2007 entre le groupe France Télévisions et le groupe France Télécom. Un accord qui prévoit que ce dernier distribuerait en exclusivité des programmes de rattrapage, les fameux catch-up.

Mais échec pour l'Aforst, le Conseil de la Concurrence, le 7 mai 2008 considère que l'exclusivité de la diffusion ne porte que sur quelques programmes. Elle libelle ainsi une partie de sa décision :

« L'Aforst reproche à France Télécom d'abuser de sa position dominante en offrant gratuitement le service de télévision de rattrapage des chaînes de France Télévisions dans le cadre de son offre de télévision sur ADSL, sans qu'il soit possible de dissocier l'accès à ces deux services. Le saisissant considère d'une part, que les abonnés d'Orange seraient ainsi victimes de la pratique dans la mesure où ils se trouvent privés d'une "éventuelle réduction de prix" sur l'offre d'Orange et, d'autre part, que les consommateurs non-abonnés à l'offre Orange se trouvent contraints de changer de Fai pour bénéficier des programmes de France Télévisions en rattrapage.

Mais le couplage est défini par le Conseil de la Concurrence et par les juridictions communautaires et nationales comme la pratique consistant à lier la fourniture de deux produits distincts relevant de deux marchés. Le potentiel anticoncurrentiel de cette pratique provient notamment de ce qu'elle peut permettre dans certains cas à une entreprise de transférer son pouvoir d'un marché où elle détient une position dominante sur un marché connexe pour y obtenir une position de force à moindre coût et sans rapport avec ses mérites. De telles pratiques ne sont pas en soi illicites, les effets potentiellement anticoncurrentiels pouvant être contrebalancés par des gains d'efficacité transmis de manière positive aux consommateurs ».

En juillet 2009, l'Autorité de la concurrence finit par s'agacer des procès à répétition automatique lancés par les opérateurs. Et profite d'un avis sollicité par le gouvernement pour lancer ce cri d'alarme : « Il est temps d'envisager une "sortie par le haut", qui ne peut dépendre uniquement des jugements des tribunaux saisis. »

Les plaideurs sont avertis. Mais tiendront-ils compte de l'avertissement ? Rien n'est moins sûr. Et de toute façon, un clou chassant l'autre, un nouveau motif d'inquiétude surgit déjà, la menace Google.

Selon un journaliste de *L'Express*, les chaînes françaises privées, TF1 et M6, auraient l'intention de bloquer l'accès à leurs services de « catch up » de programmes sur la Freebox Révolution[1].

Cette box comprend en effet un navigateur Internet qui permet donc de revoir des programmes, via Internet mais avec une qualité de diffusion proche de celle de la télévision.

Ce faisant, Free risque de porter un tort considérable aux services de « replay ». Mais plus que la menace de Free, les chaînes de télé voient arriver avec crainte Google TV, car tous connaissent le côté vorace du moteur de recherches américain.

L'Autorité de la Concurrence est naturellement saisie de cette problématique, mais dans une décision du 16 novembre 2010, elle ajourne sa réponse. En effet, la question se pose de savoir si la télévision de rattrapage serait assimilable à la diffusion classique de la télévision (diffusion dite linéaire) ou si au contraire il s'agit d'un marché indépendant.

La suite, comme on dit, au prochain numéro…

Ce n'est qu'un début, le combat continue

La bataille juridique des télécoms est loin d'être finie. Par souci de simplicité, j'ai décidé de centrer mon enquête sur Xavier Niel et la société Free, dont le succès commercial est réellement hors norme. Mais j'aurais pu multiplier les exemples, tant les litiges opposant les autres opérateurs sont nombreux.

La réussite de Free témoigne d'abord d'un génie marketing couplé à des innovations techniques et à un sens exceptionnel de la procédure.

Ainsi a-t-on assisté à l'émergence d'une société appelée à marquer durablement le paysage français des télécoms. L'histoire

1. Source Maxisciences.

économique relativisera sans doute à l'avenir les aspects judiciaires du succès de Free et l'acharnement de Niel à porter ses différents devant les tribunaux.

Avec la prise de participation dans le capital du *Monde*, Xavier Niel, nanti d'une fortune appréciable, fait aujourd'hui partie d'un « establishment » qu'il défiait hier encore. Sa stratégie de contenus va l'amener à peser sur bien des décisions, probablement dans des secteurs moins étroits que celui des télécoms. Nicolas Sarkozy a bien pris conscience de cette évolution. Niel a été reçu à l'Élysée le 16 décembre 2010 pour un déjeuner. De quoi ont parlé les deux hommes ? Peu d'éléments ont filtré de la rencontre. On peut imaginer que Niel a enfourché un de ses chevaux de bataille favoris : celui des taxes pesant, trop lourdement selon lui, sur les opérateurs.

De même, le patron de Free a certainement maugréé contre les subventions indirectes aux entreprises vieillissantes et incapables d'innover… Suivez son regard.

Difficile pour le président la République d'apporter une réponse dépourvue d'arrière-pensée. Il en va de son amitié avec Martin Bouygues et du poids de l'État dans France Télécom.

Reste qu'il est fort probable que nous n'en sommes qu'au début d'une saga qui va se poursuivre, dans les mois et les années à venir. Plusieurs des litiges évoqués plus haut ne sont pas encore tranchés. D'autres, pas encore portés devant les tribunaux. Pensons aux accords d'itinérance de la 3G, ou à l'octroi de la future licence 4G.

Pour ce dernier réseau, Free bénéficiera d'une avance technique incontestable puisqu'il met en place des serveurs 3G qui pourraient par une simple mise à jour de logiciel supporter la 4G.

Face à cet avantage concurrentiel, connu cela va de soi des autres opérateurs, leur réaction sera-t-elle d'ordre juridique dans l'espoir de freiner les processus d'octroi des licences, puis d'en contester les modalités d'attributions ? Si oui, quelles stratégies de retardement judiciaire seront les leurs pour ralentir un concurrent ?

En sens inverse, verra-t-on les autres opérateurs solliciter des accords d'itinérance sur le réseau Free ?

Toutes les possibilités sont ouvertes…

Chapitre 5

Des algues vertes

C'est à la fin juillet 2009 que l'affaire des algues vertes prend une tournure dramatique. Un chauffeur de 48 ans d'une entreprise affectée au nettoyage des plages, meurt alors qu'il vient de vider les algues vertes de la benne de son camion dans une déchetterie. L'homme travaille à mains nues et sans protection…

Ce décès est quasi-concomitant à la mort d'un cheval et à la perte de connaissance de son cavalier.

L'animal succombe après s'être enlisé et avoir inhalé du gaz dégagé par les algues en décomposition.

Les études donnent bientôt le nom du coupable: l'hydrogène sulfuré (H2S) issu de la décomposition d'une algue naturelle, *ulva armorica*, qui n'est pas dangereuse, mais dont la multiplication anormale et la décomposition provoquent l'émission du gaz entraînant la paralysie des voies respiratoires et la mort rapide.

La raison de leur prolifération: les nitrates issus de l'agriculture intensive et dont la teneur a été décuplée en moins de trente ans, ce qui explique l'apparition du phénomène. D'aucuns incriminent l'élévation de la température de l'eau de mer.

L'image positive des agriculteurs gardiens de l'équilibre écologique de nos haies et espaces verts est atteinte alors qu'ils sont en situation économique précaire.

Les écologistes se plaignaient depuis longtemps de ce phénomène « algues vertes » et de la mauvaise qualité des eaux douces[1]. C'est une véritable passionaria de l'écologie qui s'empare sans faiblesse de ce nouveau levier juridique.

Pour Blanche Magarinos-Rey, voici en effet une occasion inespérée d'ouvrir un dossier de responsabilité.

C'est une jeune robe noire – prestations de serments en 2006. Et qui plus est, une robe noire tombée dans la marmite écolo dès sa naissance car ses parents sont de farouches militants verts.

Maître Magarinos-Rey, qui ne l'est pas moins qu'eux, va donc s'appuyer sur une association écologique nouvellement créée. « Bretagne terre d'eau pure » offre, de fait, une approche originale de la situation. L'association considère que deux fers au feu valent mieux qu'un seul :

Le premier : poursuivre en justice ; on y reviendra.

Le second : offrir une sortie par le haut aux agriculteurs en leur ouvrant des débouchés pour des produits de qualité. En mai 2010, « Bretagne terre d'eau pure », lance la souscription de 8 000 parts à 250 euros pour créer des coopératives de transformation et distribution de denrées alimentaires de qualité. L'objectif est de détourner les pollueurs de leurs activités néfastes pour l'environnement.

Sur le plan judiciaire, l'association va se montrer tout aussi active. Aidée de la jeune robe noire, elle collecte pas moins de 940 plaintes sur un total de 1 500 plaintes déposées au 30 janvier 2011[2] !

Leur fondement : mise en danger de la vie d'autrui.

Les sanctions de ce délit ne sont pas négligeables : trois ans d'emprisonnement et 45 000 euros d'amende. En cas de violation manifestement délibérée d'une obligation particu-

---

1. Sur la situation contradictoire de l'agriculture bretonne, cf. Clarisse Lucas, *Le lobby breton*, Nouveau Monde éditions, 2011. Les événements dramatiques vont renforcer leur détermination et surtout leur offrir un nouveau fondement juridique possible, avec des sanctions importantes.
2. *Télégramme de Brest*, 30 janvier 2011.

lière de sécurité ou de prudence imposée par la loi ou le règlement, les peines sont portées à cinq ans d'emprisonnement et à 75 000 euros d'amende.

Qui plus est, lorsque l'enjeu est la vie humaine, la caisse de résonance médiatique va pouvoir jouer à plein.

Les baronnes locales de l'écologie

Un nouvel entrant bouscule toujours les baronnies existantes.

En l'occurrence, c'est le cas de « Bretagne terre d'eau pure ».

Les initiatives de la nouvelle association ne causent en effet aucun plaisir aux collectifs écologistes existants. Yves-Marie Le Lay, de l'association « Sauvegarde du Trégor », met d'ailleurs les points sur les « i » dans le *Télégramme de Brest* du 1er février 2011, précisant bien qu'il y a eu « deux types de plaintes ». « Nous avons déposé les premières en août 2009, contre le préfet des Côtes-d'Armor. Elles ont été requalifiées en plaintes contre X tandis que les plaintes déposées par la suite ont été directement contre X. Nous privilégions les plaintes déposées à charge contre le préfet avec, comme angle d'attaque, la mise en danger d'autrui… Le souci de Denis Baulier (le président de "Bretagne, terre d'eau pure") est d'essayer de balayer très large, avec un aspect économique et dédommagement financier, c'est une voie difficile ». Et diplomatiquement il ajoute : « Ce qui ne veut pas dire qu'il n'y aura pas de coordination. »

Les baronnes de la lutte contre les algues vertes et leurs causes (les nitrates) sont au nombre de cinq, mais l'une d'elles sera curieusement absente d'une procédure clef.

La première d'entre elles se nomme « Eau & Rivières de Bretagne ». Elle a l'âge d'être grand-mère – une jeune grand-mère il est vrai puisque créée en 1969 par des pêcheurs de saumon et inquiets de la disparition de ce magnifique poisson des rivières bretonnes. Elle s'appelait alors «Association Pour la Protection du Saumon en Bretagne» (APPSB).

Elle change de nom par la suite et étend son action comme sa réflexion à l'ensemble des problèmes de gestion et de protection de l'eau et des milieux naturels. Sa conception de la Bretagne est assez extensive puisqu'elle comprend le département de la Manche. Elle revendique une quinzaine de permanents.

«Eaux & Rivières en Bretagne» possède de nombreux agréments qui lui permettent d'ester en justice.

La seconde association présente dans la lice des algues vertes a nom «Sauvegarde du Trégor», une fédération de 11 associations toutes localisées autour de la baie de Lannion et au-delà, et empiétant dans la baie de Morlaix. Son action s'inscrit dans un cadre plus large que celui de l'écologie. Elle vise en effet à défendre le patrimoine naturel et culturel du Trégor dans son ensemble.

Pour faire avancer ses idées, «Sauvegarde du Trégor» met en œuvre une méthode à quatre temps:

- informer
- alerter
- interpeller
- agir

Et par action, il faut bien sûr comprendre aussi la procédure judiciaire.

L'association rédige donc un modèle de plainte, à l'attention de toutes et tous ceux qui veulent porter plainte contre Monsieur le Préfet des Côtes d'Armor, pour mise en danger délibérée de la vie d'autrui.

La troisième association n'est autre que «Halte aux marées vertes» déclarée au *J.O.* du 20 janvier 2001. Elle a été agréée le 19 septembre 2007, au titre de l'article L. 141-1 du code de l'environnement, ce qui lui permet d'intervenir dans les procédures. Son objet social est centré sur la défense du littoral et des bassins versants contre les algues vertes et « la reconquête des rivages de la baie de Saint-Brieuc ».

Le quatrième protagoniste, « De la source à la mer », est née, elle, en 1996. Avec pour but statutaire « (...) de pouvoir consommer l'eau sans risque, de vivre avec des plages propres et en particulier sans algues vertes et avec des rivières sans pollution ». Elle est agréée pour la défense de l'environnement sur le territoire des communes de Binic, Étables-sur-Mer, Lantic, Plourhan, Saint-Quay-Portrieux, Tréveneuc et la partie des communes de Pordic et Trégomeur correspondant au bassin versant de la rivière dénommé « Ic ».

Ces quatre « écolo-baronnies » vont s'allier, puis réussir à faire condamner l'État de manière éclatante.

L'État condamné par ses propres juridictions

Difficile d'attaquer séparément chaque agriculteur qui utilise des engrais nitratés. Mais un coupable va être trouvé : l'État, du fait qu'il ne fait pas respecter les normes européennes.

Le 1er décembre 2009, la cour administrative d'appel de Nantes condamne effectivement la puissance publique à indemniser les quatre baronnes à hauteur de 15 000 euros pour l'association « Eau et rivières de Bretagne » et de 3 000 euros pour les associations « Halte aux **marées vertes** », « Sauvegarde du Trégor » et « De la source à la mer » – en raison de la pollution aux algues. La Cour notamment soulève la « pratique générale défaillante des préfets » alors même que ceux-ci « avaient obligation d'agir » et conclut que ce laxisme et ces carences « ont bel et bien favorisé la prolifération des algues vertes ».

Or, un an après ce jugement, les associations n'ont toujours pas reçu les dommages et intérêts accordés par ce jugement. Un parlementaire interpelle en conséquence la ministre de l'Écologie, du Développement durable, des Transports et du Logement, Nathalie Kociusko-Morizet, le 21 décembre 2010, et lui demande, en conséquence, quelles mesures elle compte prendre afin d'accélérer l'indemnisation des associations.

Cette question reste à ce jour sans réponse, ce qui n'est pas anormal compte tenu des délais en usage au parlement.

Très habilement, pour gagner leur cause, les quatre baronnes vont s'appuyer sur une directive européenne datant de 1991. C'est que cette dernière leur permet de mettre en jeu la responsabilité de l'État.

La directive prévoit que les États membres de la CEE disposent d'un délai expirant le 19 décembre 1993 pour désigner les zones vulnérables connues sur leur territoire.

L'État adopte un décret le 27 août 1993 qui se contente de poser le principe de l'inventaire des zones vulnérables, de définir leurs critères et la procédure de leur délimitation, et de prévoir l'élaboration et l'évaluation d'un code des « bonnes pratiques agricoles. »

Puis, le 14 septembre 1994, le préfet coordonnateur du bassin Loire-Bretagne avec neuf mois de retard, sur la date butoir de la directive, décide que toute la Bretagne est une zone vulnérable. C'est la première défaillance de l'État.

Les quatre plaignantes relèvent une seconde faute : la directive oblige les États à élaborer des programmes d'actions portant sur les zones vulnérables au plus tard le 19 décembre 1995. Or, ces programmes ne sont intervenus dans les Côtes d'Armor et le Finistère que, par arrêtés préfectoraux respectivement du 22 décembre 1997 et du 5 décembre 1998. Leur mise en œuvre s'est ainsi étendue de 1999 à 2001 au lieu de la période 1996-1999.

Sur le plan factuel, la motivation de la décision est importante pour les écologistes puisqu'elle reconnaît le phénomène des algues vertes et son origine – les nitrates agricoles. Mais qui plus est, elle évoque un préjudice touristique.

Cette condamnation s'est inscrite dans la droite ligne de celle du 8 mars 2001 de la Cour de justice des communautés européennes.

La France condamnée

L'Europe adopte le 16 juin 1975 une directive concernant la qualité requise des eaux superficielles destinées à la production d'eau alimentaire dans les États membres.

Le site de l'association « Eau et rivière de Bretagne » résume ainsi l'affaire :

« Cette directive fixe un plafond de 50 mg/l de nitrates au-delà duquel, sauf dérogations notifiées à Bruxelles, les collectivités ne peuvent prélever dans les rivières des eaux brutes (ou naturelles) destinées à la consommation humaine. Ces dérogations, délivrées par la Commission européenne, sont conditionnées à la mise en œuvre de plans de gestion/restauration de la ressource en eau, qui doivent garantir un retour rapide en situation "normale", c'est-à-dire une réduction de la pollution par les nitrates en deçà du seuil de 50 mg/l.

En 1992, la France n'avait pas jugé utile d'informer la Commission européenne des dérives coupables de la gestion des eaux bretonnes. Aussi, **dès 1993**, la Commission adresse au gouvernement français une première mise en demeure de respecter la directive. Ce premier avertissement n'est manifestement pas pris au sérieux, si bien que la Commission le réitère le **28 octobre 1997**, sous forme d'un avis motivé (seconde étape de la procédure en cas d'infraction à une directive, préalable indispensable à toute saisine régulière de la Cour de Justice des Communautés Européennes). Et le **16 juillet 1999**, faute d'être convaincue par les éléments de réponse fournis par la France, la Commission saisit la Cour de Justice des Communautés européennes.

Le 8 mars 2001, cette haute juridiction continentale condamne la France pour non-respect de la directive de 1975 au triple motif: de la non-conformité de la qualité des eaux bretonnes en matière de nitrates, de l'absence de notification d'un plan d'action organique, et de l'absence de plans de gestion de la ressource sur les prises d'eau en situation de dépassement.»

La France doit donc s'exécuter dans les plus brefs délais, ce qu'elle ne fait pas et la Commission européenne la menace à plusieurs reprises de sanctions financières importantes: le paiement de l'amende de 47 millions d'euros et une astreinte journalière de 112000 €.

Finalement, c'est le 24 juin 2010 que la commission constate que la France a rempli ses engagements.

Mais le contentieux européen n'est pas clos pour autant: le 20 novembre 2009, la France a été mise en demeure par la Commission européenne de s'expliquer sur des non-conformités au regard d'une autre directive européenne, la directive nitrates (12 décembre 1991, 91/676/CEE).

Les escarmouches judiciaires

Mais loin de Bruxelles et de ses rouages, sur le terrain local, les choses avancent moins vite.

L'éparpillement des contentieux s'explique par les arcanes du code de l'environnement. Pour pouvoir ester en justice, une association doit être agréée et le plus souvent elles ne le sont que pour un territoire donné et restreint, une ou deux communes.

Dès lors, la stratégie juridique tient plus de la guérilla que des grandes manœuvres: vont être attaquées les autorisations données pour une exploitation par exemple porcine, ou les plaintes vont porter sur une pollution très locale comme le déversement de lisier dans une rivière.

Les arguments sont souvent les mêmes – soit non-respect des normes, soit étude d'impact insuffisante.

La décision du tribunal de Rennes du 17 décembre 2009, d'annuler une extension de porcherie industrielle évidemment autorisée par le préfet du Finistère, pour 9 512 places d'animaux constitue un bon exemple de ce type d'escarmouche.

« Eau & Rivières » soutient que l'étude d'impact est totalement indigente en ce qui concerne les rejets de l'élevage dans l'air, et sur l'erreur manifeste d'appréciation du préfet autorisant un projet incompatible avec la protection de l'air et de l'eau.

Le jugement apparaît comme particulièrement cinglant :

« L'étude d'impact se borne à indiquer que l'azote contenu dans le lisier est extrait sous forme d'azote gazeux sans aucune précision sur la nature exacte des gaz dégagés à l'occasion de ces traitements et les paramètres devant être surveillés pour limiter les risques d'émission de gaz polluants, alors notamment que le compostage est susceptible de produire de l'ammoniac, gaz à courte durée de vie dont les retombées sèches ou humides participent à l'acidification des sols et à l'eutrophisation des eaux, et que le processus de nitrification-dénitrification mis en œuvre lors du filtrage des effluents peut être à l'origine d'une production de protoxyde d'azote, gaz à fort effet de serre et longue durée de vie ».

De son côté, le ministère de l'Écologie a bien conscience que les recours vont se multiplier. Or, à l'approche d'élections difficiles, il faut se concilier le lobby des agriculteurs avec des moyens plus efficaces que de palper le c.. des vaches au salon de l'agriculture…

Un décret signé le 30 décembre 2010, divise par quatre le délai dans lequel peut être contesté devant un tribunal administratif, l'autorisation d'exploiter d'autres élevages industriels. Aux termes du nouvel article R. 514-3-1 du code de l'environnement, de 4 ans, le délai est réduit à un an.

On peut imaginer que cette décision n'a pas été évoquée lors du Grenelle de l'environnement.

La pub contre les algues

Le salon de l'agriculture 2011 n'aura pas été l'événement heureux qu'il est habituellement pour les agriculteurs bretons. L'association écologique « France Nature Environnement » lance à ce moment-là une campagne choc sur le problème des algues vertes avec des affiches placardées notamment dans le métro parisien.

L'une d'entre elles montre une plage recouverte d'algues vertes avec le slogan « Arrêtez vos salades ». Sur une autre, on voit un enfant qui, dans l'incapacité de faire des pâtés de sable, doit se contenter de jouer avec les algues vertes. Le slogan qui accompagne l'affiche ne manque pas d'ironie : « Bonnes vacances ».

La région Bretagne, s'émeut de cette situation est décide d'assigner en référé FNE. L'audience doit se tenir le 25 mars 2011, mais finalement elle est repoussée au 6 mai.

Les arguments ne volent pas très haut. La campagne de FNE serait avant tout "anti-bretonne", la photo aurait été trafiquée, remonterait à 10 ans et représenterait un lieu qui serait désormais assaini…

Le tribunal n'est pas le seul lieu où se déroule l'affrontement : *Ouest France* du 24 février 2011 relate que « Dans un courrier adressé à Christian Ménard, député du Finistère, Frédéric Lefèbvre, secrétaire d'État au tourisme, vient de lui faire part du dépôt de la plainte du « patron d'Atout France, agence de développement touristique de la France, [qui] a décidé de porter plainte auprès du jury de déontologie publicitaire à propos de la récente campagne choc des écologistes de France Nature Environnement (FNE) ».

Enterrement de première classe

Mais revenons aux plaintes déposées par Maître Blanche Magarinos-Rey pour mise en danger de la vie d'autrui.

Fin novembre 2010, début décembre, le dossier algues vertes est transféré à Paris au pôle de santé publique.

La constitution de ce pôle s'inscrit dans le cadre plus vaste de la création de juridictions spécialisées. Le droit devient de plus en plus sectorisé, difficile, complexe. L'époque où un juriste pouvait faire un jour du droit social, le lendemain de la propriété intellectuelle et le troisième un dossier de succession est révolue. Les matières abordées sont aussi beaucoup plus techniques et exigent des connaissances parfois de scientifiques ou d'ingénieurs. Comment plaider ou juger un dossier par exemple l'hormone de croissance si l'on n'a pas un minimum de bagage scientifique ?

Les pôles santé publique ont été créés en septembre 2003 par les lois (dite loi Kouchner) et la loi du 9 mars 2004 (dite loi Perben II). L'un siège à Paris et l'autre à Marseille.

Outre les magistrats, un tel pôle est composé d'assistants spécialisés (médecin, vétérinaire, pharmacien) et d'assistants de justice. Le pôle de santé publique du tribunal de grande instance de Paris est situé 5-7 rue des Italiens dans le neuvième arrondissement, dans les mêmes locaux que le pôle économique et financier.

Le magistrat phare de ce pôle est Madame Marie-Odile Bertella-Geffroy qui se voit confier les dossiers sensibles : sang contaminé, hormone de croissance, hépatite B, nuage de Tchernobyl, etc.

Les associations écologistes sont emballées du transfert du dossier à Paris. Elles commencent à claironner victoire : AE2D n'hésite pas à formuler « le vœu que l'instruction soit menée à son terme et qu'un grand procès public permette à tous les responsables de répondre de leurs actes, de leurs décisions ou de leur absence de décisions, afin que l'on connaisse enfin toute la vérité[1]. »

Pour AE2D, il s'agit d'une nouveauté. Elle porte plainte, généralement pour des pollutions locales ou marines – le déga-

1. *Libération* du 2 décembre 2010.

zage. Mais compte tenu de son agrément, elle n'est agréée que pour le Finistère, et ne peut agir que sur ce département.

Le succès de telles initiatives est-il au rendez-vous ?

Suffit-il de transférer un dossier de la Province pour Paris pour que justice soit rendue ?

Assurément non – il y a hélas des dossiers qui sont enterrés au pôle de la santé publique depuis des années au grand dam tant des victimes que des mis en examen, qui ont parfois effectué plusieurs mois de préventive et près d'une décennie après, n'ont toujours pas trouvé de solution.

Un exemple : le dossier de la vache folle qui a connu son paroxysme avec l'affaire Buffalo grill.

L'affaire Buffalo

Doit-on se donner encore la peine de présenter en détail la société Buffalo grill ? Sans doute pas dans la mesure où ces restaurants sont reconnaissables entre tous à leur style « cow-boy » : un toit surmonté d'une paire de cornes, et implantés dans des lieux de grand passage tels que zones commerciales ou sorties d'autoroutes, sont fréquentés par une vaste clientèle familiale surtout.

Jusque-là, rien que de très normal. Sauf que la crise de la « vache folle » – ces quadrupèdes nourris aux farines animales et dont certains, malades, pourraient s'avérer dangereux, voire mortels, pour la santé de ceux qui les consomment – bat son plein. L'opinion est inquiète. Au point que les pouvoirs publics, craignant une crise analogue à l'affaire du sang contaminé des années 1980, qui fit vaciller le gouvernement de l'époque, se voient contraints de prendre des mesures.

Le 21 mars 1996, la France décrète un embargo sur les viandes de provenance britannique. Une mesure de précaution qui ne sera finalement levée qu'en octobre 2002, soit six années et demie plus tard.

L'affaire Buffalo grill débute quand deux familles de victimes de la maladie de Creutsfeld-Jakob, au cœur de la crise de la Vache folle, portent plainte. Leurs parents décédés, affirment-elles, fréquentaient régulièrement des établissements de la chaîne Buffalo grill, mais aussi des MacDonald's ou des Quick.

Les 18 et 19 décembre 2002, le juge d'instruction, Marie-Odile Bertella-Geoffroy justement, lance contre la société Buffalo grill des actions judiciaires de grande ampleur. Une véritable descente aux enfers. C'est d'abord le P-DG de Districoupe qui est mis en garde à vue puis incarcéré. C'est ensuite son directeur administratif qui se voit placé en garde à vue puis assigné à résidence. C'est enfin l'ex-président et fondateur de Buffalo grill, que l'on place en garde à vue et que l'on assigne par la suite à résidence.

Jusqu'en février 2003, les robes noires vont se battre contre la juge d'instruction. Les incidents de procédure vont être médiatisés, repris dans les journaux, exploités, commentés.

Et depuis cette date – d'après le conseil d'une des parties, il ne s'est quasiment rien produit. Situation intenable pour la famille des victimes : tout aussi intolérable est celle des personnes qui ont été mises en examen et parfois incarcérées. Initialement poursuivis pour empoisonnement, ce chef de mise en examen a été annulé en 2003 par la Cour de Cassation et il leur est reproché une simple tromperie sur la marchandise. Paieront-ils leur dette éventuelle à la société un jour ? Ou s'ils sont absouts pourquoi faire peser une suspicion aussi longtemps sur eux ?

Pourquoi ces presque huit ans d'attente ? Parce qu'en réalité il n'y aurait pas lieu à poursuite ce dont ne voudrait pas convenir ouvertement Marie-Odile Bertella-Geoffroy, d'où sa stratégie de mise en sommeil du dossier. C'est ce que soutient le conseil d'une des parties mises en examen.

Le même sort, pour finir, sera-t-il réservé au dossier des algues vertes ?

Questions sans réponse à l'heure actuelle, et pour cause…

Chapitre 6

La guerre du droit aura bien lieu

2004, année exceptionnelle pour les juristes français. Elle marque en effet le bicentenaire du Code Civil, promulgué sous Napoléon le 21 mars 1804.

En commémorant ces deux siècles d'existence du Code, la France, puissance moyenne, saisit l'occasion de rappeler qu'il n'y a pas si longtemps, elle irriguait le monde de sa conception de la société et donc du droit qui la régule. Elle s'enivre – à rebours – de sa splendeur d'antan.

Arme de judiciarisation massive, le Code Civil a été introduit d'autorité dans de nombreux pays à l'ère napoléonienne. Par exemple, et sous l'occupation française donc, en Italie, en Hollande, en Belgique, en Espagne, au Portugal, en Égypte, en Allemagne au Québec, en Louisiane – trois continents quand même.

Par la suite, le Code Civil effectuera de nouvelles percées dans d'autres pays. Les ex-colonies françaises vont fonder leurs systèmes de droit civil sur notre code, moyennant quelques aménagements qui tenaient plus ou moins compte des particularismes locaux ou religieux.

Par dissémination, les colonies des pays européens adopteront eux aussi le Code Civil. C'est ainsi que par l'intermédiaire de l'Espagne, le Code sera repris dans de nombreux pays d'Amérique latine.

Et au-delà encore : certaines contrées asiatiques comme les Philippines ou la Thaïlande se sont dotées à leur tour d'un Code Civil.

À succès aussi grand, commémoration de taille. Les manifestations s'enchaînent donc. Sans prétendre à l'exhaustivité, citons-en coup sur coup quelques-unes :

Du 12 mars au 10 mai 2004, l'Assemblée nationale accueille une grande exposition ouverte au public : « 200 ans de Code Civil. Des lois qui nous rassemblent », coorganisée par l'Assemblée nationale et la Cour de Cassation.

Jean Tulard le 15 mars 2004 prononce un discours à l'Académie française, rappelant que Napoléon a assisté à près de la moitié des séances de travail qui conduiront à la rédaction du même Code Civil, assisté par quatre mousquetaires du droit : Tronchet, Maleville et Bigot de Préameneu et surtout Portalis.

Dans la foulée, le Conseil de l'Europe appelle même de ses vœux la rédaction d'un Code Civil européen.

Le président de la République de l'époque, Jacques Chirac, se fend à son tour d'un discours.

Dans les ambassades de France des différents pays du monde des cérémonies sont également mises sur pied.

Pour ne pas être en reste, l'Organisation pour l'harmonisation du droit des affaires en Afrique organise son propre colloque. Le secrétaire général de l'Organisation internationale de la Francophonie, Son Excellence Monsieur Abdou Diouf, prononce alors un discours éblouissant. En voici un extrait : « Le 30 octobre 1840, Stendhal écrivait à Balzac : "En composant la Chartreuse, pour prendre le tour, je lisais chaque matin deux ou trois pages du Code Civil, afin d'être toujours naturel : je ne veux pas, par des moyens factices, fasciner l'âme du lecteur". Cet hommage du grand écrivain à la langue du code en porte témoignage : la clarté, la concision, la force et le dépouillement de la langue dans laquelle il est écrit ont fait beaucoup pour assurer au code sa force et son rayonnement. »

Le Maroc et la France ont choisi de commémorer ensemble l'événement par le biais d'un colloque international consacré à « la présence du Code Civil dans le monde arabe », qui se déroulera à Marrakech le jeudi 20 mai 2004.

L'euphorie sera hélas ! de courte durée. Pire, les juristes français, francophones et/ou francophiles reçoivent sous peu un véritable coup de poignard dans le dos. L'auteur de cette attaque-surprise ? Nulle autre que la banque mondiale.

Qu'en est-il au juste ? Cette prestigieuse organisation internationale publie un rapport sur l'efficacité économique du droit. Un texte qui analyse le corpus législatif de chaque pays, et où la France se trouve – tiens, tiens ! – fort mal classée.

Simple effet du hasard ? Peut-être pas car tentant de réagir, notre pays ne constate-t-il pas l'existence d'un plan concerté, série de manœuvres visant à supplanter à terme les valeurs juridiques de la *Civil Law*, fondée comme notre Code Civil sur un texte de référence, par celles des pays dits de la *Common Law* – autrement dit le droit anglo-saxon axé sur la jurisprudence.

Le lecteur peu averti pourrait voir dans cette offensive rondement menée une simple joute entre techniciens du droit, chacun voulant imposer à toute force son savoir au détriment de l'autre. Or, le débat s'avère en réalité beaucoup plus substantiel qu'une simple discussion sur les vertus comparées de la *Common Law* et du droit civil à la française puisque vont entrer en jeu d'autres paramètres comme la protection sociale, les facilités d'accès à la justice, etc.

Sans parler d'une « guerre de civilisations », certains évoquent alors un affrontement à enjeux de haut niveau entre une conception ultra-libérale de la société telle qu'on la connaît aux États-Unis (portée à son paroxysme par les tenants des *Tea parties*) et la conception du droit à l'européenne, « social-démocrate », ou tout du moins plus tempérée.

Nuançons toutefois. Ces distinctions que les tenants les plus acharnés de la « guerre juridique » tentent d'opposer, soutenant qu'il y aurait incompatibilité totale entre la *common law* et la *civil law*, sont en réalité bien moins tranchées qu'il n'y paraît.

En effet, en Angleterre, la *common law* n'est pas intégrale. Au contraire, elle se trouve limitée tant par les *statutes*, c'est-à-dire la loi, que par l'*Equity*, les actes du parlement.

Aux États-Unis, existent par ailleurs de nombreux codes partiels dont la force juridique est équivalente à celle de la jurisprudence.

Anglo-Américains : l'arme du droit

La différence de fond entre le système anglo-saxon et notre droit civil réside plutôt dans la liberté contractuelle pour les magistrats opérant sous le régime de la *Common Law*. Car ici, le contrat prévaut : si les deux parties sont tombées d'accord, les textes en vigueur ne sauraient, sauf exception, contrecarrer cet accord passé hors du champ étatique. En Europe, en revanche, les textes légaux restent incontournables. De sorte que pour le juriste de droit continental, l'analyse de tel ou tel contrat entre particuliers ou entre entreprises ne se comprend qu'au regard des définitions posées au préalable par la loi. D'où la possibilité, et à vrai dire la nécessité, d'en examiner le contexte.

Pareille approche fait bondir les anglo-saxons, persuadés qu'il s'agirait d'une grave atteinte à la liberté. Ce à quoi les juristes « civilistes » rétorquent en faisant leur la célèbre phrase de Lacordaire : « C'est la liberté qui opprime et la loi qui affranchit ».

Reste que l'internationalisation des échanges conduit à une pratique contractuelle de plus en plus importante. Or, moins une législation nationale régit un contrat, plus les parties seront tentées de l'adopter dans la mesure où elle ne favorisera aucune d'entre elles.

De ce fait, les pays de *Common Law* bénéficient d'un avantage croissant par rapport aux autres, toute liberté de rédaction supplémentaire tendant à consolider leurs positions.

Se pose alors cette question : d'où vient le pouvoir des juges ?

Aux États-Unis, les magistrats tirent leur légitimité de l'élection, et c'est ce qui fonde leur pouvoir normatif. En France au contraire, ils sont sélectionnés sur diplôme. Une hérésie aux yeux de nombre d'Américains, incapables d'admettre que l'on puisse faire trancher des litiges par des professionnels non élus.

Après des années de libéralisme acharné voire anarchique, la crise mondiale de 2008 a – un de ses rares côtés positifs – permis aux tenants de la régulation de relever la tête. Ces pays peuvent en effet soutenir, arguments sérieux, à l'appui que le système libéral n'est pas forcément le meilleur puisque l'on peut en mesurer les dérives à l'aune des graves dysfonctionnements de l'économie mondiale.

Une polémique qui là encore, ne concerne pas les seuls initiés. Si la reprise se produit d'abord dans les pays ultra-libéraux, les États à la réglementation plus poussée comme la France cesseront sans doute de s'accorder des félicitations. Dans le cas inverse, le mistigri passera dans le camp des purs et durs du « laisser-faire, laisser-passer ».

Luttes d'influence et business juridique

Autant le dire tout de suite : une volonté hégémonique existe certainement de la part du monde anglo-saxon. Avec ce leitmotiv très simple : l'Amérique est la meilleure. Et puisqu'elle est la *number one*, à elle d'imposer son droit comme elle essaie d'imposer sa culture, son style, sa vision du monde.

Dans ces conditions, on ne s'étonnera pas que les « fans » de la généralisation de la *Common Law* soient souvent ceux qui proclament à l'envi : *America First*.

Voilà pour les enjeux stratégiques. Mais une approche purement mercantile se profile également : le juridique (les Étasuniens parlent de *legal services* ou de *legal industries*) pèse lourd, très lourd. Plusieurs centaines de milliards de dollars. Résultat : celui qui parvient à exporter son système de droit hors des frontières nationales peut rafler la mise en vendant des services juridiques à l'étranger de la même manière qu'il commercialise telle ou telle autre prestation.

Un chiffre: en 2005, l'export des services juridiques représentait 2,167 milliards de livres pour le Royaume-Uni! De quoi agrémenter nettement le porridge…

Et la France, direz-vous. Eh bien, il est impossible d'y connaître l'importance économique des services du droit puisqu'il n'existe aucun agrégat susceptible d'apparaître dans la comptabilité nationale.

En décembre 2010, Maître Benichou, membre éminent du conseil national des barreaux français dont il sera à nouveau question un peu plus loin, résumait fort bien la situation sur son blog:

« Il s'agit naturellement d'avancer sous le couvert de la nécessité de construire des systèmes juridiques dans des pays émergents ou sortants du communisme. »

Ainsi, l'internationalisation du droit peut naître de la consécration d'un système à vocation hégémonique, sans aucun pluralisme juridique, et le droit américain, et plus généralement le droit anglo-saxon, a cette volonté naturelle de dominer le monde juridique des affaires.

En premier lieu, de tous temps, le droit des contrats est intimement lié au « business ». Le droit peut être conçu comme un instrument pour faciliter les affaires, au service du marché.

L'American Bar Association a conçu un instrument fantastique dénommé CEELI, fondation destinée à propager le droit américain dans le monde.

Mais mettre en place un ordre juridique, c'est commencer, souvent, par le droit des affaires et le droit des contrats. Lorsque les règles juridiques de ces pays reprendront les instruments du droit américain, il sera facile pour les hommes d'affaires américains d'intervenir sur ce marché. L'investissement juridique est rentable.

Cette fondation de droit américain est alimentée par des fonds étatiques et des dons émanant de grandes entreprises privées. L'État américain et ses entreprises ont parfaitement compris le rôle de « Cheval de Troie » que peut jouer le Droit.

Enfin, les clients, et surtout les plus importants, ont, progressivement, intégré la méthodologie des contrats anglais et américains.

Qui, aujourd'hui, peut prétendre établir un contrat en deux pages en renvoyant pour l'essentiel aux codes et aux lois étatiques ?

Cela, même si ce contrat est parfait, constituera pour le client une simple ébauche inacceptable.

Le conflit entre les cultures juridiques est actuellement le plus souvent résolu au détriment de la culture civiliste. La *Common Law* bénéficie de la force économique des États-Unis et de la puissance de ses *law firms*.

De plus, un avocat ou juriste pratiquant la *Common Law* se considère comme un ambassadeur de cette loi dont il est fier.

La force de frappe des juristes anglo-saxons tient aussi à la solidarité professionnelle qu'ils sont parvenus à créer entre eux.

Dans le monde de la *Common Law*, les juristes forment une communauté, quelle que soit leur fonction, au sommet de laquelle on trouve les juges.

Ceux-ci n'arrivent à cette fonction qui consacre une carrière que tardivement et se sentent donc très proches des avocats dont ils continuent de fréquenter les clubs.

Bref, les différents pays anglo-saxons vont tenter de s'imposer. Mais les pays de droit civil, eux, ne sont pas résignés à se laisser faire. On va donc vers quelques belles bagarres entre robes noires des deux camps.

L'offensive de Londres et de New York se déroule en deux phases simultanées. La première, détruire la réputation du droit fondé sur le Code Civil. Et la seconde, montrer que l'aire de la *Common Law* est plus importante, donc qu'il convient de libéraliser les systèmes économiques pour permettre l'implantation des cabinets anglo-saxons dans le monde entier…

Think Tanks contre droit civil

Rien de moins neutre que les *Think Tanks* (littéralement : « Réservoirs à penser »). De droit privé, ces organismes à la mode anglo-saxonne publient régulièrement notes, études et rapports, fruit des cogitations d'experts rémunérés, parfois de haut niveau. Les *Think Tanks* organisent des rencontres, des colloques, de symposiums de toute sorte. Telles que, elles constituent, pour parler clair, des outils d'influence au même titre que peuvent l'être les lobbyistes ou les ONG.

Sous l'ère Bush, en plein triomphe de la pensée ultra libérale, alors que les États-Unis arboraient leur fierté de seule hyper-puissance au monde après l'effondrement de l'URSS, sont nés plusieurs groupes de travail. Leur vocation ? Noter les différents pays, et pour ce qui nous concerne, les évaluer en fonction de la qualité de leur droit. Une pratique qui porte un nom : cela s'appelle le *Country Ranking*.

Certains verront une simple coïncidence dans leur apparition quasi simultanée. D'autres, un simple phénomène mimétique, le premier *Think Tank* donnant des idées au deuxième et ainsi de suite…

Peut-être. Pour être franc, on peut aussi l'analyser comme le résultat d'une action concertée. Qu'un *Think Tank* en copie un autre, qu'un troisième s'inspire de ses prédécesseurs, c'est concevable. Mais cette soudaine effervescence, véritable réaction en chaîne, a de quoi laisser rêveur même si ce livre nous a déjà donné l'occasion de nous pencher sur les rapports inattendus entre la sphère de l'atome et l'univers des robes noires. (cf. chapitre 1 « Greenpeace à l'assaut d'Areva » et chapitre 2 « Neutrons et bulles de champagne »).

Quoi qu'il en soit, la troublante simultanéité des préoccupations des *Think Tanks*, l'effet boule de neige entre les travaux qu'ils rendent publics aura une conséquence pratique : celle de propager partout dans le monde les conclusions de leurs études. Tout concourt en effet à les faire connaître, y compris la simple rumeur.

L'offensive anglo-saxonne se nourrit il est vrai d'autres arguments encore.

Les rapports *Doing Business*

Encore un vocable américain, mais autant en prendre l'habitude. Chaque année, la banque mondiale publie un rapport qui a pour objectif de mesurer la réglementation des affaires et son application effective dans 183 pays et certaines villes au niveau infranational et régional. Il s'agit de vérifier que ladite réglementation ne constitue pas un obstacle au développement économique.

Dans ce rapport de 2004, on lisait déjà quelques affirmations peu amènes à l'égard du droit français comme « les pays de tradition juridique française sont ceux imposant le plus de procédure » (page 48). Ou plus loin encore pour ceux qui n'auraient pas compris : « les pays de tradition juridique française sont ceux accordant le moins de droits aux créanciers » (page 64).

Et ce n'était qu'un début. Dès 2006, Le rapport *Doing Business* classait la France en 44e position juste derrière la Jamaïque, loin derrière les îles Tonga (36e) ou les îles Fidji (34e) ou la Thaïlande (20e). Une position décidément peu flatteuse pour un pays industrialisé de longue date, et qui excelle tout de même dans certaines technologies de pointe. Sans parler d'une agriculture de rang planétaire.

Drôle de rapport. La banque mondiale serait-elle imperméable aux réalités économiques les plus palpables ? À aucun moment, elle ne semble en effet perturbée par le fait que la France draine beaucoup d'investissements étrangers. Un fait qui montrerait à lui seul l'inanité des critères de classements retenus : seraient-ils des masochistes, tous ces investisseurs qui choisissent l'hexagone ?

Regardons-y de plus près. Le rapport de la banque mondiale part d'un principe sain et incontestable : le droit ne doit pas être une entrave au développement économique. C'est plus tard que les choses s'enveniment. Pour réaliser son document, la banque va d'abord définir le référentiel. Ensuite, elle sollicite les juristes dans différents pays. Tous devront répondre aux questionnaires. Au final, on procède à une analyse des réponses.

Trois étapes critiquables selon nombre de spécialistes.

Première étape, le référentiel. Il se compose de cas pratiques. Par exemple on va poser à nos juristes des questions sur la création d'une société : faut-il un capital minimum ? Est-il obligatoire de rédiger des statuts ou peut-on se retrancher derrière des statuts types ? Quelle est la durée d'immatriculation, son coût ?

Bonnes questions, mais là n'est pas le problème. Celui-ci réside dans l'orientation même du référentiel. Un document établi à base de concepts et de notions anglo-saxonnes qui ne sont pas forcément transposables dans des pays de droit civil parce que les pratiques juridiques mais aussi économiques y sont totalement différentes. Un peu comme si on indiquait aux gens la bonne manière de s'habiller avant de les interroger « scientifiquement » sur leurs habitudes vestimentaires…

Prenons un exemple. Tel pays où les cartes bancaires sont peu utilisées mettra forcément en place une législation légère sur ce moyen de paiement. Du coup, les questions que pourraient poser la banque mondiale à ce propos seront forcément en décalage avec la réalité du terrain.

Sachons ainsi que l'on reproche souvent au rapport *Doing Business* sa mesure des durées de procédure. C'est qu'elle ignore la procédure de référé, qui tend, par son caractère rapide, à réduire ces délais. Or, le référé se trouve être monnaie courante dans plusieurs pays dont… la France.

Autre critique, les juristes interrogés ne sont pas forcément les plus au fait de la réalité du terrain. À compétences égales, un universitaire ne donnera par exemple jamais la même réponse qu'un avocat tant ils voient, noblesse oblige, le même problème sous des prismes différents.

Dernier point, et pas le moindre, la synthèse des enquêtes et les méthodes de notation qui peuvent prêter à discussion.

Bruno Sturlèse, Magistrat Chef du Service des Affaires Européennes et Internationales du ministère de la Justice – il occupait cette fonction en 2006 – le souligne quand il précise : « Ce sont des juristes de *Common Law* qui ont élaboré les questionnaires et les cas pratiques, lesquels sont naturellement empreints de leurs concepts et évaluent les autres systèmes à l'aune de leurs propres valeurs. Ils estiment ainsi que les systèmes juridiques doivent être extrêmement simples et imposer les coûts de transaction les plus bas possibles afin de faciliter les affaires.

Doing business fait l'impasse sur la qualité des normes et la sécurité juridique, qui sont pourtant des éléments fondamentaux que garantit le droit français. Il me semble qu'intégrer ces éléments à l'analyse pourrait être une première amélioration. Si près de 60 % des pays dans le monde se sont dotés d'un système juridique de droit écrit, ce n'est tout de même pas par hasard[1] ! »

En 2010, la banque mondiale, cherchant des comparaisons parlantes, présente son rapport de façon imagée : « *Doing Business* est comparable à un test de cholestérol qui serait appliqué à l'environnement réglementaire des entreprises d'un pays. Un test de cholestérol ne présente pas une image complète de notre état de santé, Mais il permet de mesurer un aspect important de notre santé. C'est aussi un moyen de nous inciter à modifier notre comportement de façon à améliorer

1. Voir [www.justice.gouv.fr/Saei/9/saei-actu/projet_dalloz.pdf].

non seulement notre taux de cholestérol mais aussi notre état de santé général. »

L'étude est divisée en 10 parties (Création d'entreprise, Octroi de permis de construire, Embauche des travailleurs, Transfert de propriété, Obtention de prêts, Protection des investisseurs, Paiement des taxes et impôts, Commerce transfrontalier, Exécution des contrats, Fermeture d'entreprise). Et soyons clairs : la banque fait preuve d'une probité et d'une conscience scientifique digne de tous les éloges, puisqu'elle n'hésite pas à mettre en ligne les éléments qui ont servi de base à son analyse.

Le fait est que ce sont ces mêmes éléments qui permettront aux pays de droit civil d'engager leur contre-offensive. Non sans affronter de nouveaux venus dans la lice.

Pas si claire, *Transparency*

Sur le plan général, l'ONG *Transparency International*, créée en 1993 par un ancien directeur de la banque mondiale (que l'on retrouve donc décidément partout), l'Allemand Peter Eigen, part d'un principe général auquel toute personne honnête et de bon sens adhère : il faut lutter contre la corruption.

Mais bien entendu, le diable surgit une fois encore dans les détails. Des détails qui apparaissent dans une phase ultérieure, quand *Transparency* examine la législation et son application dans plusieurs pays, qu'elle note. Le mécanisme qu'adopte l'ONG est en effet, fâcheuse coïncidence, comparable à celui de la banque mondiale avec *Doing Business*.

Transparency est présidée depuis 2005 par la Canadienne Huguette Labelle, chancelière de l'Université d'Ottawa et ancienne présidente de l'agence canadienne de développement. Mais loin de rester une structure uniquement mondiale, elle a créé des « filiales » dans divers pays. Transparence International France, par exemple, est la succursale française de l'association. Fondée en 1995, elle est présidée depuis 2003 par Daniel Lebègue, ancien directeur du Trésor.

Cette ONG avoue des interventions sur le projet de réforme de la procédure pénale et le droit pour des associations qualifiées d'agir en justice, propositions présentées tant à l'Assemblée nationale qu'au Sénat en vue d'un encadrement de l'action des groupes d'influence auprès des parlementaires.

Au sein de son conseil d'administration se retrouvent des personnalités de qualité comme l'ancienne ministre et avocate Corinne Lepage ou l'ancienne magistrate Anne José Fulgéras.

Parlons effectif à présent. Fin 2009, TI France regroupait près de 200 membres et sympathisants individuels (cotisants et donateurs) ainsi qu'une vingtaine d'organisations membres et partenaires qui lui apportent la majeure partie de ses ressources[1].

Elle disposerait d'un modeste budget de près de 158 000 euros. Rien qui soit susceptible de lui conférer une force de frappe particulière. Parmi les contributeurs de *Transparency International* USA figurent en revanche plusieurs agences étatiques ou paraétatiques dont l'USAID. Ce qui fait dire à certains que l'association ne fait que relayer les actions du gouvernement américain.

Tansparency International publie chaque année un rapport dans lequel elle établit un classement des pays en fonction de leur degré de corruption et de leur volonté de lutter contre ce fléau.

En 2010, la France, guère flattée une fois de plus, s'y trouvait en 25e position, derrière l'Uruguay et juste devant l'Estonie et la Slovénie.

Lisons, pour en savoir plus, le communiqué de presse pour 2010 sur notre pays. Il est sans appel :

« La France, avec une note de 6,8, recule encore d'une place et passe au 25e rang du classement.

1. Extrait de son rapport moral.

Que la France soit moins mal classée que l'Espagne (30e), le Portugal (32e), l'Italie (69e) et la Grèce (78e), ne saurait être une consolation. Elle demeure derrière de nombreux États européens tels que la Suède (4e), les Pays-Bas (7e), l'Allemagne (15e) et le Royaume-Uni (20e).

Plusieurs raisons expliquent que les entreprises et experts internationaux interrogés conservent une image relativement dégradée de la classe politique française.

Entre janvier 2009 et septembre 2010, l'actualité française a été marquée par plusieurs affaires dont l'audience a largement dépassé nos frontières.

Au premier rang de celles-ci, on peut citer le rebondissement, en juin 2009, de l'enquête sur l'attentat de Karachi qui, selon les familles des victimes, privilégie désormais la piste de l'arrêt du versement de commissions occultes pour expliquer l'attentat et aurait par ailleurs établi l'existence de rétro-commissions.

Outre cette affaire également marquée par un énième usage abusif du secret-défense dans une affaire de corruption, le projet de suppression du juge d'instruction et la nomination contestée d'un certain nombre de procureurs conduisent les observateurs internationaux à s'interroger sur l'indépendance et les moyens d'action de la justice française pour mener à bien des enquêtes dans des dossiers politico-financiers sensibles.

Dans son arrêt rendu le 29 mars 2010 dans l'affaire Medvedyev, la Cour Européenne des Droits de l'Homme avait pointé la subordination hiérarchique du parquet français à l'exécutif et rappelé que les magistrats du parquet devraient « présenter les garanties requises d'indépendance à l'égard de l'exécutif et des parties ».

Par ailleurs, dix ans après la ratification par la France de la Convention OCDE, la justice française n'a conduit à son terme presque aucune des procédures engagées pour corruption d'agent public étranger, ni prononcé de condamnation, à l'exception d'un dossier de faible importance.

« La volonté de la France de mettre en œuvre les engagements pris au titre de la Convention OCDE, du Conseil de l'Europe et de la Convention des Nations Unies contre la corruption est de plus en plus mise en doute par la communauté internationale », souligne Daniel Lebègue, président de TI France.

Plus récemment, la controverse sur les conflits d'intérêts suscitée par l'affaire Woerth-Bettencourt qui a éclaté durant l'été 2010, a jeté un peu plus le doute sur les pratiques de la classe politique française.

Dont acte. Sauf – c'est essentiel – que le baromètre de la corruption créé par *Transparency International* apparaît comme un indice de perception de la corruption et non une mesure de la corruption, elle-même.

C'est s'attarder sur le thermomètre plus que sur la fièvre.

Il suffit donc que des affaires éclatent publiquement dans un pays comme la France récemment pour donner l'impression que ce pays tout entier serait corrompu et abaisser automatiquement son indice. À ce compte, des dictatures jugulant les médias pourraient bien s'en tirer à meilleur compte que des démocraties qui respectent la liberté de la presse.

Restons juste, néanmoins. *Transparency* tente d'élargir la base de ses investigations. En 2010, l'ONG ou ses représentants locaux ont interrogé 91 500 personnes dans 86 pays. Un maximum jamais atteint.

Laisse-t-il présager des conclusions mieux équilibrées ? Les questions posées par l'ONG visent à cerner l'abus de pouvoir public. Elles se focalisent sur les pots-de-vin aux officiers publics, les dessous-de-table dans le cadre des offres de marché public, le détournement de fonds publics ainsi que des questions relatives à la force et à l'efficacité des efforts anti-corruption dans le secteur public.

Or, comparons ce qui est comparable. Toutes proportions gardées, la configuration est la même qu'en matière de sécurité, quand surfant sur la vague médiatique consécutive à un ou plusieurs faits divers particulièrement spectaculaires, tel ou tel parti politique lance un débat de circonstance sur la délinquance. Une pratique qui impressionne l'opinion publique, les couches populaires notamment. Pour le meilleur ? Pas forcément. Tout en vulnérabilisant les plus fragiles, elle fait bouger l'indice de perception des problèmes sécuritaires. De perception seulement alors que sur le terrain, la réalité reste la même.

Depuis plusieurs années, tant les tenants du « patriotisme économique », voués à la défense des intérêts français dans ce domaine, que les grandes entreprises françaises fustigent volontiers *Transparency International.* C'est qu'ils voient en elle un fournisseur d'arguments sur mesure pour les Américains. Lesquels s'en servent pour contrer nos actions à l'export.

Pourquoi s'en abstiendraient-ils ? C'est si facile pour eux de susurrer aux oreilles des clients étrangers, « n'achetez pas français, il y a toujours des problèmes de corruption, qui vont rejaillir sur vous ».

Nos « patriotes économiques » soutiennent au contraire que notre législation est de même qualité que celles des autres pays puisque nous avons transcrit dans notre droit, les normes internationales.

Encore un exemple. Une convention anti-corruption signée à Bruxelles, le 26 mai 1997, est entrée en vigueur le 28 septembre 2005.

Elle a été transposée en droit français par la loi du 30 juin 2000.

Les patriotes soutiennent également que nos entreprises ne sont pas plus corruptrices que celles des autres pays industrialisés.

Réponse du berger à la bergère ? Zéro. Il ne semble en effet pas qu'une réponse aux attaques de *Transparency* ait vu le jour au niveau français. Par exemple notre propre laboratoire d'idées, un *Transparency* tricolore qui traquerait dans tous les pays du monde les éléments corrupteurs de nos principaux concurrents.

Ces derniers sont en outre actifs sur bien d'autres fronts. Entres autres, celui des fondations.

Drôle d'héritage

Fondée en 1973, *Heritage foundation*, *Think Tank* américain de droite, s'est fixé la mission de formuler et de promouvoir des politiques publiques conservatrices basées sur les principes de la libre entreprise. À ses yeux, le gouvernement limite en effet la liberté individuelle et contrarie les valeurs traditionnelles américaines.

Dans cette optique, *Heritage foundation* se veut un retour à l'inspiration des « Pères fondateurs » des USA : le moins d'État possible et en revanche, nécessité de rebâtir la suprématie de l'Amérique.

Pour avoir une idée du positionnement de la fondation, citons sa vision de la famille :

« La famille et la religion sont le fondement de la liberté américaine et du bien commun.

Par exemple, la famille mariée joue un rôle important dans la promotion des débouchés économiques : les enfants élevés par des mères jamais mariées sont sept fois plus susceptibles d'être pauvres par rapport aux enfants élevés dans des familles intactes mariées.

Pendant ce temps, les institutions religieuses et les individus forment l'épine dorsale de l'Amérique de la société civile prospère, plus efficaces pour le bien-être des individus, plus efficacement que les programmes gouvernementaux.

Pourtant, le rôle de ces institutions dans le maintien de liberté ordonnée est mal compris et leurs importantes contributions aux développements politiques et sociaux sont ignorées.

Les Libéraux proposent d'étendre l'intervention du gouvernement à la vie familiale et de réduire l'influence religieuse sur la place publique.

Notre objectif est de renforcer le soutien pour des changements politiques qui renforcent le mariage et la famille et de promouvoir une compréhension solide de la liberté religieuse et le rôle de la religion dans la société….

Notre objectif est de transmettre le rôle indispensable de la famille et de la religion dans notre ordre américain et dans notre philosophie conservatrice.

Nous cherchons à façonner un discours sain public qui apprécie l'importance historique et continue de la religion et la vertu morale dans la vie civique américaine.

Notre objectif est de renforcer et d'élargir la circonscription actuelle pro-famille et d'unir les conservateurs religieux et économiques plus efficacement. »

Une position très claire pour cet organisme qui revendique plus de 704 000 membres. Et ne cache en rien son drapeau : sur son site internet, le *Think Tank* reconnaît sans ambages ses tentatives pour influencer les élus du Congrès, certains membres clés de leur personnel, les décideurs de tout ordre, les médias, la communauté universitaire. Bref, tout ce qui peut, à son tour, peser sur les politiques publiques.

Des personnalités de stature internationale sont intervenues devant les membres de la fondation. Citons Ronald Reagan, Milton Friedman, Lech Walesa, Friedrich Hayek (« Prix Nobel » d'économie en 1974), le directeur de la CIA Bill Casey, Vaclav Klaus, le très libéral Premier ministre tchèque.

Quel rapport avec la France, direz-vous ? Le voici. Cette fondation la classe de la façon suivante, étant entendu que plus la note est élevée, meilleure est la position du pays visé.

86.3	Libre-Affaires	Note moyenne 64,6	50.0	Liberté d'investissement	Note moyenne 49,0
82.5	Liberté du commerce	Note moyenne 74,2	70.0	Liberté financière	Note moyenne 48,5
51.9	Liberté financière	Note moyenne 75,4	80.0	Droits de propriété	Note moyenne 43,8
17.9	Dépenses budgétaires	Note moyenne 65,0	69.0	Corruption	Note moyenne 62
			54.7	La liberté de travail	Note moyenne 62

L'indice qui nous « plombe » ici est certes celui de nos dépenses budgétaires, qui n'ont aucun rapport direct avec l'univers des robes noires. D'autres indices plus juridiques sont néanmoins élaborés, qui militent tous en notre défaveur.

Au global nous nous trouvons ainsi… en soixante-quatrième position ! Une évaluation bien peu réaliste, tout chauvinisme mis à part. Mais pas sans impact.

Les récentes analyses de l'*Heritage foundation* ont été mises à la disposition des lecteurs dans *Le Figaro* du 12 janvier 2011 sans que cela suscite des réactions particulières de la part des patriotes économiques ou des autorités gouvernementales. Comme si tout ce qui vient d'outre-Atlantique devait forcément être considéré comme une vérité d'évangile.

Le rapport publié par la fondation au début de l'année 2011 fustige une fois encore l'ingérence de l'État en France, notamment en raison de ses prises de participation dans des entreprises publiques. De même, il adresse des reproches à notre fiscalité tout en approuvant – une fois n'est pas coutume – la suppression de la taxe professionnelle. Par contre, il omet de mesurer l'impact des taxes de remplacement : Contribution économique territoriale (CET) et Contribution sur la valeur ajoutée des entreprises (CVAE). Enfin, le rapport susurre une mélopée classique sur le marché du travail qui « plombé par des règles rigides qui, en protégeant ostensiblement les salariés, empêchent l'économie de créer plus d'emplois ».

La France, on l'aura compris, n'est pas le paradis de ces chercheurs d'héritage-là. Qui ne sont pas les seuls à prendre la France dans leur ligne de mire.

Un fumet de *tea party*

Dans la mouvance du rapport de la banque mondiale et des agissements de *Transparency International*, d'autres associations vont venir se greffer de manière plus insidieuse. Pourquoi ne pas les noter, elles aussi, le droit des autres pays, se livrant pour leur compte à ce petit jeu que nous avons pointé plus haut et dans lequel excelle : le *countries ranking* ?

L'une de ces associations porte le nom de *Property Rights Alliance* (Pra). Elle s'inscrit dans la mouvance de l'extrême droite américaine la plus radicale, celle des *tea parties* et des dénonciations les plus agressives du rôle de l'État.

La Pra est dirigée par une femme dynamique d'une quarantaine d'années, Kelsey Zahourek. Son but ? La défense du droit de propriété tant aux États-Unis qu'à l'international. Proche d'une autre association, *Americans for tax reform*, elle a été embauchée à plusieurs reprises pour des campagnes politiques.

Americans for tax reform (ATR) a été créée à l'instigation de Ronald Reagan en 1985. Elle est dirigée par Grover Glenn Norquist.

Attardons-nous sur ce dernier. Âgé de 54 ans, il adhère à de multiples associations, la plus connue n'étant autre que la *National Rifle Association*, qui défend le droit pour chaque Américain de porter une arme.

Norquist est bien entendu un soutien connu et reconnu du mouvement des *tea parties*. À ce titre, il s'est battu contre la réforme de la santé imposée – difficilement – par le président Obama.

Toujours au nom de la liberté, le but avoué d'Atr est de réduire la part de l'État à la portion congrue.

En comparant la législation de près de 100 pays, Pra prend donc l'initiative de publier un rapport sur la protection du droit de propriété. Foin de pays exotiques comme la Jamaïque ou les îles Fidji, cette fois. Classé au 19e rang en 2007[1], notre pays n'y est précédé que de pays développés. Un départ acceptable, sauf que dès 2010, nous régressons de trois places, passant à la 22e.

1. [http://www.undp.org/legalempowerment/pdf/PRA_Interior_LowRes.pdf].

Le rapport est divisé en trois parties. Son analyse minutieuse révèle plusieurs points de convergence avec les études de *Doing Business*.

La première partie se présente sous la forme d'une analyse de l'environnement légal et politique (LP) subdivisée en quatre sous-parties :

- L'indépendance des juridictions.
- Confiance dans l'institution judiciaire.
- Stabilité politique.
- Corruption (ici, la Pra se contente de reprendre les conclusions de *Transparency International*).

La deuxième partie examine les droits de propriété sur les biens matériels (PPR). Elle comprend trois subdivisions :

- Protection légale des droits de propriété.
- Enregistrement de la propriété.
- La facilité des prêts hypothécaires.

Le dernier thème abordé concerne les droits de propriété intellectuels (IRP). Le (mauvais) classement de la France y semble d'autant plus étonnant que le fonctionnement de notre propriété intellectuelle est très proche de celui de nos voisins.

Un coup d'épée dans l'eau ? Pas du tout. L'opération de lobbying du Pra a fort bien marché puisque son rapport de 2007 se retrouve sur le site du programme des Nations Unies pour le développement. Avec toujours la même idée-force : le droit qui peut être un frein au développement. Les rapports de Pra, de même, sont cités par la banque mondiale. Une parfaite caisse de résonance…

Côté experts, les études de Pra ont été supervisées pour la plupart par des « post doc », des étudiants qui viennent de soutenir leur thèse de doctorat, et dont l'âge moyen tourne autour de 27/30 ans.

Ainsi l'étude de 2010 a-t-elle été rédigée sous la supervision de Victoria Strokova une jeune femme qui a eu son *Bachelor of Sciences* en 2005 et son master en 2009. Si elle a suivi un cursus universitaire, elle devait donc avoir 25/27 ans au moment de la supervision de l'étude. C'est jeune.

La valeur, certes, n'attend pas le nombre des années. Pour autant, ces personnes présentaient-elles le profil indispensable en termes d'expérience pour rédiger des études d'une telle importance ? On peut s'interroger.

Dans les couloirs de l'organisation mondiale du commerce (OMC)

La phase numéro 1 : dénigrement des systèmes juridiques des pays de droit civil et encensement de l'organisation légale et judiciaire des pays de *Common Law* est terminée.

Sans attendre, il faut enclencher la phase 2 : introduction de « ses » juristes dans les différents pays du monde.

Pas sans heurt. D'emblée, nos amis et néanmoins concurrents anglo-saxons vont se heurter à une barrière de taille : celle de l'installation. Rappelons en effet qu'il n'est pas possible pour un avocat de s'installer librement d'un pays à un autre, sauf dans le cadre, très spécifique, de l'Union européenne.

Derrière la volonté des États de protéger sa souveraineté se profilent de fait deux problèmes fondamentaux.

Le premier d'entre eux tombe sous le sens : le diplôme. Un juriste formé dans tel ou tel pays est-il légitime à intervenir dans tel ou tel autre à la législation bien différente ?

Le second écueil, beaucoup plus difficile à éviter, tient au rôle même de l'avocat : est-il un simple prestataire de services comme pourrait l'être par exemple une société d'informatique ou un cabinet de conseil en ressources humaines ?

Au contraire, l'avocat est-il un auxiliaire de justice qui « jure, comme avocat, d'exercer ses fonctions avec dignité, conscience, indépendance, probité et humanité » ? comme le précise le serment de l'avocat.

Contribuant à un service public (et pas n'importe lequel : celui qui tient le plus à cœur à la plupart de nos concitoyens, la justice), l'avocat doit bénéficier d'un statut particulier. Lequel agace beaucoup outre-Atlantique.

Les anglo-saxons vont donc unir leur force pour influencer autant que faire se peut – et on l'a vu, ils peuvent beaucoup – les règles internationales. Il s'agit notamment d'imposer par le biais de l'Organisation mondiale du commerce des règles de libre installation. Ces mêmes règles dont pourraient pâtir les juristes des pays de droit civil, qui ne disposent pas, en outre, de la même force de frappe financière pour s'implanter partout dans le monde.

Et quand on dit les anglo-saxons, n'oublions pas les ex-colonisés britanniques devenus les meilleurs alliés de l'Angleterre dans le cadre du Commonwealth.

Juridique Dundee

Connus pour leur sens des nuances à la *Crocodile Dundee*, ces fonceurs-nés n'hésitent pas à afficher leur stratégie *urbi et orbi*.

Comme le fera plus tard le gouvernement français avec la Fondation pour le droit continental, les autorités de Canberra n'ont pas mégoté en créant un conseil consultatif, *International Legal Services Advisory Council* (ILSAC). Sa mission : renforcer la présence australienne dans le domaine international et améliorer la performance internationale de services juridiques de l'Australie.

Pour atteindre ce but, l'Ilsac a entrepris des travaux dans quatre domaines clés : globalisation des services juridiques et de l'accès aux marchés ; coopération juridique internationale ; globalisation de l'éducation juridique et de formation et méthodes de règlement des différends commerciaux internationaux.

Pour favoriser le développement de ses services juridiques, l'Australie avoue sans complexe pratiquer une politique intensive de lobbying auprès des institutions internationales ou des pays dans lesquels elle veut s'implanter.

Une grande partie de cette action concerne son territoire d'expansion naturelle, c'est-à-dire la zone Pacifique. Les *Juridiques Dundee* y travaillent soit sur des accords bilatéraux de pays à pays, soit sur de accords régionaux incluant le développement de la libéralisation du commerce transnational des services juridiques, avec par exemple le traité Asian *Pacific Economic Cooperation* (Apec).

Mais, une partie de son énergie va également être consacrée à « travailler au corps » l'Organisation mondiale du commerce, l'OMC.

Comment ? Canberra a déposé à de très nombreuses reprises des propositions tendant à la libéralisation des services juridiques. Non sans réussir à fédérer plusieurs pays autour de l'Australie. S'est alors formé un bloc au sérieux pouvoir d'influence. Objectif : imposer un accord au niveau mondial.

Communauté de vues, de culture et d'intérêt oblige, l'Australie est aidée dans cette tâche stratégique par son ancienne puissance coloniale, le Royaume- Uni.

Rule Britannia

L'Angleterre est probablement le plus grand exportateur mondial de produits juridiques. Son projet de s'implanter dans différents pays s'exprime de la manière la plus crue dans nombre de revues[1]. Le petit florilège de citations qui suit en dira plus long à ce sujet que mille discours :

« Il est dans nos intérêts en tant que sollicitons de s'assurer que nous pouvons pratiquer avec ce titre dans autant de pays que possible ».

1. Globalisation of Legal Services – Fears of African Countries et Ms. Jumoke Akinjide LLB(Lond.) LLM(Harvard) BL, FCI Arb.

Neil Rose, *Gazette Légale* (1996) (*Official Magazine of the Law Society of England and Wales*).

« La libéralisation de services juridiques pourrait donner des opportunités aux cabinets de la City dans des pays cibles clés où ils ne peuvent exercer actuellement ou seulement de manière limitée comme l'Inde, la Corée, le Japon et la Chine ». *Gazette Légale* (2003).

« Le succès des cabinets juridiques de la City en répandant leur expertise à travers le monde et en étant au sommet de la hiérarchie juridique peuvent s'établir dans d'autres pays comprenant les juridictions clés tels que le Japon, la Corée et l'Inde signifiera que les cabinets de la City sont capables de développement mieux que n'importe qui. » *Law Gazette* (2003).

Sans surprise, les Britanniques concluent qu'il faut faire un lobbying intense auprès de l'OMC et des différentes institutions.

Ils vont s'appuyer pour cela sur toutes leurs institutions. The *Law society* qui représente les sollicitors d'Angleterre et du pays de Galles a ainsi enjoint à ses membres d'intervenir auprès de l'OMC pour accroître la libéralisation de ses services. Elle est appuyée dans ses actions par *Lord Chancellor's Department*, par le *Department for Constitutional Affairs* et par le *Department of Trade and Industry*.

Dans ce tir de batterie, rien d'étonnant pour un peuple de marins et de guerriers habitué à faire feu de tous ses sabords.

Leurs alliés américains ne sont pas moins déterminés.

Aux États-Unis, l'*Office of the U.S. Trade Representative* (USTR) a pour mission de contribuer au développement de la politique commerciale.

Dans l'exercice de sa mission, il a créé de très nombreuses commissions de travail. *L'American Bar association*, qui représente l'ensemble des avocats américains, intervient avec efficacité au sein de l'une de ces structures.

Comme il se doit, l'USTR promeut également la libéralisation des services juridiques. Bref, il ne manque pas un seul bouton de guêtre.

Et en Europe ?

Depuis une vingtaine d'années, le combat pour la liberté d'installation des sociétés d'avocats au sein de l'Union européenne a cessé.

Possible depuis 1977, cette installation est, et a été, grandement facilitée d'abord par la directive de 1998. Plus encore par la directive n°2005/36/CE du 7 septembre 2005 relative à la reconnaissance des qualifications professionnelles.

1 427 avocats étrangers exerçaient en France en 2007 (sur un total d'environ 40 000) dont un peu moins de la moitié (49,6 %) sont originaires de l'Union européenne.

En tête du peloton, les Allemands (13,8 %), suivis des Britanniques (10,9 %) et des Belges (6,6 %)[1].

Au reste, la Cour de Cassation veille efficacement sur le principe de la liberté d'installation.

Elle n'a pas hésité, dans un arrêt du 3 juillet 2008, à rappeler qu'une société d'avocats, constituée en conformité de la législation d'un État, bénéficie du libre exercice du droit d'établissement.

Un souci d'ouverture louable qui aurait mérité plus de réciprocité des partenaires de l'Union.

La riposte française

C'est dire si la claque assénée en 2004 par la banque mondiale a été rude. Un choc mais salutaire puisque la violence même a du coup entraîné une réaction rapide. Si rapide et énergique qu'elle n'a pas tardé à porter ses fruits.

Jugez-en. S'appuyant notamment sur l'organisation internationale du travail (OIT), la France et d'autres pays vont s'employer à montrer à la banque mondiale ses erreurs de méthodologie.

1. Source : La libre circulation des avocats en Europe *in Profession Avocat*, paru le 14 août 2008.

De son côté, la France va lancer un programme sur l'attractivité économique du droit, qui trouvera son prolongement dans la création d'une Fondation pour le droit continental.

Le barreau français tente également de réagir. Dans son registre et à sa manière.

Seul face à la banque mondiale

Comme on l'a vu dans des époques plus troublées et plus graves, c'est un homme seul, un peu atypique, voire un peu marginalisé qui va, de par une volonté farouche, engager la contre-offensive. Un combat de longue haleine que n'arrêtera pas la perte d'une bataille.

Bertrand du Marais, c'est son nom, a obtenu son diplôme de l'Essec en 1985. L'heureux lauréat aurait pu en rester là, mais l'envie lui prend de se présenter au concours d'entrée à l'ENA, école d'où il sort « dans la botte » en 1989.

L'inspection des Finances s'offre à lui mais, par passion de la justice, il préfère le Conseil d'État.

Sa double formation économie et droit va lui donner appétence et compétence pour contrer les manœuvres anglo-saxonnes.

Le Conseil d'État le détache en 1995 au département juridique de la banque mondiale dont le directeur juridique, un Égyptien, Monsieur Schiata, souhaite remettre le droit civil à l'honneur au sein de l'institution internationale.

Et, là c'est la révélation, l'illumination, « son dépucelage » pour reprendre l'expression crue que Bertrand du Marais emploie lui-même.

Il découvre l'influence des économistes sur le droit et la volonté de la banque mondiale d'écrire le droit des pays en développement. Son argument un peu chantage sur les bords : pas de crédit sans réforme législative.

En 1996, un chercheur de la prestigieuse Harvard Law School, Andreï Shleifer, présente devant la banque mondiale ses premiers travaux sur l'évaluation des systèmes juridiques. Il avance un premier indicateur mesurant la capacité du droit à favoriser les marchés financiers, étude qui sera publiée en 1998 dans le journal *Law and Finances*.

Bertrand du Marais, intuitif, voit immédiatement le parti que l'on pourrait tirer de cet indicateur pour déstabiliser des pays comme la France.

Il s'empresse d'adresser une note à ses supérieurs hiérarchiques, note qui est aussitôt classée ou détruite. Allons, soyons généreux : peut-être dort-elle encore sous une épaisse couche de poussières.

Le fait est qu'elle n'attire pas l'attention.

1997 sonne pour notre homme l'heure du retour au bercail. Affecté au commissariat général au Plan, il découvre alors, à la lecture du *Wall Street journal*, un article où Andreï Shleifer développe ses théories.

De nouveau, du Marais tire la sonnette d'alarme, mais avec le même insuccès que la première fois.

Retournant au Conseil d'État, on l'affecte à la prestigieuse section du rapport et des études. Sa supérieure hiérarchique n'y est autre que la fameuse juriste Marie-Aimée de Latournerie.

Pendant ce temps, Shleifer continue de battre le pavé. Pas question de manquer la moindre occasion de développer ses études et propager ses idées sur la qualité du droit anglo-saxon.

Il rédige alors un rapport, le *Lex Mundi Project Courts* qui paraît en 2002, déclenchant une vague de polémiques.

Aussi obstiné que du Marais, mais pour la cause inverse, Schleifer met déjà en œuvre la méthode qu'il utilisera plus tard dans le rapport *Doing Business*.

Argumenteur d'expérience, il part d'un exemple concret. Comment se passe l'expulsion d'un locataire insolvable ? Et le chercheur américain d'élaborer une batterie de questions qu'il soumet aux juristes de 190 pays dans le *Lex Mundi Project*.

Dès la première page du rapport, Shleifer annonce la couleur. Message sans ambiguïté : il y aurait plus de formalisme, plus de longueur et plus de corruption dans les pays de droit civil que ceux de *Common Law*.

De tels propos, dont Bertrand du Marais prend connaissance lors d'une conférence de la banque mondiale, équivalent à une déclaration de guerre.

Voyant venir le péril, du Marais décide de tirer toutes les sonnettes à sa portée. Lettres à la direction du Trésor, au Conseil d'État, au cabinet du garde des Sceaux. Et heureuse surprise, il réussit à convaincre ses interlocuteurs.

2004 voit naître, sous sa responsabilité, un programme qui vise à mesurer « à la française » l'Attractivité Économique du Droit (AED).

Cette préoccupation est sensiblement proche de celle du rapport *Doing Business*. Encore faut-il mener l'affaire à bien.

Pour se financer, l'ancien magistrat du Conseil d'État réussit à fédérer les pouvoirs publics et plusieurs professions du droit qui pourtant proches, n'ont pas l'habitude de travailler ensemble : notaires, avocats, huissiers.

2004, voit aussi l'absorption du projet *Lex Mundi Courts Reports* par la banque mondiale. Et parallèlement, la publication du premier rapport *Doing Business* où la France se trouve placée… à la 47e place, loin derrière les principaux pays industrialisés.

Les auteurs de ce texte ayant honnêtement publié leurs sources, Bertrand du Marais et sa petite équipe peuvent les reprendre. De quoi mettre en exergue les erreurs méthodologiques qu'il comporte.

L'humour n'étant pas interdit même dans les travaux les plus sérieux, l'un des collaborateurs de Bertrand du Marais critique le rapport *Doing Business* en appliquant la méthode Shleifer… au football. Et de démontrer que selon les critères américains, seuls les pays latins pourraient gagner la coupe du monde. Ce que les statistiques de la Fédération internationale de foot, la FIFA, ne démontrent pas vraiment, même si les Brésiliens et les

Argentins restent des virtuoses du ballon rond (c'est d'ailleurs un Argentin, Lionel Messi, qui s'est vu décerner en 2011 le prestigieux « Ballon d'or »).

En 2006, l'équipe de du Marais publie une sorte de contre-rapport titré « Des indicateurs pour mesurer le droit ? Les limites de *Doing Business* ». Un document très précis qui démonte de manière scientifique les méthodes d'Andreï Shleifer.

Et, puisqu'il faut porter la bonne parole partout où elle droit être entendue, le conseiller d'État fait en sorte que la Harvard Law School ait connaissance du rapport d'AED.

Par son caractère scientifique incontestable, ce travail fait mouche. Il provoque des remous jusque dans la prestigieuse université américaine, où les recherches d'Andreï Shleifer ne font, il est vrai, pas l'unanimité.

Plusieurs « camps » s'ordonnent outre-Atlantique autour de deux axes. Un premier clivage sépare républicains et démocrates, lesquels trouvent le rapport d'essence trop libérale. Un autre correspond à la réaction des juristes contre cet empiétement des économistes qu'ils jugent intolérables.

La banque mondiale est bien entendue informée de la réaction française au printemps 2007. Informée et bien embarrassée.

Simeon Djankov, un de ses plus hauts responsables, demande sur ces entrefaites à rencontrer Bertrand du Marais, jubilant comme on peut l'imaginer de voir ses efforts couronnés de succès.

La discussion sera tendue, mais comme il faut bien trouver une porte de sortie honorable pour tout le monde, les deux interlocuteurs conviennent que la France sera sensiblement mieux notée pour peu qu'elle soit en mesure de montrer qu'elle s'est réformée.

Bertrand du Marais se mue alors en bénédictin. Il recherche méthodiquement la moindre loi, le plus petit décret, l'arrêté à peine publié et les porte tous à la connaissance de Djankov.

Les résultats seront à la hauteur de cet acharnement : en 2007, la France remonte à la 31e place.

L'action de Bertrand du Marais va être grandement facilitée par l'enquête qui est instruite dès lors à l'instigation de la banque mondiale.

Cette dernière crée un groupe de travail indépendant chargé d'évaluer la qualité du travail de l'équipe *Doing Business*.

Ce groupe publie dès 2008 un rapport critique qui contient de nombreuses recommandations. Celles-ci sont tellement substantielles que le lecteur me permettra une nouvelle énumération.

Les indicateurs *Doing Business* doivent être interprétés avec prudence et se tenir plus proches des législations nationales.

Il faut établir des critères de sélection des informateurs et les rendre publics.

Se concentrer sur les indicateurs pour lesquels le nombre d'informateurs est le plus restreint et sur les pays où les informations sont les moins fiables.

Formaliser les contributions des informateurs complémentaires en leur faisant remplir le questionnaire.

Mettre plus activement à contribution le personnel du Groupe de la Banque pour identifier des informateurs potentiels.

Bref, prendre son temps… et ses informations avant de critiquer tel ou tel pays.

Le groupe de travail pointe d'ailleurs au passage l'orientation biaisée du rapport *Doing Business* : « à supposer qu'un pays de droit civil regroupe tous les meilleurs scores des pays civilistes pour tous les indicateurs, il se retrouverait troisième dans le classement général ».

En d'autres termes, si un pays de *Common Law* réunit les meilleurs scores pour tous les indicateurs, il occupe automatiquement soit la seconde, soit la première position. Mais la réciproque, elle, reste impossible pour un tenant du droit civil comme la France. En reprenant à notre tour une comparaison sportive, allez donc participer à une course olympique en sachant que, même si vous vous révélez le plus rapide, cela vous vaudra, au mieux, la dernière marche du podium !

Ce rapport critique fait certainement du bruit à la banque mondiale puisque le vice-président de l'organisation en charge du projet, Mikael Klein demande sa mise à la retraite anticipée.

On murmure par ailleurs que l'animatrice du groupe de travail indépendant aurait également souffert de sa franchise, et que son avenir au sein de l'institution s'en serait trouvé compromis.

Tel est pris qui croyait prendre, néanmoins. Andreï Shleifer fera en effet l'objet de poursuites judiciaires engagées par l'USAID pour conflit d'intérêts.

Cet organisme lui réclamait ainsi qu'à Harvard la bagatelle de 128 millions de dollars.

Comme souvent en pareil cas – surtout chez les tenants de la *Common Law*! – une transaction sera finalement passée. Shleifer n'aura à payer que deux millions de dollars et Harvard vingt-six.

L'effet boule de neige, lui, se prolonge. Le président d'Harvard, Lawrence Summer doit à son tour démissionner.

Le prétexte de son départ ? Des propos qui auraient pu être interprétés comme racistes. Mais beaucoup estiment que la véritable cause de la démission de Summer n'était autre que l'affaire Shleifer.

L'OIT à la rescousse

L'Organisation internationale du Travail est un organisme de l'Organisation des Nations Unies dont la vocation, mondiale, est d'élaborer et de superviser les normes internationales du travail.

C'est la seule agence des Nations Unies dotée d'une structure tripartite, car elle rassemble des représentants des gouvernements, des employeurs et des salariés.

Qui l'a alertée du contenu du rapport *Doing Business* ? Probablement Bertrand du Marais, qui y disposait d'un relais en la personne du très renommé professeur de droit du travail, le professeur Jean-Claude Javillier.

L'OIT ne pouvait qu'être sensible au rapport *Doing Business* puisque les meilleures notes y étaient attribuées aux pays qui ne respectent pas les conventions internationales sur le travail dont celles de l'organisation internationale du travail (OIT).

Sans que l'on en ait la preuve, il est probable que les représentants de l'AFL-CIO, la puissante confédération syndicale US, à l'OIT, aient informé les parlementaires démocrates américains du paradoxe pour les États-Unis consistant à soutenir dans un même mouvement la banque mondiale et l'OIT.

On sait simplement qu'un parlementaire démocrate américain, Franck Barney, va s'emparer du dossier.

Il dépose une proposition de loi à la Chambre de représentants en juin 2009 pour que le secrétaire au trésor intervienne auprès de la banque mondiale avec une « feuille de route » précise en deux points clé :

- Obtenir la suspension de l'indicateur « Embauche des travailleurs » ;
- Obtenir plus de transparence dans l'élaboration du rapport et des indices.

Cette proposition de loi sera adoptée par le Congrès, ce qui poussera Bertrand du Marais à publier un communiqué de presse triomphant.

Prématuré ? Peut-être bien car il semblerait en effet que l'administration Obama n'ait pas tenu compte de cette loi, considérant qu'il s'agissait d'un empiétement anticonstitutionnel sur ses prérogatives gouvernementales. Rien n'est jamais gagné définitivement...

Du Marais le sait bien qui, déjà, reprend son bâton de pèlerin...

La banque mondiale en pleine contradiction

En avril 2009, la banque mondiale souligne que l'indicateur sur la flexibilité du marché du travail, qui encourage la réduction de la protection des travailleurs, « ne constitue pas une politique de la banque mondiale et ne devrait pas être utilisé en tant que base pour les conseils politiques ou dans tout document afférent aux programmes de pays ». Elle précise, pour faire, c'est le cas de le dire, bonne mesure, que « l'indicateur en question sera supprimé du cadre des conditions de prêt par la banque mondiale – CPIA : Cadre d'évaluation de la performance politique et institutionnelle par pays. »

La banque, dès l'année suivante soit 2010, s'empresse donc d'expliquer son changement d'indice. Elle écrit ainsi : « Le rapport de cette année inclut des changements dans la méthodologie fondamentale pour une série d'indicateurs, ceux sur l'embauche des travailleurs. » L'hypothèse pour l'étude de cas standard a été changée pour prendre en considération une société à responsabilité limitée employant 60 employés plutôt que 201. La portée de cette question sur le travail de nuit et les congés hebdomadaires a été limitée aux activités manufacturières pour lesquelles un fonctionnement continu est économiquement nécessaire. Les primes de salaires légales pour le travail de nuit et les congés hebdomadaires ne sont plus considérées comme étant une restriction si elles ne dépassent pas un seuil maximum. De plus, le calcul du taux du salaire minimum a été modifié pour s'assurer qu'une économie ne bénéficierait pas dans la notation de la baisse du salaire minimum à 1,25 dollar par jour, ajusté pour la parité du pouvoir d'achat… Enfin, le calcul du coût des licenciements a été ajusté, ainsi avoir des paiements d'indemnités de licenciement ou des protections contre le chômage en-dessous d'un certain seuil ne veut pas dire « meilleure notation » pour une économie. »

Pour certains, il ne s'agirait toutefois que d'une réforme en trompe-l'œil.

Le Cambodge, par exemple, a été sanctionné pour avoir créé une contribution de sécurité sociale sur les salaires alors que la Géorgie, adoptant la démarche inverse, a été encensée.

Le gouvernement démocratique du Honduras est sanctionné pour avoir augmenté les indemnités de licenciement et les obligations liées au préavis en réponse à la crise économique.

Dans la même veine, le Portugal se voit rétrogradé pour avoir rallongé de deux semaines la période de préavis de licenciement. Allez donc faire du social, moyennant de pareilles sanctions…

Et le bal continue ! Le rapport de la banque mondiale encense la Macédoine, pour avoir supprimé les mesures liées de reclassement des salariés sans emploi, et l'île Maurice, pour avoir aboli l'indemnité de licenciement obligatoire.

L'indice prenant en compte le nombre de réformes intervenues depuis l'enquête précédente, un pays qui aura peu réformé sera donc pénalisé. Ce, même si sa législation correspondait déjà aux critères de la banque mondiale. Kafka, en bref, n'est pas mort ! Mais bon, les choses avancent…

Fondation pour le droit continental

À la demande des pouvoirs publics, le programme pour l'attractivité du droit va être repris par une fondation, la Fondation pour le droit continental, créée pour l'occasion.

La création de la fondation sera confiée à Jean-Marc Baïssus, magistrat qui a exercé en vingt ans la plupart des fonctions de juge du siège. Puis, après avoir été chef du projet de coopération juridique en Éthiopie, il a également été détaché auprès de l'unité de réforme judiciaire de la banque mondiale.

Il décrit ainsi sa vocation de héraut du droit français :

« Plusieurs raisons m'ont attiré vers ce poste. D'abord, je suis convaincu du très bon niveau, voire de l'excellence de notre système juridique, parce que je sais de quoi je parle.

J'ai beaucoup voyagé pour visiter des systèmes étrangers, notamment quand j'étais à la banque mondiale. Si nos moyens étaient à la mesure de nos besoins, je suis persuadé que notre image en interne en serait considérablement améliorée. La seconde raison est tirée de mon expérience de chef de projet de coopération juridique bilatérale en Éthiopie. Pour les pays demandeurs de réforme juridique et judiciaire, rien n'est pire qu'une offre monocolore et castratrice. Ils ont besoin d'une mise en perspective des différentes solutions possibles, et il est indispensable qu'une offre de droit continental figure à côté de celle du droit de *Common Law*. C'est une exigence éthique de préserver la liberté de choix, spécialement chez les pays en voie de développement. Enfin, en bon libéral, je me méfie des travers liés aux rentes de situation et telle est bien la tentation qu'ont les grands cabinets d'affaire anglo-américains, qui utilisent leur droit pour se forger une situation de domination du marché de la prestation de service juridique. »

Nul, semble-t-il, n'a envisagé de confier la présidence de cette fondation à son père spirituel, Bertrand du Marais. Serait-ce la volonté de la faire diriger par un magistrat issu de l'ordre judiciaire ? On peut se poser la question.

Bertrand du Marais étant conseiller d'État, tâche indélébile pour les juges de l'ordre judiciaire, sans doute était-il difficile au ministère de la Justice de financer une opération qui n'était pas dirigée par un homme issu de son sérail.

De tempérament, Baïssus et son prédécesseur sont très différents : Bertrand du Marais tient du théologien ou du prédicateur à la Lacordaire. Jean-Marc Baïssus appartiendrait plutôt à la race des abbés diplomates, familier des cours étrangères, style cardinal de Bernis ou Dubois.

Une des particularités de la fondation, c'est qu'elle naîtra de la volonté tant des pouvoirs publics que de personnes privées.

S'y retrouvent en effet pêle-mêle, le conseil supérieur du notariat, le conseil national des barreaux, les huissiers, avoués, des entreprises, et côté administration publique, différents ministères (Économie, Affaires étrangères, Justice) la Cour de Cassation, le Conseil d'État, la Caisse des dépôts.

Très vite, Jean-Marc Baïssus va constater à quel point le terme de droit civil ou l'expression romano-germanique sont restrictifs, pas assez porteurs. Sentant la poussière de la vieille Europe, il décide de lancer un nouveau concept plus large, plus vendeur, celui du « droit continental ».

Plus qu'un changement de fond, c'est un changement de marque. En d'autres termes, l'habile relookage d'un produit ancien.

Les objectifs de la Fondation telles qu'elle les expose sur son site Internet sont les suivants – j'énumère à nouveau, pardon cher lecteur, mais il convient de se montrer précis :

- Faire valoir au plan international les qualités des droits écrits et codifiés dans le souci de maintenir un équilibre entre les systèmes juridiques, en se fondant sur une recherche innovante, de qualité et sur une large politique de diffusion ;
- Établir une solidarité entre les juristes de droit continental pour mener des actions communes de promotion de ce droit ;
- Mettre en œuvre une stratégie d'influence juridique au plan international dans l'intérêt des entreprises du droit continental ;
- Valoriser, au plan international, l'expertise des professions du droit ;
- Renforcer et développer la présence internationale des acteurs du droit ;
- Contribuer, par la formation, à l'ouverture internationale des juristes de droit continental.

Pour les atteindre, Baïssus à la chance de disposer d'un budget non négligeable, ce qui lui permet d'engager des actions d'influence et de lobbying : création de Partenariats et réseaux, formation, expertise et soutien aux droits, présence internationale, traductions et publications, recherches sur le Droit et économie. Une panoplie très complète.

Une chaire pour la fondation du droit continental est ainsi créée au Chili, des délégations chinoises reçues, des conférences organisées dont certaines au siège même de la banque mondiale.

Baïssus qui n'est jamais à court d'idée décide, fin 2010, de lancer son propre index sur la sécurité juridique qui permettra d'évaluer les systèmes juridiques. Et même s'il ne le formule pas en ces termes un peu moqueurs, de « faire la nique au rapport *Doing Business* et à tous les *Think Tanks* étasuniens. »

Trois grands indicateurs vont être étudiés : la prévisibilité, la stabilité et la garantie qu'offre le droit.

Le calendrier est serré : un premier rapport sur les pays du G 20 doit être établi pour la fin de l'année 2011 ; un second rapport est attendu avant 2013 sur les principaux pays du monde.

Baïssus n'en mène pas moins une veille efficace sur les indicateurs biaisés qui pourraient apparaître, causant un tort considérable à notre économie. Pour plus d'équité, celle-ci peut-elle compter sur le conseil national des barreaux français ?

Le rôle du conseil national des barreaux français

Les avocats français sont regroupés dans environ 180 barreaux.

Le nombre important de Conseils de l'Ordre, chacun jaloux de ses prérogatives, n'a pas permis de défendre efficacement les intérêts des avocats qui ont vu leur domaine grignoté, notamment par les experts-comptables.

La situation ne pouvait durer et la loi du 31 décembre 1990 a créé le conseil national des barreaux français avec pour vocation. Je cite encore :

- De représenter de la profession d'avocat ;
- D'unifier des règles et usages de la profession d'avocat ;

- De gérer la formation professionnelle des avocats ;
- D'organiser l'accès au Barreau français des avocats étrangers.

C'est cette dernière mission qui va lui permettre de contrer l'« entrisme » des cabinets anglo-saxons.

Conscient à la fois de la nécessité de s'internationaliser et dans le même temps de protéger les intérêts des avocats français, voire européens, le conseil va demander à un de ses membres, Michel Benichou, de rédiger un rapport sur la mondialisation des services juridiques. Ce qu'il fera au prix d'un travail remarquable, intelligent et exhaustif.

Ce rapport sera présenté à l'assemblée générale du CNB du 21 et 22 novembre 2008.

Celui-ci ne recule pas à devant des propos cinglants :

« Ainsi, la libéralisation de tous les secteurs de services qui constitue l'objectif des négociations internationales de « L'accord Général sur le Commerce des Services » (AGCS) a entraîné, de façon automatique, depuis 1995, les États à repérer puis à détruire leurs législations nationales et réglementations créées naguère pour protéger les spécificités de chaque pays, chaque région ou municipalité, mais qui étaient considérées comme autant d'entraves au commerce. »

Saga (juridique) Africa

L'Organisation pour l'Harmonisation en Afrique du Droit des Affaires (Ohada) a été créée par le Traité relatif à l'Harmonisation du Droit des Affaires en Afrique, signé le 17 octobre 1993 à Port-Louis.

L'Ohada regroupe aujourd'hui 16 pays (les 14 pays de la Zone franc CFA, plus les Comores et la Guinée Conakry).

Les objectifs de l'Ohada sont clairement définis :

- Instaurer la sécurité juridique ;
- Restaurer la sécurité judiciaire ;

- Encourager la délocalisation vers l'Afrique de certaines grandes entreprises ;
- Développer l'arbitrage en Afrique ;
- Faciliter l'intégration économique sur le continent ;
- Renforcer l'unité africaine.

L'Ohada définit des normes juridiques applicables dans les pays membres.

Pour censurer les infractions aux normes communes des membres de l'organisation, une cour de justice a été créée.

Les pays fondateurs sont des anciennes colonies de la France. Ils lui ont emprunté son système juridique, dont celui du droit civil.

Or, il existe aussi en Afrique des anciennes colonies anglaises comme le Nigeria. Et celles-ci disposent d'un système juridique fondé bien entendu sur la *Common Law*.

Résultat : dans ce continent troublé, la confrontation intra-juridique semble inévitable.

Certes, le journal *Les Afriques* titrait avec un bel optimisme le 1er août 2008 : « Des juristes veulent harmoniser l'Ohada et le *Common Law*, expliquant "l'intérêt respectif de nos administrations et de nos entreprises commande résolument que cette guerre de frontière cesse". »

Pour le moment, il s'agit toutefois d'un vœu pieux comme le montre la difficulté de l'Ohada à adopter certaines réglementations.

Même s'il est déjà un succès, le droit de l'Ohada, ne couvre en effet pas l'intégralité du droit. Rien n'y apparaît notamment sur les contrats. Selon Maître Marie-Christine Cimadevilla de l'Union internationale des avocats, le blocage viendrait de l'opposition habituelle entre *Common Law* et droit civil[1].

Lors d'un colloque tenu le 15 novembre 2005, le professeur Mercadal soulignait que l'entrée du Royaume-Uni dans l'Europe,

1. *Lundi, 15 février 2010* sur Burkinapmepmi.com.

n'avait pas fait disparaître son système juridique et qu'il y avait donc compatibilité entre les deux systèmes.

Le professeur Mercadal fait partie de ces grands juristes qui marquent l'histoire du droit. Il est connu pour avoir rédigé pour le compte des éditions françaises Lefebvre, le mémento des sociétés commerciales.

Après une carrière universitaire et éditoriale bien remplie, il devient Vice-président de l'Institut international de Droit d'Expression et d'inspiration Françaises, Idef.

Cet organisme a été créé en 1964 par René Cassin, auteur de la Déclaration universelle des droits de l'homme de 1948 et prix Nobel de la paix.

Il se présente de la manière suivante sur son site internet :

« L'idée de départ était de regrouper sous une forme associative, donc sur un pied d'égalité, les juristes africains et ceux qui avaient été leurs professeurs ou qui avaient servi dans leurs pays comme magistrats. Bien vite, l'horizon de l'Idef s'est élargi aux autres États où le français était la langue de communication (Canada, Luxembourg), ou du droit (Égypte, Extrême-Orient, Liban, Syrie). Certains pays qui ne sont pas francophones, pratiquent cependant un droit inspiré et souvent purement et simplement traduit des codes français. C'est ce que le regretté professeur Alain Guillermou avait proposé d'appeler la jurisfrancité, néologisme approuvé par le président Senghor et par M. Maurice Druon, ancien secrétaire perpétuel de l'Académie française. C'est ainsi que se sont agrégés à l'Idef des juristes venant des pays comme l'Inde, l'Iran, l'île Maurice, la Louisiane, la République dominicaine, les Seychelles, puis les pays de l'est européen où l'influence du droit français est marquée et ancienne : Bulgarie, Hongrie, Moldavie, Pologne, Roumanie, République tchèque. »

L'Idef constitue maintenant un groupe de juristes qui utilisent les mêmes concepts et parlent une même langue juridique parce que formés aux mêmes sources, aux mêmes modes de raisonnement, aux mêmes valeurs de civilisation.

Ces concepts, même si le professeur Mercadal ne l'avoue pas ouvertement, sont ceux du droit civiliste.

Pourquoi ce silence ?

Cela s'explique aisément. Il ne faut pas que les pays africains souffrent d'une influence néocolonialiste et la démarche ne peut qu'être approuvée.

Plus qu'au contenu c'est le raisonnement juridique civiliste qui est retenu :

En effet, il existe en droit trois grandes formes de raisonnement.

Le raisonnement par analogie : c'est le système du précédent adopté dans les pays anglo-saxons. Il se traduit par une prééminence du juge qui a donc une grande latitude pour juger.

Le syllogisme : la loi dit, je suis dans telle situation et l'on en déduit la solution. La loi prend donc une importance particulière et le parlement a donc un rôle très important. C'est le système romano-germanique. C'est celui du Code Civil.

Il existe une troisième forme de raisonnement, celui que les juristes ont appelé par dérision la *fuzzy logic*, la logique floue pour reprendre l'expression utilisée en intelligence artificielle. La norme fixe un but, par exemple il faut respecter les droits de l'homme. Au juge de définir comment atteindre ce but. C'est ce que l'on retrouve en droit européen avec la Convention européenne des droits de l'homme. Cette forme de raisonnement existait de manière ponctuelle dans le Code Civil avec les notions de bon père de famille, d'ordre public ou de bonnes mœurs que les magistrats ont su faire évoluer progressivement, notamment sur les notions de rapport au corps ou sur l'homosexualité.

Le professeur Mercadal est si persuadé du bien-fondé de son combat qu'il n'hésite pas à entraîner les membres de l'association Idef sur le terrain « ennemi » et va jusqu'aux États-Unis porter la « bonne parole ».

L'Idef va ainsi promouvoir auprès d'associations savantes comme l'Asil – ce n'est pas une histoire de fous – mais l'*American Society of International Law*, l'organisation de l'Ohada.

Et surtout l'Idef a entrepris un travail de bénédictin : comparer sur certains points de droit les solutions dégagées par le droit romano-germanique et le droit anglo-saxon.

D'autres études sont en cours notamment sur le rôle du juge : se contente-t-il d'appliquer le droit ou est-il lui-même créateur de droit ?

Il n'est pas exclu que les systèmes se rapprochent plus vite qu'on ne le pense.

Le pot de terre contre le pot de fer

Une chose est néanmoins certaine, le nombre de cabinets anglo-saxons exerçant à Paris s'accroît de manière importante.

Et, il faut avouer qu'ils disposent de moyens importants.

Un cabinet anglais a voulu s'installer à Paris juste avant la crise qui a mis fin à son projet.

Budget de lancement 20 millions d'euros.

Un immeuble entier devait être loué dans le triangle d'or à Paris, un cabinet de chasseurs de têtes avait commencé à faire la tournée des grands cabinets d'avocats pour en débaucher les associés, etc.

Les cabinets français sont incapables de mettre sur la table des moyens comparables.

Une solution serait de permettre l'ouverture de leur capital à des non-professionnels, ce qui se pratique dans de nombreux pays.

Ainsi en Australie, deux sociétés d'avocats sont cotées en Bourse.

Il n'est pas exclu qu'une telle solution soit adoptée en France prochainement : de nombreux groupes de réflexion y travaillent.

Cette ouverture du capital des sociétés des robes noires pose un problème fondamental, celui de la nature de l'action des avocats :

Est-ce une prestation de service comme une autre – par exemple de même nature qu'un conseil en informatique ou en recrutement ?

Ou au contraire est-ce un acte particulier compte tenu de sa proximité avec la justice?

Pour les Anglais: c'est la première hypothèse qui est apparemment retenue dans la loi surnommée Tesco, du nom de la chaîne de supermarchés.

Pourquoi, un tel sobriquet – c'est que les juristes ont peur de voir des prestations juridiques vendues entre le stand des petits pois et celui des carottes d'une grande surface.

Comment cela est-il possible?

Le *Legal Services Act* 2007 réorganise la profession juridique et permet la création des *Alternative Business Structures* (ABS). Ce sont des cabinets d'avocats détenus et gérés par les professionnels autres que les robes noires, qui se verraient donc dicter leur conduite par des membres qui n'appartiendraient pas au barreau.

L'ouverture des ABS est cependant soumise à autorisation d'un organisme de contrôle.

Un tel système n'est pas dans l'optique de la plupart des pays européens qui bloquent le développement de ce type de structure au nom de leur conception du fonctionnement de l'institution judiciaire.

La loi entre en vigueur le 6 octobre 2011 et le bruit que la première *Alternative Business Structure* serait le fait d'une entreprise de pompes funèbres – COOP: dans la même boutique se côtoieraient les modèles de cercueils et un avocat chargé de résoudre les problèmes successoraux – testament, partage des biens, etc. (rappelons que la profession de notaire est confondue en Grande-Bretagne avec celle des avocats).

La situation apparaît presque cocasse alors que d'autres menaces plus impressionnantes se profilent à l'horizon.

Le Code Civil va-t-il intégrer la *Charia*?

Mais, une fois engagée la lutte pour la suprématie du droit civil face à la *Common Law*, notre système juridique va subir une tentative de modification appuyée cette fois de l'intérieur par des parlementaires.

L'objet de la polémique: l'introduction d'une partie de la loi coutumière musulmane la *Charia*, celle qui concerne en particulier le droit des affaires. L'objectif avoué et explicable au plan économique est de drainer en France les capitaux des pays du Golfe.

Rappelons quelques interdits posés par la *Charia* dans le domaine économique :

- Interdiction du *riba*, c'est-à-dire des intérêts ;
- Interdiction du *garhar*, du *maysir*, c'est-à-dire la spéculation et les situations d'incertitude ;
- Prohibition du *haram*, c'est-à-dire qu'il n'est pas possible d'investir dans certains secteurs (armement, alcool, pornographie…) ;
- Obligation d'adosser tout financement à un actif tangible.

D'après les tenants de l'introduction de la finance islamique, son application aurait pu éviter la crise financière de 2008 et serait en outre conforme aux principes d'investissement éthique.

L'enjeu est de taille.

Les fonds islamiques avoisineraient les 700 milliards de dollars pour l'ensemble de la planète et la France en voudrait bien quelques miettes.

Certaines personnes évoquent même 951 milliards de dollars en 2008[1] et 1 000 milliards en 2009.

Comme le relate *Le Figaro* dans un article de Cécilia Gabizon daté du 8 octobre 2009, le sénateur UMP Philippe Marini met à

1. Association International Financial Services London (IFSL).

profit une loi sur les PME pour glisser un amendement rendant notre législation « Charia-Compatible ».

Cette modification au Sénat passe totalement inaperçue, ce qui n'est pas le cas à l'Assemblée nationale. La députée UMP Chantal Brunel, habituée des déclarations fracassantes et pas toujours bien maîtrisées, gaffe et soutient sans penser au tollé que cela allait provoquer que la modification de la loi a pour but d'« introduire les principes de la *Charia* dans le droit de la fiducie en la rendant compatible ».

En plein débat sur la *burqa*, la remarque ne peut qu'être mal prise...

Le député socialiste Henri Emmanuelli monta au créneau avec son énergie laïque habituelle : « Nous pensons au contraire qu'il ne faut introduire, ni les principes de la *Charia*, ni l'éthique du Coran, ni même le droit canon, la Torah ou le Talmud, qu'il soit de Babylone ou de Jérusalem. »

À l'adoption de la loi, les députés socialistes se décident à saisir le Conseil constitutionnel qui censure la loi le 14 octobre 2009, mais uniquement sur une question de forme, réservant sa position sur le fond.

La situation devient difficile pour le gouvernement qui adopte une position inverse : « Nous devons disposer d'un cadre juridique et fiscal facilitant la finance islamique qui soit à la hauteur de nos ambitions et des espérances des investisseurs », déclare Christine Lagarde, en 2009.

Le texte de loi sur la finance islamique est impossible à soutenir politiquement et très vite Thierry Dissaux, le conseiller de Christine Lagarde, ministre de l'Économie et des finances, en charge du dossier au sein de Bercy admet 14 décembre 2009 : « nous avons abandonné l'idée que nécessairement il fallait passer par un texte de loi. En l'occurrence, il n'est pas évident qu'il nous faille un texte de loi ».

Le journal *Le Monde*, publie alors une pleine page le 20 novembre 2009 intitulée « La finance islamique menace la laïcité française ». Elle est signée par de nombreuses personnalités.

Le gouvernement cherche alors un biais et décide de publier plusieurs instructions fiscales dont la dernière remonte au 14 octobre 2010, légalisant de fait les pratiques financières islamiques et tordant pour cela quelque peu nos principes juridiques.

Un des plus grands juristes français, le professeur Philippe Malaurie s'en émeut justement « quand il s'agit de la famille ou de la personne (mariage, divorce, *burqa*, voile islamique, etc.), le droit français est inflexible pour défendre ce qu'il pense être les « valeurs de l'Occident, mais quand sont en cause des finances, la rigueur s'évanouit et se transforme en séduction[1] ».

Bien entendu, les associations ou partis politiques qui, sous couvert de défendre la laïcité professent un anti-islamisme de principe, se sont emparés du sujet et l'ont exploité pour tenter de promouvoir leurs idées.

1. *La Semaine Juridique Notariale et Immobilière*, n° 50, 17 Décembre 2010, act. 888.

Chapitre 7

Touchez pas au grisbi

La situation financière des avocats, ou du moins d'une bonne partie de ces porteurs de robes noires-là, s'avère beaucoup moins reluisante que l'on ne le croit. Et tant pis pour les fantasmes des naïfs ou des malfaisants qui les voient trop volontiers cousus d'or…

Interviewé à l'occasion des troubles qui ont agité la justice à l'automne 2010, Maître Petit Étienne, bâtonnier de Coutances, s'exclame dans la *Manche Libre* que les avocats ne sont pas des nantis et que « le quart des avocats sont des quasi-smicards. » Il parle de ceux de son barreau alors engagés dans un mouvement social.

« Nous avons décidé de ne pas assurer les commissions d'office, sauf lorsqu'un problème de détention était en jeu. L'objectif était de protester sur le montant de l'aide juridictionnelle. Nous prêtons notre concours à nos concitoyens les plus démunis, permettant ainsi aux personnes défavorisées d'accéder à la justice. Mais cette aide juridictionnelle versée par l'État, qui n'a pas été revalorisée depuis 2006, est dérisoire. Prenons le cas d'une affaire correctionnelle. L'avocat commis d'office doit aller voir la personne en prison, travailler sur son dossier et assurer l'audience, soit plusieurs heures de travail, avec des frais annexes. Tout cela pour 160 euros. Et la réforme de la garde à vue qui se profile aggrave la situation, c'est notre autre motif de grogne. »

Le *Midi Libre* du 29 mars 2010 s'interroge de son côté sur le revenu des avocats montpelliérains et conclut en ces termes :

« Tous les avocats montpelliérains ne roulent pas sur l'or. Selon les revenus déclarés en 2009 à leur Caisse nationale des barreaux français, pour l'année 2008, un peu moins d'une centaine réalise un chiffre d'affaires supérieur à 100 000 euros sur l'année. Ce qui représente 12 % environ des avocats inscrits, en 2008, au barreau de Montpellier (715).

Les deux tiers ont plus de dix ans de barreau. La grande majorité, près de 55 %, a déclaré un revenu annuel inférieur à 38 110 euros. Soit en moyenne, un chiffre d'affaires de moins de 3 000 euros par mois. Parmi les jeunes (moins de dix ans de barre), 80 % se situent dans cette fourchette-là. »

Comment se sortir de ce mauvais pas financier qui tend à devenir permanent ? Une solution de fortune consiste à se réserver le bénéfice de certaines prestations.

Défendre son périmètre carré

Expliquons-nous. Les avocats détiennent le monopole de l'assistance ou de la représentation, de la postulation et de la plaidoirie devant les juridictions et organismes juridictionnels ou disciplinaires de toutes natures – avec il est vrai quelques restrictions pour les avocats au Conseil d'État et à la Cour de Cassation et les avoués près les Cours d'appel. En termes clairs, c'est dire qu'ils disposent d'un certain nombre de territoires de chasse.

Pour désigner cette réalité, on parle tantôt de « monopole du droit », tantôt de « périmètre du droit ». Les à-côtés d'un métier très ancien, en somme.

Ce monopole des plaidoiries n'est presque pas contesté. Le problème, c'est que dans la période actuelle, il ne suffit plus à assurer l'équilibre économique de la profession. Ce, d'autant plus qu'un certain nombre de concurrents rognent sur ce marché déjà étroit. Et là, plus ou est de fous, moins on rit et plus on se fâche.

Devant les tribunaux ordinaires, les « grignoteurs » ne sont pas très nombreux. Citons surtout les syndicalistes, qui peuvent assister les salariés devant le conseil de prud'hommes.

Ce dernier, à caractère paritaire, est composé de deux représentants des employeurs et de deux élus des salariés, obligatoirement affiliés à une centrale syndicale représentative.

En choisissant comme défenseur un délégué syndical, les salariés espèrent, entre autres éléments de nature à conforter leur position, qu'une certaine connivence va se manifester entre leurs élus au conseil et le délégué syndical qui les représente. Assez pour permettre, le cas échéant, une décision en leur faveur.

C'est de bonne guerre, sinon de bonne lutte des classes. Rien ne permet en effet d'insinuer que les décisions ne sont pas prises de manière impartiale. Reste que nimbé d'optimisme, un tel raisonnement de certains salariés semble d'ailleurs faire fi des rivalités syndicales qui peuvent parfois se faire jour.

Des délégués de centrales opposées, cela s'est vu et se verra sans doute encore à l'avenir, peuvent nourrir, de temps à autre, un antagonisme mutuel, qui ne servira pas forcément l'intérêt du justiciable, malgré le dévouement de la plupart des conseillers. Dans un monde idéal, de telles contradictions intersyndicales ne devraient certes pas exister. Mais l'idéal reste l'idéal, et la réalité concrète, la réalité concrète.

Revenons ceci dit, à nos robes noires. Pour la rédaction des actes (comme les contrats, les procès-verbaux d'assemblée) ou la délivrance de conseils juridiques, la situation n'est pas identique à celle des conseils de prud'hommes.

Les collectivités locales, en effet, vont parfois voler au secours de ce que l'on pourrait appeler des « braconniers du droit » qui tentent de réduire le domaine réservé des robes noires.

Regardons-y de plus près au travers d'un cas concret. À la demande d'un avocat, le tribunal administratif de Cergy-Pontoise annule, le 3 février 2011, une procédure de mise en concurrence d'un marché public attribué à une association de défense de droits des femmes. La Commune de Villeneuve-la-Garenne avait demandé à une association « le centre départemental des droits des femmes et des familles », d'assurer une permanence juridique. Une pratique de « braconnage » qui vient donc d'être censurée. Certains se souviennent alors que le tribunal administratif de Besançon avait déjà annulé une procédure de marché public de prestations de services juridiques attribué à la société SVP, qui pratique le renseignement et la consultation juridique par téléphone[1].

Assaut définitivement repoussé ? Sans doute pas. Le fait est que la loi du 31 décembre 1971 donne à divers professionnels la possibilité de fournir des prestations juridiques dans le prolongement de leur activité. Pour défendre leur bifteck, les avocats vont par exemple devoir se battre… au couteau contre les professionnels du chiffre, comptables et autres. Mieux organisés de longue date, ces derniers ont en effet notablement empiété sur le marché de la rédaction des actes et du conseil. Une part du gâteau en moins pour les robes noires.

À cette concurrence, déjà rude, va s'ajouter celles de sociétés spécialisées dans les audits de charges sociales et de la fiscalité des entreprises…

Le droit contre le chiffre

Les experts-comptables ont toujours soutenu qu'un certain nombre d'actes constituaient le prolongement logique de leur activité. Par exemple la rédaction d'un procès-verbal lors d'une assemblée d'approbation des comptes.

Contestant cette position, les avocats, ont donc saisi les tribunaux. Ce que n'a pas manqué de rappeler la Cour de Cassation dans son rapport de 2002 en évoquant une décision du 11 avril 2002 :

1. (28 février 2008, n°0600368, *AJDA*, 2008, p. 1050) cité par Delphine Krust sur son blog.

« Cet arrêt qui, pour la troisième fois, censure une Cour d'appel dans la même affaire, constitue un nouvel épisode du conflit entre la lettre et le chiffre qui oppose depuis une dizaine d'années les professions juridiques, notamment les avocats, aux experts-comptables, quant au périmètre exact du monopole des premiers au regard du domaine d'activité des seconds. »

L'Ordre des avocats au barreau de Lille, auquel se joignirent des syndicats et associations d'avocats, s'était inquiété de ce que deux experts-comptables avaient rédigé pour autrui un certain nombre d'actes sous seing privé (constitution, fusion et dissolution de sociétés, transfert de siège social, changement de dirigeants, cession de parts), comme cela résultait des avis publiés dans des journaux d'annonces légales. Il a donc fait citer directement les intéressés devant le tribunal correctionnel de Lille pour infraction à la législation sur la rédaction d'actes sous seing privé.

Le tribunal a relaxé les prévenus et la Cour d'appel de Douai, le 18 octobre 1994, a confirmé le jugement. Par arrêt du 13 mars 1996 (Bull. n° 111) la Chambre criminelle a cassé cette décision, en ses seules dispositions civiles, en reprochant aux juges d'appel de ne pas avoir « recherché si les actes qu'auraient rédigés les prévenus étaient directement liés aux travaux comptables dont ils étaient chargés. »

La Cour d'appel de Paris, désignée comme cour de renvoi, a confirmé la relaxe, par arrêt du 11 décembre 1997, en relevant « qu'aucun élément du dossier ne permet d'affirmer que les prestations fournies étaient effectuées au bénéfice d'entreprises non encore clientes, ou ne se trouveraient pas directement liées à des travaux comptables dont les prévenus auraient été chargés » et en ajoutant « qu'il résulte de l'objet des publications qui ont attiré l'attention des parties civiles et qui ont trait à des opérations sociales, telles que constitution, fusion, transformation, augmentation de capital, changement de dirigeants ou de siège social, dissolution ou liquidation, que l'existence d'un lien avec l'activité principale d'expertise comptable ne saurait être exclue ».

Sur nouveau pourvoi, la Chambre criminelle, par arrêt du 23 mars 1999, a censuré cette décision en énonçant « qu'en décidant notamment que la rédaction d'un acte de constitution de société entrait dans les limites de l'activité professionnelle permise aux experts-comptables, la Cour d'appel a méconnu le texte susvisé (article 59 de la loi de 1971) et le principe sus-énoncé ».

La Cour d'appel de Versailles, désignée comme seconde cour de renvoi, par arrêt du 7 septembre 2000, a infirmé le jugement du tribunal correctionnel de Lille et a condamné les prévenus, sur le fondement des articles 54 et 59 de la loi du 31 décembre 1971 modifiée, à verser la somme de un franc, à titre de dommages-intérêts, aux parties civiles. L'arrêt a notamment retenu que « s'agissant d'actes de constitution, de transformation de sociétés, de changement de dirigeants, de modification d'objet social ou de dissolution de sociétés, de tels actes créateurs de droit ne peuvent dériver des seuls travaux comptables et s'analyser comme des accessoires directs des prestations fournies par l'expert-comptable ».

C'est cette décision qui a été une nouvelle fois censurée par la Chambre criminelle dans son arrêt du 11 avril 2002. »

Dont acte. Toutefois, l'affrontement entre hommes de loi et gens du chiffre va se cristalliser à nouveau sur le projet de réforme engagé à l'initiative de Nicolas Sarkozy. Face aux coups de boutoirs portés contre leur monopole, les robes noires décident de réagir. Le président de la République désigne alors un avocat connu, Maître Darrois, pour réaliser un rapport sur l'état de la profession.

Le rapport Darrois

Ce document, très complet, comprend plusieurs dizaines de mesures. Dont, par exemple, la suppression des avoués.

Et ce n'est pas tout. Maître Darrois imaginatif, envisage parmi bien d'autres bouleversements, la création d'un nouveau type d'acte « entre-deux » qui serait plus qu'un acte sous seing privé mais moins qu'un acte authentique. En bref, un débouché supplémentaire – et appréciable – pour la profession.

Il faut croire que Darrois est écouté en haut lieu puisque le projet de loi découlant de son rapport va préciser que :

Art. 66-3-1. – En contresignant un acte sous seing privé, l'avocat atteste avoir éclairé pleinement la ou les parties qu'il conseille sur les conséquences juridiques de cet acte.

Art. 66-3-2. – L'acte sous seing privé contresigné par les avocats de chacune des parties ou par l'avocat de toutes les parties fait pleine foi de l'écriture et de la signature de celles-ci tant à leur égard qu'à celui de leurs héritiers ou ayants cause. La procédure de faux prévue par le code de procédure civile lui est applicable.

Art. 66-3-3. – L'acte contresigné par avocat est, sauf disposition dérogeant expressément au présent article, dispensé de toute mention manuscrite exigée par la loi.

L'objectif avoué du texte est de replacer l'avocat au cœur des discussions et des négociations dont il se trouve souvent écarté. De diminuer le nombre de contentieux aussi, puisque certains actes seront plus difficilement contestables.

Mais si l'avocat redevient de ce fait plus actif, pareil redéploiement ne peut s'opérer qu'au détriment des experts-comptables. Tel est du moins l'avis de ces derniers.

Pour la profession du chiffre ainsi visée, la riposte s'impose. Une seule solution : tuer dans l'œuf l'initiative. Comment ? En saisissant le Conseil de la Concurrence, appelé à examiner dans quelle mesure le contreseing d'avocat des actes sous seing privé pourrait constituer un droit spécial ou exclusif. Si tel était le cas, les avocats seraient placés en situation d'abus automatique d'une position dominante. Ils ne pourraient alors se prévaloir d'aucun argument de nature à leur permettre d'échapper à une interdiction.

On mesure les enjeux : considérables. L'Autorité de la concurrence rend sa décision le 27 mai 2010 et conclut que les experts-comptables ne seront pas affectés par la création de l'acte d'avocat. Victoire certes, mais pas totale car le projet de loi créant l'acte d'avocat contient également des dispositions en faveur des experts-comptables. De quoi faire hurler certaines associations d'avocats comme la Confédération Nationale des Avocats (CNA), laquelle se présente comme le premier syndicat de la profession.

Comment organise-t-elle la riposte des robes noires ? En mars 2011, la CNA demande à tous les avocats d'adresser à leurs députés un courrier pour stopper la réforme en cours. Elle rappelle sur son site son intervention visant à bloquer un texte qui autorise les experts-comptables à assurer quelques prestations juridiques. Citons *in extenso* :

Le 4 mai 2010 : L'Assemblée nationale vote l'article 13 quater de la loi réseaux consulaires qui autorise les experts-comptables (et les associations de gestion et de comptabilité) à « conseiller et assister les entrepreneurs relevant du régime des micro-entreprises ou du forfait agricole dans toute démarche à finalité administrative, sociale et fiscale ».

8 mai 2010 : L'Assemblée générale du Conseil national des Barreaux CNB a voté qu'elle s'oppose « à tous projets tendant à faire de l'activité de conseil et d'assistance des experts-comptables leur activité principale dans les domaines relevant du droit ».

26 mai 2010 : Accord entre les présidents du CNB et du CSOEC (experts-comptables) à la suite duquel la Commission des lois du Sénat propose le 27mai : « Les membres de l'ordre et les associations de gestion et de comptabilité peuvent assister, dans leurs démarches déclaratives à finalité administrative, fiscale et sociale, les personnes physiques qui leur ont confié les éléments justificatifs et comptables nécessaires auxdites démarches. »

Cet accord signé par le président du CNB sans mandat de l'assemblée du CNB, est soutenu dès cet instant par le bâtonnier de Paris qui avait pris soin le 25 mai de faire voter son conseil.

Les défenseurs de ce texte prétendent pouvoir se targuer du soutien du Conseil National des Barreaux, alors qu'il ne s'agissait que d'un engagement de son président sans mandat.

La CNA lance alors une campagne qui sera appuyée par des milliers d'avocats pour obtenir du Sénat cette nouvelle rédaction de l'article 13 quarter dans le cadre de la loi sur les réseaux consulaires.

Cette campagne qui met en cause cet accord du 26 mai 2010 signé par le seul président du CNB, portera ses fruits :

10 juin 2010 : Le Sénat, après que le secrétaire d'État Novelli et le président de la Commission des lois aient dit que ce nouveau texte provoquait de forts remous, vote l'article 13 quater qui autorise à assister « dans la réalisation matérielle de leurs déclarations fiscales, les personnes physiques ».

19 juin 2010 : Après ce vote du Sénat, l'Assemblée générale du CNB « Constate que les dispositions du projet de loi relatif aux réseaux consulaires, qui seront examinées en deuxième lecture par l'Assemblée nationale les 22 et 23 juin prochains, ne portent pas atteinte au périmètre du droit et à la règle de l'accessoire tels que définis par les articles 54 et suivants de la loi du 31 décembre 1971 et 22 de l'ordonnance de 1945. »

Les membres du CNB soutiennent donc le texte voté le 10 juin par le Sénat.

22 juin 2010 : Le texte est voté par l'Assemblée nationale comme par le Sénat (« dans la réalisation matérielle de leurs déclarations fiscales ») **et, après encore un examen d'autres articles par le Sénat, cela devient le dernier paragraphe de l'article 2 de l'ordonnance de 1945 sur les experts-comptables en vigueur depuis la publication de la loi réseaux consulaires (loi du 23 juillet 2010).**

24 novembre 2010: Contre toute attente les présidents du CNB, de la Conférence des Bâtonniers et du CSOEC (experts-comptables) font amender le projet d'une autre loi, la loi de modernisation des professions judiciaires et juridiques, par une disposition dans un article 21 bis qui reproduit le texte rejeté le 10 juin 2010 au Sénat, c'est-à-dire pour revenir vers le texte très élargi résultant de l'accord du 26 mai 2010.

Las, nous avons été conduits en novembre de nouveau à vous mobiliser lorsqu'au Sénat, sur l'examen en seconde lecture de la loi sur la modernisation des professions, un amendement tendant à faire revenir le parlement sur son précédent est voté en moins de cinq mois.

Votre action à l'appel de la CNA n'a pas faibli, mais, il faut malheureusement le souligner, des responsables de notre profession ont prétendu que le CNB par son vote du 19 juin aurait soutenu le texte repris par ce nouvel article 21bis, alors qu'en réalité cette délibération du CNB de juin approuvait le texte de l'article restrictif voté le 10 juin par le Sénat et non celui de l'accord du 26 mai 2010.

Le 8 décembre 2010: Il manque au Sénat 12 voix (sur 339 votants) pour que cet amendement soit repoussé. Le 1er de l'article 21 bis transmis à l'Assemblée nationale reprend donc le texte du 26 mai 2010: «Les membres de l'ordre (des experts-comptables) et les associations de gestion et de comptabilité peuvent assister, dans leurs démarches déclaratives à finalité fiscale, sociale et administrative, les personnes physiques qui leur ont confié les éléments justificatifs et comptables nécessaires auxdites démarches.»

De ces longs développements, la CNA en conclut qu'il faut continuer à se battre lors du dernier passage devant l'Assemblée nationale.

Le texte sera néanmoins adopté le 15 mars 2011 – mais la procédure parlementaire est loin d'être achevée tout comme les combats contre les braconniers du droit.

La bataille de l'Alma

La société Alma consulting propose aux entreprises des audits fiscaux ou des audits portant sur les charges sociales dans le but d'obtenir des réductions de montant.

Elle s'est également spécialisée dans le Crédit d'impôt recherche.

De telles sociétés, qui obtiennent pour leurs clients des réductions d'impôts parfois substantielles, sont désignées dans la pratique par l'anglicisme de *cost killers* («Tueurs de coûts»). Elles sont de taille variable. Très grande dans le cas d'Alma consulting, énorme société avec ses 1 700 collaborateurs répartis sur 11 pays et son chiffre d'affaires de 271 millions d'euros en 2010. Ses clients sont à l'avenant: des grosses cylindrées. Alma travaillerait, de son propre aveu, pour le Crédit Agricole, la Société Générale, des grands groupes pharmaceutiques et bien d'autres amateurs d'économies.

L'entreprise de *costs killing* sait faire preuve d'un dynamisme commercial important. Tellement qu'elle porte un tort important aux avocats car rappelons-le: en France contrairement aux États-Unis, tout démarchage est interdit aux robes noires.

Le mode de rémunération d'Alma consulting est simple. Une fraction convenue à l'avance soit des sommes qu'elle récupère pour ses clients, soit des sommes qu'elle leur fait économiser lui est dévolue.

Les avocats eux ne peuvent pas être payés uniquement aux résultats.

Seul inconvénient de cette méthode: l'appétit du *cost killer*. Pour beaucoup, le pourcentage de résultats sollicité par la société Alma Consulting serait trop important par rapport aux gains obtenus. De quoi relativiser la rentabilité de ses initiatives. Certains clients peu reconnaissants soutiennent ainsi qu'Alma aurait porté atteinte au périmètre du droit. Comme la possibilité de donner des consultations juridiques lui est fermée, les conventions qu'elle conclut avec des honoraires indexés sur le résultat seraient nulles et les clients n'auraient donc pas à régler le pourcentage faramineux prévu avec Alma.

Un lobbyiste avisé[1]

En décembre 1996, Monsieur Marc Eisenberg, président d'Alma, découvre qu'une proposition de loi émanant de la Commission des Lois de l'Assemblée nationale sera débattue le lendemain à 9 heures. Or, ce texte, apprend-t-il, prévoit la suppression de l'article 60 de la loi du 31 décembre 1971.

Pourquoi Eisenberg s'alarme-t-il ? Parce que cet article permettait jusque-là, à certains professionnels, d'effectuer des actes juridiques dans le prolongement de leur activité professionnelle :

« Les personnes exerçant une activité professionnelle non réglementée pour laquelle elles justifient d'une qualification reconnue par l'État ou attestée par un organisme public ou un organisme professionnel agréé peuvent, dans les limites de cette qualification, donner des consultations juridiques relevant directement de leur activité principale et rédiger des actes sous seing privé qui constituent l'accessoire nécessaire de cette activité. »

En foi de quoi, par exemple, un agent immobilier pourrait rédiger une promesse de vente portant sur le bien qu'il a négocié.

Marc Eisenberg ne l'entend pas de cette oreille, mais alors pas du tout. Homme d'action, il lance une importante campagne de lobbying auprès de ses confrères. L'objectif ? Obtenir que l'article 60 soit maintenu dans sa forme actuelle. Parmi ses alliés, un ancien bâtonnier de Paris, et une figure de la planète judiciaire, Pierre Mazeaud.

Ce lobbying va être couronné de succès puisqu'aucune modification ne sera apportée au texte litigieux.

1. Source : *La gestion de l'influence ou le lobbying au service de l'entreprise* par Jean-Claude Ducatte – Éditions Ducatte cité sur [www.Cosal.net].

Rapidement, néanmoins, se pose une question clé : l'activité principale d'Alma n'est-elle pas purement et simplement de nature juridique, et donc l'accessoire d'aucune autre ?

Ce sera aux tribunaux d'en décider.

Le flamboyant P-DG d'Alma ne peut en effet pas ignorer que son activité est susceptible d'être poursuivie à tout moment devant la justice par les différents ordres des avocats de France et de Navarre. Il élabore donc une stratégie remarquablement astucieuse de choix de ses conseils.

Aux fins de défense de sa société, chaque fois qu'elle est attaquée pour atteinte au périmètre du droit, Eisenberg sélectionne des membres éminents du Conseil de l'Ordre de Paris. Autant de robes noires qui vont sous peu se retrouver dans des situations impossibles.

Un bel exercice de contorsionnisme. En tant qu'avocats d'Alma consulting, ces hommes de loi doivent soutenir côté cour que cette société exerce en parfaite légalité. Et en tant que membre du Conseil de l'Ordre, leur devoir est d'assurer le contraire côté jardin…

C'est ce que soutient le « trublion » du barreau de Paris, nul autre que Vincent Delmas. Ce croisé contre les abus de toutes sortes de l'Ordre lutte avec un idéalisme qui lui fera nombre d'ennemis au sein… du Conseil du même Ordre.

Maître Delmas va s'appuyer dans sa croisade sur le Cosal, un syndicat d'avocats dont la devise pourrait être « tire sur tout ce qui bouge », et dont il est, justement, le président.

La robe noire ne conteste bien entendu pas le droit à Alma consulting d'être défendu, mais il juge anormal que cette défense soit assurée par des membres du Conseil de l'Ordre.

Remarquablement bien renseigné, ne serait-ce que par les fonctions qu'il remplit au sein du Conseil de l'Ordre, Vincent Delmas va exhumer sans complexe quelques secrets bien gardés, analogues à ceux qui existent dans certains clans familiaux huppés.

Par ces « secrets de famille », le rôle de Brigitte Longuet, épouse du président du groupe UMP au Sénat qui deviendra, à la fin février 2011, ministre de la Défense.

Les « secrets de famille »

Même sous les robes noires, foin de machisme : parmi les avocats sinon du grand public, cette femme talentueuse est beaucoup plus connue que son mari.

Brigitte Longuet dirige en effet la commission « formation » du conseil national des barreaux et membre de l'Ordre des avocats. Dans ce cadre, elle a été amenée à « s'intéresser » à la société Lexbase, filiale d'Alma, Conseil de l'Ordre.

En 2006, son cabinet défend Alma consulting devant le tribunal de commerce. Leur adversaire ? Une société qui, ne voulant pas payer la commission de son prestataire, soulève l'atteinte au périmètre du droit. Mais Brigitte Longuet ne manque pas de bon sens. Voyant le risque de confusion se profiler à l'horizon, elle va renoncer à défendre Alma consulting.

Il n'y a pas eu mélange des genres. L'honneur est sauf. Reste que parmi les robes noires, Alma compte toujours des alliés de poids.

Prenez Bernard Vatier. Cette sommité du barreau a été élue membre du Conseil de l'Ordre des Avocats à la Cour de Paris en 1988. Vatier sera aussi bâtonnier de l'Ordre entre 1996 et 1997.

Surtout, il devient le conseil d'un syndicat professionnel, Syncost (Syndicat des Conseils Opérationnels en Optimisation des Coûts) créé dans la mouvance d'Alma. Le Syncost est censé fédérer les *cost killers* et se présente comme une contrepartie institutionnelle de l'Ordre des Avocats. Une ambition élevée mais dans la pratique, la structure ne compterait que quelques adhérents, environ une vingtaine.

Pour défendre l'intérêt de ses mandants, le syndicat intervient dans les procédures au côté d'Alma consulting. Le puissant *cost killer* essaie ainsi de faire contrepoids à l'appui qu'apportent plusieurs ordres des avocats à ceux de ses clients qui contestent les honoraires qu'il exige.

Marc Eisenberg, infatigable décidément, se trouve être le trésorier de Syncost.

Autre allié potentiel, Pierre Lévêque, membre du Conseil de l'Ordre des avocats de Paris. Le cabinet auquel il appartient, Lefevre Pelletier, conseille Apax Partnaire, un fonds d'investissement qui a détenu jusqu'à 40 % du capital de la société Alma consulting. On reste donc en famille.

Au premier regard, le lien apparaît cependant ténu, et les reproches adressés par le Cosal bien injustifiés.

Mais les montants engagés sont importants : la participation d'Apax dans Alma est évaluée à plusieurs dizaines de millions d'euros.

Pour ce qui est des arguments, Alma consulting considère qu'elle peut donner des consultations juridiques puisqu'agréée par un OPQCM (Organisme professionnel de qualification des entreprises de prestations de services intellectuels).

Explicitons ce nouveau sigle. L'OPQCM est une organisation indépendante dans ses décisions, reconnue par l'État, associée à sa création et participant avec voix consultative à ses instances. Il a été créé à l'initiative de la Chambre Syndicale des Sociétés d'Études et de Conseils – Syntec – et de la Chambre des Ingénieurs Conseils de France – CICF – qui certifie la qualité des prestations. Surtout, le fait d'être agréé lui permet de donner des consultations juridiques à titre accessoire.

Est-ce là que le bât blesse ? Le fait est qu'en mai 2006, le Conseil de l'Ordre va créer une commission *ad hoc*. Sa mission ? Étudier et évaluer les liens entre les sociétés agréées OPQCM et le barreau. Son président ? Il s'agit de… Pierre Lévêque.

Drôle de coïncidence, tout de même. Les « secrets de famille » n'ont pas fini de nous étonner.

Secrets et romance

Alma, toujours aussi dynamique, prend sur ses entrefaites sa plus belle plume pour écrire à Michel Benichou, membre du Conseil National des Barreaux (qui a rédigé le rapport sur l'internationalisation du droit dont il a été question précédemment). Et d'expliquer qu'elle a sollicité de nombreux avocats, dont d'ailleurs Bernard Vatier. Les intentions du *cost killer* sont, paraît-il, des plus pures. Alma consulting voulait simplement s'assurer de la légalité de son activité. Mais bien sûr, si par extraordinaire elle venait à être condamnée, il n'hésiterait pas à faire jouer l'assurance des avocats. Avec toutes les conséquences financières que cela entraînerait pour les robes noires.

À bon entendeur …

Parfois il est vrai, c'est sur un autre clavier que l'on pianote à bon droit, celui des grands sentiments.

Jadis, les contes de fées se terminaient par un « ils se marièrent et eurent beaucoup d'enfants ». Alma, personne morale, ne peut certes convoler en justes noces. Mais son président, Marc Eisenberg dispose bien entendu de cette possibilité.

Il se trouve qu'il va épouser un membre éminent du Conseil d'Ordre, Madame Hélène Borstein, secrétaire du Conseil de l'Ordre de Paris.

Confusion des casquettes (ou des toques) ? C'est l'avis du Cosal, lequel ne manque pas de dénoncer ce mélange des genres, dangereux selon lui.

Sans aller jusque-là, on peut se poser quelques questions. Une au moins : comment peut-on être membre actif de l'Ordre des avocats qui poursuit son mari ?

Hélène Bornenstein a senti le problème. Elle prend donc le soin, confirmé par le bâtonnier en exercice, d'expliquer que dès que le sujet du périmètre du droit est abordé, elle quitte le conseil de manière à ne pas créer le soupçon d'interférence.

Ce principe posé, la femme de loi lance dare-dare la contre-offensive au plan judiciaire. De telle sorte que le 1er avril 2008 – ce n'est pas un canular – on voit Madame Bornstein attaquer Vincent Delmas, son confrère Président du Cosal, pour plusieurs articles ou caricatures publiés sur cette affaire.

Un coup d'épée certes, mais un coup d'épée dans l'eau. Le 17 février 2009, en effet, le tribunal correctionnel de Paris relaxe Vincent Delmas des chefs de poursuite. Une décision qui sera confirmée un an plus tard par la Cour d'appel de Paris.

Pour autant, Alma consulting n'a pas tiré ses dernières cartouches.

Le crépuscule des *cost killers*

Un audit de charges sociales ou des impôts d'une société constitue-t-il, ou non, une consultation juridique? La question de fond est enfin posée.

Pour Alma Consulting, pas d'enjeu plus essentiel: si une interdiction de proposer ses prestations est prononcée, elle n'a plus qu'à mettre la clef sous la porte. En termes crus, sa survie est en jeu.

À l'initiative de Mather & Platt (une société spécialisée entre autres dans le risque incendie) une instance est donc engagée devant le tribunal de commerce de Versailles pour faire annuler une convention annulée passée avec Alma.

Le motif économique du litige: un pourcentage trop important sur les résultats.

L'argumentation juridique: une atteinte au monopole du droit.

Viennent se greffer sur cette procédure le Conseil National des Barreaux Français, lequel entend défendre en l'occurrence le monopole des avocats.

Pour faire bonne mesure, la société Alma Consulting demande au Syncost, le Syndicat des conseils opérationnels en optimisations des coûts, qui se prétend représentant de la profession, d'intervenir.

Le Syncost développe une argumentation en deux temps.

Pour commencer, il soutient que la loi prévoit, pour des professionnels, la possibilité d'effectuer des prestations juridiques dans le prolongement de leur activité. Comme ses adhérents sont qualifiés OPQCM, ajoute-t-il, les clients sont certains de recevoir des prestations de qualité. L'audit de réduction de coût n'aurait pas une nature juridique.

CQFD ? Il semblerait que oui puisque par jugement du 19 octobre 2007, le tribunal de commerce de Versailles considère comme parfaitement licite l'activité de la société Alma Consulting. En conséquence, le tribunal condamne la société Mather Platt – rebaptisée entre temps Tyco – au paiement d'une somme de près de 50 000 euros.

Saisie à son tour du litige, la Cour d'appel de Versailles confirme la décision du tribunal de commerce. La deuxième manche revient donc à la société de Marc Eisenberg. Mais pas la victoire finale car le 15 novembre 2010, la Cour de Cassation va finalement donner raison au Conseil National des Barreaux. Pour la haute juridiction, pas de doute : Alma consulting est en pleine infraction.

Les parties n'ont bien sûr par la même analyse de la portée de la décision :

Alma considère qu'elle est circonscrite à l'audit des charges sociales et qu'elle peut donc poursuivre son activité dans tous les autres domaines sereinement.

Ses détracteurs pensent au contraire que la Cour de Cassation a posé un principe général.

Cet échec judiciaire marque-t-il le début de la fin programmée des *cost killers* ?

On est en droit de le penser. Par le biais du Crédit d'impôt recherche, l'État veut en effet financer le développement de l'innovation. Or, que constate-t-il ? Que ses efforts financiers considérables profitent à des *cost killers*. Dans ces conditions, sa lassitude s'explique. Et sa réaction énergique, pas moins.

De fait, la loi de finances 2011 prévoit l'encadrement des conditions de rémunération de sociétés de conseil en financement de l'innovation. Il s'agit d'imposer une rémunération qui ne soit pas assise sur le montant du Crédit d'Impôt Recherche obtenu.

Ce raidissement étatique s'inscrit en outre dans le prolongement de la réaction des caisses de sécurité sociale. Celles-ci n'apprécient en effet guère l'intervention des *cost killers* qui visent à contester le montant des cotisations d'accident du travail et de maladie professionnelle. Dans un article daté du 30 septembre 2009, le quotidien *L'Humanité* soutient ainsi que les *cost killers* recevraient, au titre des honoraires pour des interventions sur les cotisations d'accident du travail, la somme pharamineuse de 100 millions d'euros.

État + caisses = refonte des textes existants. Le décret (n° 2009-938) du 29 juillet 2009 va restreindre considérablement les possibilités de mise en cause des cotisations. Résultat : le nombre de contestations accident du travail, maladie professionnelle tombe en flèche tandis qu'une part de marchés notable est retirée aux *cost killers*.

Un nouveau terrain d'action, la fiducie

Il suffit de relire quelques-uns des nombreux articles consacrés à l'affaire Bettencourt ou à d'autres faits économico-médiatiques comparables pour voir apparaître à toutes les lignes ou presque le terme de « trust ».

Né aux États-Unis, le mot est passé dans le langage courant, si bien que chaque Français le connaît.

Le mot oui, mais sa signification exacte au plan légal ? Un trust est une entité juridique constituée soit par des personnes physiques, soit des sociétés, qui lui apportent soit des actifs, soit des liquidités. À charge pour ledit trust de gérer ces actifs en suivant les consignes qui lui ont été données par ses créateurs. Et éventuellement, à l'échéance donnée, de restituer les actifs et le produit des investissementss aux personnes physiques ou aux sociétés qui les leur ont apportés.

Les trusts sont souvent le moyen de faciliter les successions en séparant temporairement des actifs d'une société ou d'une personne. Pas seulement en France d'ailleurs. C'est ainsi que Silvio Berlusconi a placé dans un trust sa participation dans plusieurs chaînes de télévision italiennes pour la durée de ses activités de Premier ministre[1].

Pendant longtemps, le droit français a été hostile à ce type de montage d'origine anglo-saxonne. L'existence des trusts pose il est vrai nombre de questions difficiles à résoudre. Beaucoup estiment, entre autres critiques, que le transfert de patrimoine serait un moyen d'échapper à des créanciers ou à l'impôt sur les grandes fortunes ? Et on pourrait multiplier les exemples.

Dans le but de conserver un certain attrait au droit français, le législateur a finalement inventé un « trust Canada Dry » tricolore, la fiducie créée par la loi n° 2007-211 du 19 février 2007.

Une fiducie doit être gérée par une personne possédant des compétences techniques, par exemple, en termes de placements financiers. La loi va donc réserver l'activité aux banques et aux assurances.

Pour les avocats, c'est un terrain d'action de moins. Or, ils vont arracher au législateur la possibilité d'agir dans le domaine fiduciaire au même titre que les établissements financiers. Ce, au détriment des notaires ou des experts-comptables. Et, coup de maître des Maîtres, par une loi votée le 4 août 2008, jour anniversaire de l'abolition par l'Assemblée constituante des privilèges : droits féodaux, justice seigneuriale, dîmes, banalités, vénalité des emplois officiels, le 4 août 1789 !

1. Source : [www.vernimmen.net].

Chapitre 8

Le prétoire à l'heure de la com

En France, on n'a guère l'habitude de considérer le métier d'avocat sous l'angle d'une œuvre de communication. Bien au contraire, cette approche atypique reste perçue comme iconoclaste par la grande majorité des robes noires. Autant dire qu'ici, j'entraîne sans complexe mais avec quelques biscuits, le lecteur sur un terrain quasiment vierge. Qu'il sache, pour situer le problème, qu'aucun travail de recherche digne de ce nom n'a été publié à ce jour sur cette dimension nouvelle de l'activité des avocats.

Nouvelle mais inévitable. Précisons-en les contours. L'avocat s'adresse à plusieurs auditoires, dont les attentes sont radicalement différentes. Lors de n'importe quel procès, fût-il le plus banal, deux au moins de ces auditoires sont forcément en présence : d'une part les membres composant la juridiction, et d'autre part, le ou les clients de l'avocat.

Attentes différentes, disions-nous. Ô combien ! Celle des magistrats professionnels, consulaires ou prud'homaux, s'explique en grande partie par leur calendrier surchargé avec un très grand nombre d'affaires au programme. De ce fait, et c'est humain, beaucoup espèrent une plaidoirie courte, concise, synthétique. Du cousu main, en somme.

Parfois dopés par les téléfilms américains où l'on voit essentiellement des pratiques dites de *cross-examinations* (interrogatoires croisés des acteurs ou des témoins par les conseils des deux parties en présence) étrangères au droit français, les clients, eux, sont volontiers friands d'« effets de manche », caractéristiques des bons avocats selon eux. Un fantasme teinté de romantisme judiciaire certes, mais un fantasme à la peau dure aussi.

Dans certains dossiers plus sensibles, des dossiers à enjeux, d'autres auditoires s'invitent à leur tour dans le prétoire. Largement médiatisées, de telles affaires voient en effet la presse présente à l'audience. Et pas seulement en tant que spectatrice passive puisqu'elle va y jouer un rôle tout à fait palpable de relais d'opinion auprès des citoyens, des consommateurs, de tel ou tel groupe social, de tel électorat potentiel, auprès des pouvoirs publics, du monde boursier, des investisseurs, etc.

Une troisième force dont on a pu repérer et analyser la place dans plusieurs dossiers récents de ce type.

L'affaire Kerviel, par exemple.

Jérôme, super-star

C'est avec passion que la France, toutes classes sociales confondues, s'est passionnée pour l'affaire Kerviel. Assez pour transformer en « super-star » médiatique ce salarié hier anonyme de la Société Générale dont le patronyme et le visage sont désormais connus de tout un chacun.

Une notoriété que ce jeune trader aurait sans doute préféré éviter. Jérôme Kerviel, on s'en souvient, passait des ordres boursiers pour le compte de son employeur. Des ordres aux conséquences non négligeables – c'est un euphémisme – puisque le « dénouement », comme on dit en langage technique bancaire, de telles « positions » a fait perdre la bagatelle de cinq milliards d'euros à la Société Générale. Un beau trou, quand même.

Fustigé par les uns ; présenté par d'autres comme un bouc émissaire, victime expiatoire de l'irresponsabilité des banquiers ;

adulé par certains contestataires radicaux comme un héros qui aurait fait vaciller le capitalisme, Kerviel n'en a pas moins été condamné à rembourser à son employeur la somme qu'il lui avait fait perdre.

Cinq milliards pour un particulier, c'est énorme ! Un véritable coup de massue. Résultat : sitôt cette décision connue, les commentaires, voire les brèves de comptoir, font florès. Du côté des avocats, des robes noires, les analyses de ce jugement sont partagées. Chacun s'en fait sa propre vision.

Dans cette débauche de débats, une petite phrase de la décision passe toutefois largement inaperçue. Or, elle est assassine :

Kerviel « a mené une campagne de communication, prenant à témoin l'opinion publique, véhiculant l'image d'un individu en quête d'anonymat, antinomique avec le retentissement qu'il s'est attaché à donner à l'affaire dans les médias au cours des différentes phases de l'instruction et à l'approche de son procès, voire pendant celui-ci ».

La Cour reproche donc au trader sa tentative de se défendre par ce moyen largement extra-judiciaire : la « com', et d'apparaître comme une victime. Avocat général près la Cour d'appel de Paris Philippe Bilger, s'émeut en ces termes sur son blog :

« La première page du *Journal du Dimanche* nous annonce que KERVIEL accuse ».

Quelle mouche a donc piqué ce prévenu pour que, plus d'un mois avant l'audience le concernant, il décide non seulement de réapparaître mais de publier un ouvrage ?

Faut-il y voir la démarche classique qui croit pouvoir faire pression avant l'heure sur les magistrats, en tentant de gagner les faveurs de l'opinion publique et donc de jouer subtilement de celle-ci contre ceux-là ?

Quelle étrange idée qui consiste à cultiver une stratégie de défense d'abord grâce aux médias puis, contraint et forcé, devant l'obligatoire justice ?

Ce recours à la com', les magistrats le perçoivent comme une circonstance aggravante. Mais simultanément, l'observateur peut y percevoir un signe des temps. Émerge en effet par ce biais une nouvelle façon pour les avocats de préparer leurs dossiers et de les défendre : la médiatisation à outrance.

Signe des temps encore, le fait que certaines agences de communication particulièrement à la pointe se sont spécialisées dans ce domaine.

Kerviel, justement, l'a senti. Pour assurer sa défense, le trader de la Société Générale va faire appel coup sur coup à deux agences de ce type.

La première est dirigée par Christophe Reille, un ancien journaliste. Mais le courant ne passe semble-t-il guère entre les deux hommes puisque Reille sera « débarqué » quand Kerviel va changer de défenseurs en robe noire.

Patricia Chapelotte arrive, elle, dans le sillage des nouveaux conseils du trader. C'est une femme d'expérience. Elle est déjà intervenue dans plusieurs dossiers très sensibles – l'affaire Clearstream, par exemple, pour le compte de Jean-Louis Gergorin. Elle a créé et dirige l'agence de communication Albertine & Media.

Pour avoir travaillé pour le Conseil National des Avocats et comme conseillère de communication de Dominique Perben, alors ministre de la Justice, Patricia Chapelotte connaît bien le monde des prétoires – un sérieux atout dans son jeu.

Elle prend donc en main la communication de Kerviel, faisant alterner les périodes de silence et les temps forts d'exposition médiatique. Une stratégie mûrement réfléchie qui vise simultanément deux objectifs :

Le premier, c'est de persuader les magistrats que le trader, personnalité célèbre désormais, n'est plus un simple anonyme. Et qu'en conséquence, nul ne devrait le traiter comme un vulgaire pion, bouc émissaire des dysfonctionnements du système bancaire.

Sur ce plan, notons-le, Kerviel a été en quelque sorte bien… servi par le Président de la Société Générale, Daniel Bouton lui-même, qui a réussi, dès sa première intervention télévisée, le tour de force de victimiser avec superbe son inférieur hiérarchique, le rendant ainsi sympathique à beaucoup. De quoi faire revivre les mânes des tricoteuses d'antan.

D'autres éléments vont contribuer sous peu à conforter Kerviel sous son aspect de « jeune-homme-tout-le-monde » à figure humaine. La première image du trader diffusée sera celle de son badge à la Société Générale. Or, elle ressemble tellement à une photographie d'anthropométrie judiciaire que là encore, Kerviel apparaît sous les traits d'une victime, « petit » accablé par des « gros », soucieux de faire oublier leurs propres turpitudes.

Deuxième objectif de l'agence : démontrer aux magistrats que son client trader n'était pas mu par la cupidité.

Pour mettre en valeur cette facette de son client, Patricia Chapelotte va faire le choix de la presse régionale. Kerviel étant Breton, et *Ouest-France*, le mieux diffusé de tous les quotidiens de France, c'est ce support médiatique qu'elle va emprunter.

Autre *modus operandi* : une série d'appels à témoins. De peur d'être sanctionnés pour des pratiques similaires aux siennes, les alter-egos de Kerviel évitent en effet de se mouiller. Le trader se propose donc publiquement de trouver divers témoins susceptibles d'expliquer qu'entre les règles formelles et la réalité bancaire, un large fossé existe.

Toutes ces actions médiatiques concourent à suggérer à la Société Générale qu'elle aurait beaucoup à perdre médiatiquement dans l'affaire, et qu'en conséquence, elle a plus à perdre qu'à gagner à une condamnation de Kerviel.

L'argument ne suffira pas, on le sait. On se souvient aussi qu'une fois la condamnation prononcée, la campagne médiatique pro-Kerviel s'est centrée autour de deux axes.

L'importance de la condamnation d'abord : condamner un particulier à régler la somme de cinq milliards d'euros, cela a-t-il vraiment un sens ? Le fait que le montant de la condamnation ne prenne pas en compte l'impact de l'impôt sur les sociétés ensuite.

Patricia Chapelotte s'est expliquée sur son travail avec les défenseurs de Kerviel. Une forme originale d'interactivité avec les robes noires. Dans un premier temps, la femme de com' a d'abord dû apprendre des avocats la procédure judiciaire et comprendre l'état du dossier. Mais par la suite, sa stratégie de communication élaborée, elle a formé les avocats aux techniques de *media-training* – l'art de parler efficacement à la presse dans l'espoir de lui faire avaliser sa version des faits.

Madame Chapelotte résume sa position par une affirmation quelque peu promotionnelle, mais qui contient un fond de vérité palpable :

« La communication est un élément important dans le dispositif, et je suis persuadée que ça va de plus en plus rentrer dans les mœurs d'adjoindre un Conseiller en Communication dans le cadre d'un procès. »

Dont acte. Kerviel ne visait qu'à se tirer du bourbier dans lequel il s'était fourvoyé. Mais dans d'autres affaires, tout aussi brûlantes, les objectifs sont souvent plus nombreux, donc plus difficiles à concilier entre eux.

Le récent dossier « faux espions industriels » chez Renault, par exemple.

Dérapage chez Renault

L'affaire est dans toutes les mémoires. Résumons-la en quelques mots. Début 2011, la Régie reproche à trois de ses cadres des activités d'espionnage industriel. Ces salariés auraient transmis des informations confidentielles et perçu, en contrepartie, des rémunérations sur des comptes situés – suivez notre regard – dans des pays connus pour l'opacité de leur pratique bancaire.

L'affaire s'envenime après la transmission d'une information à l'AFP par une source toujours anonyme. Car, bien entendu, la presse s'en empare. Une entreprise phare de l'industrie française pillée technologiquement, pareil scandale ne risque pas de passer inaperçu. Autrement dit, le moteur – Renault bien entendu – est en train de s'emballer.

Sauf qu'à ce moment, les dirigeants de la Régie n'ont ni préparé une plainte pénale, ni même rédigé les lettres de licenciement à l'adresse des trois hommes qu'ils accusent de trahison.

Finalement, après une période de flottement, le fabriquant automobile se sépare de ses trois salariés et son numéro 1, Carlos Ghosn, fait part de ses certitudes aux médias. Il évoque un dossier important, des preuves irréfutables. Bref, il écrase l'accélérateur.

Vroom, vroom. À leur tour, les politiques s'emparent du dossier. Montant en ligne, le ministre de l'Industrie, Éric Besson, n'hésite pas à se scandaliser de ce cas d'espionnage industriel.

Pour sa part, Bernard Carayon, Député du Tarn expert en matière d'intelligence économique auteur, en 2003, d'une proposition de loi sur le secret des affaires, profite de l'occasion pour la déposer à nouveau.

En mars 2011, l'élu organisera un colloque sur ce thème à l'Assemblée nationale. Parmi le panel d'orateurs présents, figure le délégué CFE-CGC de Renault.

Des mauvaises langues vont jusqu'à impliquer la Chine. Pékin rit jaune devant cette mise en cause, puis pousse des cris d'orfraie. Espionnage industriel, voilà bien une horreur typiquement occidentale! Nous ne mangeons pas de ce riz-là voyons...

Que l'on croie ou non ces bruyantes démonstrations de vertu, une chose étonne: le service de police et de contre-ingérence compétent pour des affaires de ce genre, la Direction Centrale du Renseignement Intérieur (DCRI) déclare n'avoir reçu aucune plainte.

Renault, gêné peut-être, finit par s'exécuter. Or, les limiers de la police nationale se plaignent de ne recevoir aucune aide de la part de la Régie. La suspicion naît donc sur le contenu du dossier : est-il vraiment si fourni que Ghosn l'a prétendu à la télévision ?

Deux des salariés décident alors de poursuivre leur ex-employeur pour diffamation en déposant plainte le 19 janvier 2011. La procédure est habile, et son objet, évident.

La diffamation, rappelons-le, est « l'allégation ou l'imputation d'un fait qui porte atteinte à l'honneur ou à la considération de la personne[1] ». Soulignons aussi que l'auteur de la diffamation est présumé être de mauvaise foi.

Pour s'exonérer de sa responsabilité, plusieurs possibilités s'offrent à lui. Il peut, notamment, prouver la véracité des faits.

Pour les salariés de Renault avides de connaître le dossier de leur employeur et de démontrer leur innocence, cet angle de contre-attaque paraît singulièrement approprié. Pareille réponse du berger à la bergère est d'ailleurs régulièrement utilisée dans des configurations analogues. Les exemples sont foison. Citons-en deux pris dans l'actualité récente :

Poursuivi pour propos racistes, suspendu de ses fonctions de créateur chez Dior, John Galliano, riposte en portant plainte pour diffamation.

Quick, le restaurateur rapide mis en cause après le décès d'un adolescent dans un de ses restaurants, a agi de manière identique.

Pour les trois cadres de Renault, une autre voie est également possible, celle de la plainte pour dénonciation calomnieuse. L'un d'eux va l'emprunter.

---

1. Loi 29 juillet 1881, article 29 (Ordonnance du 6 mai 1944) : « Toute allégation ou imputation d'un fait qui porte atteinte à l'honneur ou à la considération de la personne ou du corps auquel le fait est imputé est une diffamation. La publication directe ou par voie de reproduction de cette allégation ou de cette imputation est punissable, même si elle est faite sous forme dubitative ou si elle vise une personne ou un corps non expressément nommés, mais dont l'identification est rendue possible par les termes des discours, cris, menaces, écrits ou imprimés, placards ou affiches incriminés.
Toute expression outrageante, termes de mépris ou invective qui ne renferme l'imputation d'aucun fait est une injure. »

Dénonciation calomnieuse ?

La dénonciation calomnieuse consiste en « la dénonciation d'un fait qui est de nature à entraîner des sanctions judiciaires, administratives ou disciplinaires, que l'on sait totalement ou partiellement inexacte et qui est effectuée par tout moyen dirigée contre une personne déterminée[1] ».

Au plan médiatico-judiciaire, elle a connu son « heure de gloire » au moment de l'affaire Clearstream, qu'il est sans doute inutile de rappeler en détail.

Un des salariés de la régie porte donc plainte sur ce fondement.

En la matière, indépendamment du désir de voir condamner la personne qui vous a poursuivi, l'objectif d'un recours à cette procédure est de démontrer sa bonne foi en vertu de l'adage : « si je porte plainte c'est que je n'ai rien à me reprocher ». Une manière de passer du statut de coupable à celui de victime.

Encore faut-il disposer d'arguments sérieux. Le dénouement de l'affaire va prouver sous peu qu'en l'occurrence, tel n'est pas le cas. Piteusement, les dirigeants de Renault se voient contraints d'avouer qu'ils se sont fait piéger. Ils présentent leurs excuses à leurs salariés et s'engagent à réparer les conséquences de leurs erreurs.

« Nous en tirerons toutes les conséquences jusqu'au niveau le plus haut de l'entreprise, c'est-à-dire jusqu'à moi », confie Patrick Pelata, le numéro 2 du groupe, au quotidien *Le Figaro*... Mais par la suite, Carlos Ghosn refusera son offre de démission.

Reste que pendant toutes ces péripéties, l'ambiance n'est pas au beau fixe au technocentre de Renault à Guyancourt. Ce centre a en effet connu un an auparavant une vague de suicides comparable à celle qui a ébranlé France Télécom. Des drames humains que les responsables syndicaux et les médias ont attribués aux mesures (trop ?) énergiques de réorganisation voulues par la haute direction du constructeur automobile.

1. Article 226-10 du code pénal.

Dans ce contexte, l'accusation d'espionnage économique fait figure d'huile Renault jetée sur le feu d'un personnel inquiet. Des cadres s'avouent profondément écœurés que l'on ait pu livrer ainsi au pilori trois d'entre eux, que l'on ait versé des sommes importantes (plusieurs centaines de milliers d'euros) à des pseudo-informateurs. Bref, que l'on ait lancé des enquêtes sans aucun sérieux, sans aucun contrôle, sans autre élément qu'une lettre de dénonciation anonyme. De quoi pourrir un climat social déjà très lourd.

Pour Ghosn aussi, la situation devient difficile. Comment se sortir de ce mauvais pas ? Une des solutions trouvée par ses conseils sera le dépôt d'une plainte pour escroquerie. Un moyen de se poser en victime, d'inverser les rôles.

Pour Renault, dont l'enquête officielle pourrait mettre à jour certains circuits financiers permettant de rémunérer les intermédiaires de manière occulte, les risques d'effet boomerang ne sont pas négligeables.

Penchons-nous en effet sur cette plainte, derrière laquelle se profile un message à deux directions :

La première partie du message vise les pouvoirs publics qui d'eux-mêmes, se sont impliqués dans l'affaire, certains responsables accusant la Chine, alors que ce pays constitue un marché potentiel énorme pour l'entreprise. L'accusation d'espionnage tombant à l'eau, il faut bien sauver la face, dans l'espoir de raccommoder ensuite les morceaux vaille que vaille.

La seconde partie vise les salariés, profondément démotivés et dont il s'agit, par ce biais, de remonter le moral. Sous-entendu : vos dirigeants sont peut-être des naïfs, mais pas des sauvages.

Finalement, on s'en souvient, un responsable du service de la sécurité est mis en examen le 11 mars 2011, et incarcéré. Il aurait détourné une partie des sommes qui devaient rémunérer une « gorge profonde ». L'instruction judiciaire suit son cours. Elle permettra sans doute d'en savoir plus sur les dessous de cette ténébreuse affaire qui n'aura guère, en tout état de cause, redoré le blason de Renault.

Par un curieux hasard du calendrier, le Conseil Constitutionnel a invalidé la veille une partie de la loi d'orientation de programmation pour la performance de la sécurité intérieure, dite Loppsi II.

Parmi les dispositions invalidées figuraient notamment celles qui concernaient les Agences d'intelligence économique. Comme quoi les préoccupations industrielles et commerciales envahissent désormais le domaine légal et judiciaire.

La com', pour sa part, se saisit des dossiers les plus scabreux. Et sous les formes les plus scabreuses parfois…

L'immunité de prétoire

Derrière ce terme barbare, « d'immunité de prétoire », se cache le mariage d'un des fondements de la liberté de la presse avec le principe de la publicité des procès (à de rares exceptions près comme les affaires familiales, ou celles concernant les mineurs). Toute personne mise en examen dispose du droit de présenter sa défense devant les tribunaux. Ce principe, qui fonde toute justice équitable, possède son talon d'Achille. De bons procéduriers peuvent en effet le détourner à leur profit.

Pourquoi ? Parce que l'article 41 de la loi de 1881 sur la presse précise que ne peuvent donner lieu à aucune action en diffamation, injures ou outrages, les discours prononcés devant les tribunaux.

Cette impunité de principe permet une défense équitable puisque, sauf cas très rares, un avocat ne saurait être poursuivi pour des propos tenus dans le cadre de la défense d'un de ses clients. Il en va de même pour le journaliste qui publie un compte rendu détaillé du procès.

L'immunité de prétoire a été contestée au début des années 1990, à la suite des procès engagés sur le fondement de la loi Gayssot de juillet 1990 contre des négationnistes. Ce texte, le lecteur s'en souvient, interdit la remise en cause de la réalité des chambres à gaz dans les camps d'extermination nazis.

Les faits sont simples. En septembre 1990, Robert Faurisson donne une interview au magazine *Le Choc du mois*. Personnage clé du négationnisme, cet enseignant en littérature (et non en histoire comme certains le croient) profite de l'occasion pour développer ses thèses sur l'inexistence des chambres à gaz. Et bien entendu – était-ce l'effet cherché ? – le voici mis en examen au titre de la loi Gayssot.

Or, dès l'ouverture du procès, les avocats des onze associations parties civiles lancent un avertissement. Si Robert Faurisson continuait à invoquer les thèses négationnistes pour soutenir sa défense et leur donner par ce biais un surcroît de publicité, expliquent-elles, il serait poursuivi de nouveau en application de la loi. Faurisson n'en persiste pas moins. Il commence à développer ses thèses dans l'enceinte du tribunal. En signe de protestation, les avocats des parties civiles quittent alors l'audience. Une décision compréhensible au plan moral, mais que certains jugent contre-productive au plan de la communication. L'un de ces avocats aurait confessé par la suite avoir longuement hésité à offrir ainsi une nouvelle caisse de résonance aux négationnistes. Car, d'une certaine manière, tel est bien le cas.

Ce phénomène « caisse de résonance » sera d'autant plus accentué que le jugement va reprendre l'interview litigieuse. Le quotidien *Le Monde* évoque alors un piège que se seraient ainsi tendu eux-mêmes les anti-négationnistes[1].

Habile ou habilement conseillé, le négateur des chambres à gaz va en effet utiliser par la suite son droit de réponse comme une arme pour relancer la polémique. Un directeur de publication sera même condamné pour ne pas avoir publié l'intégralité du texte préparé par Monsieur Faurisson[2].

Un exemple paroxysmique d'exploitation de l'immunité de prétoire et de ses conséquences. Sur un terrain moins glissant, sachons que des entreprises et des syndicats n'hésitent pas, à l'occasion d'un procès, à utiliser la tribune qui leur est ainsi offerte.

1. *Le Monde* du 24 mars 1992.
2. *Le Monde* du 14 octobre 2000.

Dès lors, des membres du barreau ou des prévenus peuvent être tentés de mettre l'immunité de prétoire à profit pour diffuser des idées ou tout simplement pour diffamer en toute impunité. Une pratique condamnable certes, mais une pratique « jouable » qui tente les uns et les autres.

C'est ainsi qu'un syndicat de salariés au sein d'une grande entreprise au moment des élections au comité d'entreprise va diffuser des tracts proches de la diffamation. Il se fait poursuivre devant le tribunal de police par les candidats des organisations syndicales rivales, son représentant profite de l'audience pour expliquer que somme toute, il se serait montré modéré dans ses propos. Car, il aurait pu dire pire, ceci, par exemple, ou cela… Autant de propos diffamatoires à l'encontre de ses rivaux proférés en toute impunité devant le tribunal.

Manœuvre de com' préméditée, au surplus. Car, ledit syndicat a pris soin de faire venir à l'audience ses principaux relais d'opinion dans l'entreprise. Lesquels s'empresseront de relayer auprès des autres salariés ce qu'ils ont entendu à l'audience.

Au final, un effet boule de neige remarquable. Et efficace, avec ça ! Tellement que le même syndicat va gagner les élections professionnelles, victoire due pour une bonne part au recours à ce stratagème.

Dans un ordre d'idées comparable, de nombreux avocats se croyant à l'abri de l'impunité créée par l'article 41 de la loi de 1881, n'ont pas hésité à porter hors du prétoire de graves accusations… pour se voir poursuivis à leur tour, les tribunaux ayant considéré que les propos n'ont pas été prononcés dans un cadre juridictionnel et qu'ils relèvent donc du droit ordinaire.

Un exemple avec la mort du juge Bernard Borrel, probablement assassiné à Djibouti en 1995, même si la version officielle fait état d'un suicide.

La veuve du magistrat décédé, Élisabeth Borrel, n'accepte pas la thèse trop commode selon laquelle son mari se serait donné la mort. Et femme résolue, elle décide de contester le travail des deux juges d'instruction.

Son avocat, Olivier Morice, écrit donc une lettre au garde des Sceaux dans le but d'obtenir l'ouverture d'une enquête de l'Inspection générale des services judiciaires sur les dysfonctionnements imputés à deux magistrats qui ont instruit l'affaire.

Sachant que si leur initiative n'est pas médiatisée, elle a peu de chances d'aboutir, le conseil de la veuve du juge Borrel se propose de la faire connaître le plus largement possible. Et quel meilleur moyen que la presse ? De fait, *Le Monde*, reprend l'information.

Une initiative qui ne plaît guère en haut lieu. Le journaliste du quotidien du soir, le directeur de la publication et l'avocat sont poursuivis pour diffamation, puis condamnés. La Cour de Cassation, le 10 novembre 2009, confirme la peine octroyée, au motif qu'un courrier au garde des Sceaux n'est pas un acte juridictionnel donnant droit à l'impunité.

Qui dit médias dit médias traditionnels, mais également médias numériques. Alors, autant le dire tout de suite, la reprise sur un site Internet d'une plainte pénale ne donne lieu, elle aussi, à aucune immunité puisqu'il ne s'agit pas d'une transmission dans le cadre du procès.

Bref, l'immunité, loin de constituer un absolu, reste sujette à débat. Un ancien ministre – Roland Dumas poursuivi dans l'affaire Elf et dans l'affaire des Frégates est finalement relaxé des chefs de poursuite. Tant mieux pour lui, mais que se passe-t-il quand, se pensant couvert par l'immunité, l'intéressé relate, dans un livre, sa version des faits ? Beaucoup d'ennuis dans la mesure où il met en cause de manière insistante le travail des magistrats. Et pire, qu'il les compare à ceux qui pendant l'Occupation se mirent au service de l'ennemi. Accusation particulièrement grave dans la bouche du fils d'un résistant fusillé par les nazis ! Le voilà condamné pour diffamation, ce que confirme la Cour de Cassation le 6 février 2007.

Heureusement pour lui, la Cour européenne des droits de l'homme devait annuler la décision en juillet 2010 et condamner la France à lui verser 8 000 euros.

L'immunité a donc ses limites, à tout le moins en France. Rappelons ainsi qu'un licenciement prononcé à la suite d'écrits injurieux produits devant les tribunaux et dont l'auteur bénéficie de l'immunité de prétoire y est nul[1].

La loi de 1881 encadre toutefois l'immunité de prétoire puisque les personnes qui s'estiment victimes, au cours du procès de diffamation, ont la possibilité de demander au juge la suppression des passages litigieux dans les écritures. Mais il faut croire qu'une telle issue ne résout guère les problèmes puisque les magistrats sont rarement sollicités en ce sens.

On conclura ce petit développement un peu technique, pardon, en soulignant qu'à une époque de médiatisation galopante des procès notamment via Internet, les avocats doivent contrôler désormais ce qui est dit sur la toile – en bien comme en mal – sur leurs clients.

Les robes noires à l'heure du « buzz »

Internet a changé la relation client-avocat de même qu'il a bouleversé la relation patient-médecin. Aujourd'hui, les clients essayent de trouver sur la toile la solution à leurs problèmes, ou à tout le moins de les comprendre. Du coup, le professionnel conscient des réalités « fonctionne » de plus en plus comme… un pédagogue d'un genre nouveau. À lui, par exemple, la tâche – souvent délicate – de corriger ce qui a été compris de travers par ses clients.

Autre facette de l'émergence du Net : le partage des connaissances.

Les justiciables internautes, en effet, partagent volontiers ce qu'ils ont appris, ou du moins ce qu'ils ont cru comprendre. Et les voilà qui sans complexe, révèlent sur la toile la stratégie

1. Cour de cassation, Chambre sociale, 28 mars 2006.

de leurs avocats, ses mérites, ses défauts. Quitte à changer de conseils sur la foi d'un buzz médiatique.

Un phénomène en croissance vertigineuse. Poussant le bouchon plus loin, des sites se sont d'ailleurs créés pour noter les avocats – cette curieuse habitude des Français qui affirment souvent garder d'exécrables souvenirs de leurs années scolaires, mais raffolent des bons (ou mauvais) points, des appréciations, des notes !

Point n'est d'ailleurs besoin de passer par ces sites à la légalité controversée pour évaluer la valeur professionnelle des avocats. Le plus souvent, le justiciable internaute va se diriger vers un site traitant peu ou prou de la problématique qui le tracasse. Et là, libre à lui d'examiner les commentaires laissés sur les membres du barreau.

Des commentaires parfois « orientés ». Je pense à ce confrère probablement en manque de clientèle qui parsemait la toile d'appréciations élogieuses à son propos. Ce, en utilisant bien entendu une grande variété de pseudonymes ! Sur le Net aussi, on n'est jamais mieux servi que par soi-même... Sacha Guitry l'affirmait : « Dites du bien de vous, on le répètera, puis on oubliera qui a commencé. »

Plus sérieusement, le phénomène Internet pousse les internautes à se regrouper, voire à former des associations de défense de leurs droits. Sans doute pensent-ils aux « actions de groupe » (de l'américain *class action*), qui, aux États-Unis, permettent aux plaignants de joindre leurs forces pour s'assurer les services de pointures du barreau qu'ils seraient bien à mal de rémunérer séparément. Si oui, ils auront de quoi se sentir instrumentalisés car ce dont il s'agit en l'occurrence sur le Net, c'est de *class actions Canada Dry*, souvent orchestrées en sous-main par certains avocats : ceux qui voient dans ce racolage sur la toile une source de clientèle nouvelle. Et qui vont utiliser le relais du Net pour contourner l'obligation de démarchage. D'autres robes noires croient il est vrai sincèrement à ce nouveau débouché, et ne manquent pas d'arguments solides à l'appui de leurs aspirations.

Quoi qu'il en soit des motivations de départ, une chose apparaît comme certaine : le métier de l'avocat est appelé à se modifier en profondeur tant la relation client en sera bouleversée. Fini l'entretien individuel. L'homme de droit, au contraire, va rencontrer ses clients dans des réunions auxquelles participent des dizaines de personnes, plusieurs centaines dans certains cas. Des outils collaboratifs sont utilisés comme des forums de discussion ou des sites dédiés. Une vraie révolution, une de plus, au pays des robes noires.

Sans prendre de risque excessif, on peut également avancer que dans un avenir proche, la communication et la possibilité d'avoir de nouveaux clients pour le membre du barreau passeront par les campagnes médiatiques et internet lancées par les associations. Satisfaites, et heureusement, c'est souvent le cas, ces dernières n'hésitent pas à recommander leurs avocats. Et deviennent, de ce fait, un important pourvoyeur d'affaires.

Évidemment, cela n'a rien d'un jackpot. Qu'en sens inverse, des commentaires négatifs tombent, et la sanction sera impitoyable. C'est plusieurs centaines de dossiers qui quittent alors le cabinet, avec les conséquences financières que cela peut représenter.

Avocat, métier à risques financiers. Il est vrai que dans notre société, ces risques-là sont partout. L'immobilier est là pour en témoigner…

Les « pigeons » se rebiffent

Dans le domaine judiciaire, la comparaison d'affaires similaires met parfois en exergue des stratégies adverses qu'un seul dossier n'aurait pas permis de déceler. Elle permet aussi de repérer la présence des mêmes personnes dans des dossiers en principe différents.

Pour clarifier cette assertion, j'ai pris le cas de la défiscalisation.

En voici les principales caractéristiques. Incapable d'assurer les besoins en logement de la population à supposer que cela soit son rôle, l'État consent des avantages fiscaux appréciables à tout contribuable qui investirait dans des programmes immobiliers neufs ou de réhabilitations. Du coup, les lois vont se succéder les unes aux autres, portant le plus souvent, comme c'est la coutume, le nom de leurs promoteurs, les Malraux, Robien, Besson, Demessine, Borloo, etc.

Le principe de ces lois reste à peu près similaire, même si les modalités des avantages fiscaux peuvent varier.

Pour bénéficier de la réduction fiscale, il faut être en mesure de louer un bien immobilier. Dès lors, des promoteurs vont s'appuyer sur ces avantages fiscaux. Certains, pas très scrupuleux, en profitent bien entendu pour vendre des produits immobiliers frelatés. Et leurs victimes se comptent hélas ! par milliers.

Une association de consommateurs (UFC-Que choisir) évoque par exemple plus de 100 000 personnes qui s'estiment lésées. Cent mille personnes qui, en bonne logique, vont avoir tendance à se regrouper, à se fédérer.

La plupart des investisseurs voient, et à tort, cet achat comme un produit de défiscalisation plus que comme un investissement immobilier. Pour être sûr que « le pigeon » ne décèle pas l'arnaque, les promoteurs véreux vont proposer à un Lillois un bien dans le Sud de la France, ou à un Strasbourgeois un appartement soit en Bretagne, soit en Normandie.

Les risques que l'investisseur individuel dispose du temps nécessaire pour aller voir sur place, et qu'il le prenne sont minimes. Du coup, le « pigeon » ne peut constater les « inconvénients » qui rendent le bien inlouable. L'immeuble rutilant sur la brochure se trouve par exemple dans une zone industrielle, le long d'une voie ferrée, dans l'axe d'un aérodrome militaire ou pire encore, dans le vent de l'usine de produits alimentaires pour animaux qui donne à tout l'ensemble immobilier des relents inimitables de croquettes...

La loi Demessine, qui a pour vocation de développer les investissements dans les résidences hôtelières, prévoit que les investisseurs donnent à bail l'appartement acheté pour une période longue à un exploitant. Lequel le loue ensuite pour des périodes courtes.

Pour la commercialisation des appartements, le promoteur peu scrupuleux ou son délégué du même acabit, va faire miroiter qu'un bail est déjà signé avec un exploitant, et donc que la rentabilité du bien serait d'ores et déjà acquise. Pour faire bonne mesure, on va parfois doubler cette « garantie » d'une assurance loyer impayée.

Mais comme dit la sagesse populaire, « mon œil ». Les investisseurs imprudents déchantent en moins de temps qu'il ne faut pour le dire.

« Complication supplémentaire » à prévoir : en dépit de toutes les qualités dont on l'avait paré, l'exploitant fait faillite. Et tiens, un second se présente sur le champ, véritable *deus ex machina* ! Dans sa poche : un nouveau bail dont le loyer est souvent… le tiers du premier.

Pris à la gorge, les investisseurs ne peuvent qu'accepter, quitte à se retourner en justice, surtout lorsqu'ils découvrent les liens existant entre les différents exploitants et le promoteur véreux. Mais alors, le mal est déjà fait.

Sur de nombreux programmes immobiliers, on retrouve, curieux hasard, les mêmes interlocuteurs. Et pour cause : les notaires et les banques qui interviennent dans l'opération ne jouent que rarement leur rôle de conseil. Leur devoir de mise en garde, ah mince, ils l'avaient oublié…

Dans la pratique, pour éviter à l'investisseur de se déplacer, le notaire donne un mandat à un de ses confrères de recueillir un pouvoir de l'investisseur, mais le tabellion délégué ne connaît nullement le dossier. Il ne peut donc donner le moindre conseil sérieux. Quant aux banques qui financent l'opération, elles ne rencontrent guère plus les investisseurs. Résultat : le montage du dossier de prêt est effectué par le promoteur ou le commercialisateur.

Tout, en d'autres termes, est mis en œuvre pour « plumer » l'investisseur, qui n'est pas le plus souvent un contribuable aux revenus élevés, mais une personne qui espère – cela n'a rien de criminel – pouvoir devenir un jour propriétaire par le biais de la défiscalisation. Pour son grand malheur puisque certaines de ces victimes se retrouvent ainsi endettées à plus de 87 % ! En matière d'arnaque, qui dit mieux ?

D'autres préfèrent dire « stop ». Des associations naissent donc, qui se spécialisent dans la défense des défiscalisés plumés. Grâce à un battage médiatique, elles récupèrent de nombreux adhérents.

La plus importante d'entre elles est sans doute l'Adim, l'Association de Défenses des Investisseurs et des Mandataires.

Cette association a été créée à l'initiative de Claudie Giroz, une commerciale dont le métier était justement de vendre des produits de défiscalisation. Jusqu'au jour où travaillant pour un commercialisateur controversé, la société Omnium Finances, et découvrant quelques-unes des ficelles pas trop propres de cette branche professionnelle, elle a décidé de virer sa casaque et de pourfendre les produits dont elle faisait la promotion peu auparavant.

L'Adim va connaître un certain retentissement. À tel point que sa présidente sera reçue au Sénat pour formuler des propositions visant à éviter la réitération de certains types d'arnaques qu'elle avait dénoncées.

Mais, le combat de la Présidente de l'Adim va très vite se déplacer sur le terrain judiciaire avec le dépôt d'une plainte pénale pour escroquerie à l'encontre de la société Omnium Finances dont elle était le mandataire.

Pour Omnium Finances, la situation devient difficilement tenable : son nom ne se trouve-t-il pas associé à des échecs de défiscalisation ? Les communiqués internet vont suivre les péripéties judiciaires et de fil en aiguille, pour sa défense, la société de défiscalisation va créer un site internet [omnium financesenclair.com], dont le but avoué est de faire valoir son point de vue :

« Le secteur de l'investissement locatif fait l'objet de nombreuses attaques ou rumeurs. Cet espace a été créé par le Groupe

Omnium Finances pour apporter une réponse claire et précise à ces interrogations.

Il permet également d'informer les internautes des points essentiels lorsque l'on s'apprête à s'engager dans un investissement immobilier, conformément aux valeurs de pédagogie du Groupe, et à sa volonté de démocratisation des dispositifs fiscaux. »

D'autres associations plus modestes et pas moins efficaces dans la défense des intérêts des petits investisseurs existent comme celle des vergers du Palais animée par sa dynamique présidente Anita Flores.

Si ce souci de transparence pouvait déboucher sur un assainissement du secteur immobilier, qui s'en plaindrait ?

Assainissement, transparence. Des termes qui ne sont pas toujours en vogue dans un autre domaine, celui de la pharmacie industrielle comme en a témoigné récemment la très spectaculaire affaire du Médiator.

Du côté du Médiator

Dans cette triste affaire, les laboratoires Servier ne sont pas confrontés à la première mise en cause d'une de leurs molécules aux effets présumés létaux.

Il y a déjà eu, aux États-Unis, dans les années 1995, une campagne contre un produit de ce laboratoire[1], l'Isoméride, qui lui coûta près de 2,7 milliards de dollars avec le retrait du médicament litigieux.

En France, il a fallu attendre le 20 janvier 2011 pour qu'une condamnation soit prononcée, dans l'affaire de l'Isoméride. Et encore, d'un très faible montant : 145 000 euros.

1. Voir l'ouvrage de Rémi Kauffer, *L'arme de la désinformation*, Paris, Grasset, 1999.

C'est dans ces circonstances qu'autour de l'affaire du Médiator vont se créer de nombreuses associations, souvent à l'initiative d'un proche d'une victime.

Les sites alternent entre témoignages poignants et conseils juridiques avec, au passage, une interrogation que l'on aurait tort de balayer d'un revers de main sur le monopole du droit.

L'Avim, l'Association d'aide aux victimes du Médiator n'hésitera par exemple pas à indiquer au public, sur son site internet, les différentes stratégies judiciaires possibles. Ce, en assortissant son propos de conseils très professionnels. De même, qu'elle n'hésitera pas à indiquer qu'elle peut aiguiller à la demande un plaignant vers tel ou tel avocat.

L'association s'identifie tellement à ses membres qu'elle peut écrire : « Le 11 janvier, l'Avim avait déposé au parquet de Paris 116 plaintes pour homicides et blessures involontaires visant le Médiator commercialisé par les laboratoires Servier à partir de 1976. »

Or, en droit français, seule la victime directe ou ses ayants droits peut déposer plainte. Sous réserve, c'est vrai, de la représentativité de certaines associations.

Dans un article publié par *La Dépêche*, le 18 mars 2001, le président de l'association affirmait : « Les victimes que nous représentons souhaitent une action pénale et le battage médiatique et Internet s'étant écoulé entre janvier et mars permettent de déposer 500 plaintes supplémentaires. »

Une association locale passait quant à elle l'annonce suivante, le 17 mars 2011 dans les colonnes de la *Manche Libre* :

« L'Association de Défense des Victimes du Médiator (ADVM) de la Manche prépare une action collective : les habitants de la Manche victimes du Médiator doivent se faire connaître auprès d'elle en apportant leur témoignage, ainsi que tout document justifiant la prise du médicament incriminé, le tout afin de pouvoir transmettre les dossiers au cabinet d'avocats parisien chargé de porter plainte pour empoisonnement et tromperie aggravés. »

Les associations, un nouvel acteur clé du secteur judiciaire. Non sans concurrence entre elles d'ailleurs. Certaines ne reculent pas devant des mises au point marquées du sceau de la pugnacité.

Voyez ce que l'une d'entre elles, l'AAAVAM, l'Association d'Aide Aux Victimes des Accidents des Médicaments, a pu écrire sur son site Internet :

« Nous rappelons que les Associations sont seulement habilitées à donner des informations et non pas des « conseils », si vous désirez des « conseils » il faut vous adresser soit à des médecins pour ce qui concerne vos ennuis de santé, soit à des avocats de préférence spécialisés dans la victimisation. »

Et plus loin, cette revendication :

« Pour ce qui nous concerne, nous avons regroupé plus de 1 200 victimes et les documents commencent à nous parvenir, **les dossiers vont être transmis à nos avocats habituels pour des demandes de réparation financières.**

En cas de « refus » ou de propositions trop faibles du laboratoire et de ses assureurs (Axa entre autres), des actions groupées seront, comme pour toutes les affaires dont notre association s'occupe, déposées au tribunal avec l'accord des victimes. »

D'autres associations plus catégorielles comme l'Association française des diabétiques se mettent également de la partie. Et cet effet boule de neige a de quoi inquiéter Servier.

Après un déni de sa responsabilité, le laboratoire pharmaceutique va constituer un fonds d'indemnisation, mais se refuse à toute transaction sans renonciation aux actions pénales.

Finalement, Servier devra céder et accepter le principe de l'indemnisation avec, comme seule contrepartie, un accord sur le montant des indemnisations civiles. Autant dire que désormais, on va discuter gros sous – pas si gros, protestent d'ailleurs les victimes et leurs familles.

Quant au gouvernement, il essaye de s'acheter un certificat de bonne conduite en soutenant les victimes mais en oubliant ses propres responsabilités et le laxisme des autorités sanitaires.

Quoi qu'il advienne par la suite, d'une certaine manière, l'affaire Servier aura posé à nouveau la question des *class actions*.

French Class Actions?

En constituant, en janvier 2008, une Société à Responsabilité Limitée, dénommée « **Classaction.**fr », quatre avocats ont anticipé sur une éventuelle loi sur les « actions de groupe », ces regroupements de plaignants pour intenter une procédure collective et s'assurer les services de ténors du barreau. Cette Sarl a pour objet l'exploitation d'un site internet, intitulé « **classaction** », le site français des actions collectives.

Son site offre une aide et assistance technique aux robes noires en matière d'organisation procédurale et de gestion des *class actions* et permet à tout avocat de mettre en ligne une action collective introduite pour le compte d'une ou plusieurs personnes. À tout intéressé, il propose d'être informé de l'existence de cette action collective et de s'y joindre par une simple inscription en indiquant ses coordonnées et en payant en ligne la partie fixe des honoraires.

Le Monde présente ce site de la manière suivante :

« Obtenir 1 000 euros en vous joignant à la première action collective en justice ».

Tel est le message adressé, sur le site Internet « classaction. fr », aux postulants à cette démarche en justice d'un genre nouveau.

Inspirés par les méthodes américaines, quatre avocats et un expert comptable français ont assigné, mercredi 18 mai, devant le tribunal de commerce de Paris, six sociétés (Warner Bros, Gaumont Columbia, Fox Pathé, TF1 Vidéo, Universal Pictures et Buena Vista) à qui ils reprochent d'avoir développé un système qui empêche la copie à partir d'un DVD original[1]...

Il en coûtera aux plaignants entre 12 euros et 60 euros et environ 40 % de la somme gagnée qui sera prélevée par les avocats. Comme aux États-Unis, classaction.fr estime que bon nombre de litiges pourraient se solder par des transactions financières... »

L'idée, pour excellente qu'elle puisse paraître à première vue, n'est guère appréciée par plusieurs associations de consommateurs. Et non des moindres : l'Association Confédération, Consommation, Logement et Cadre de Vie ; l'Association de Défense, d'Éducation et d'Information du Consommateur ; l'Association Union Fédérale des Consommateurs Que Choisir ; et l'Association Union Féminine Civique et Sociale. Pour exprimer leur mécontentement, elles n'hésitent pas à attaquer en justice les quatre mousquetaires de la *class action*.

Pourquoi ? Parce que si les avocats peuvent, à l'avenir, fédérer les consommateurs mécontents, les associations risquent de perdre une partie de leur raison d'être. Dans ces conditions, on comprend qu'elles se défendent en attaquant.

Saisi par ces associations citées plus haut et quelques autres, le tribunal de grande instance de Paris tranche en leur faveur. Il interdit le site avec une astreinte de 15 000 euros par mandat collecté, sanction des plus lourdes. L'affaire monte évidemment en appel. Or, pour sa part, la Cour d'appel de Paris, le 17 octobre 2006, décide que la proposition de services juridiques via Internet est assimilée à du démarchage de clientèle pratique prohibée par la loi du 31 décembre 1971, texte qui définit le statut des avocats.

C'est la Cour de Cassation qui viendra définitivement mettre fin à la polémique par une décision du 30 septembre 2008, qui confirme en tout point la décision de la Cour d'appel.

---

1. *Le Monde*, 27 mai 2005.

À l'encontre des avocats instigateurs de l'opération, des poursuites disciplinaires sont en outre engagées à la fin du printemps 2006. Leurs motifs ne sont cependant pas identiques aux plaintes des associations puisqu'on reproche aux quatre robes noires la direction d'une société commerciale via des « faux nez », un démarchage illicite et des entorses aux règles de publicité du barreau. Elles donneront lieu à une condamnation en décembre 2006. Et en l'occurrence, la peine est légère : un simple avertissement sans aucune interdiction d'exercer.

L'idée de la *class action* n'est pas l'apanage des seules robes noires. Elle a été reprise par de nombreux politiques dont Jacques Chirac en 2005. Pour sa part, Nicolas Sarkozy avait prôné cette réforme de la procédure pour finir par s'y opposer en janvier 2007 :

« Je m'inscris vraiment en faux avec la judiciarisation et la pénalisation du droit économique français. C'est la raison pour laquelle je suis pour ma part très réservé sur les *class actions* [...]. Je considère qu'aujourd'hui, on paralyse l'activité de l'économie française en l'enserrant dans des contraintes. À l'arrivée, plus personne ne veut prendre de risques, et plus personne ne veut être responsable de rien. C'est le contraire de ce qu'il faut faire. »

Pour autant, la perspective n'est pas fermée. En 2008 Jean-Paul Charié, rapporteur UMP du projet de loi de modernisation de l'économie (LME), dépose un amendement à cette loi, en faveur des actions de groupe. Et le quotidien économique *La Tribune* du 24 janvier 2011 peut encore titrer : « Et si le scandale du Médiator relançait le projet des *class actions* en Europe ? »

En effet. Le quotidien développe ensuite le projet de la Commission européenne visant à relancer ce chantier, et cite Monique Goyens du Bureau Européen des Consommateurs.

« Le Médiator, c'est vraiment le cas d'école pour un recours collectif. Pour contrer l'industrie pharmaceutique, il faut de l'expertise et cela coûte très cher. En face, l'industrie fait appel aux ténors du barreau. C'est David contre Goliath. »

Le système des *class actions* est cependant peut-être en train d'entrer par la petite porte dans notre système législatif.

Quelle porte ? Le 18 janvier, une semaine auparavant, l'Assemblée nationale a adopté les **projets de loi**, relatifs au défenseur des droits.

Ce dernier a pour vocation de remplacer : le médiateur de la République, le défenseur des enfants, la Commission Nationale de Déontologie de la Sécurité, la Haute Autorité de Lutte contre les Discriminations et pour l'Égalité (Halde) et, à compter de juin 2014, le Contrôleur Général des Lieux de Privation de Liberté.

Or, ce texte comporte la « création d'une action collective devant la juridiction administrative au profit du Défenseur des droits. »

Le 12 mars 2011, les jeunesses socialistes joindront leurs voix au concert en appelant à la création des *class actions*. Dans ces conditions, il y a gros à parier que les « actions de groupe », véritable serpent de mer du monde judiciaire en France, feront leur réapparition lors de la campagne pour les élections présidentielles de 2012.

Conclusion

Au lecteur qui reste sur sa faim, on dira qu'un livre sur la guerre économique est forcément inachevé, puisque celle-ci se poursuit nuit comme jour sans relâche. Beaucoup de batailles sont loin d'être terminées. Pour ne citer qu'elles, au cours de la première quinzaine d'avril les journaux bruissent de rumeurs sur la crainte des opérateurs de Télécom d'être évincés au profit d'Orange de la licence 4G.

Que ferait, dans ce cas, un homme aussi pugnace que Xavier Niel, si Free n'était pas retenu ?

Ce qui a été narré dans cet ouvrage constitue seulement la part émergée de l'iceberg par les soins de l'auteur. Beaucoup d'autres affaires auraient pu être évoquées.

Citons, par exemple, la guerre lancée par Microsoft contre ses concurrents ou contre les institutions étatiques ou internationales. Sait-on que dans ses démêlés avec l'Union européenne, le géant américain du logiciel a réussi à faire dessaisir du dossier le juge qui devait le traiter ? La « faute » du magistrat : avoir publié un article qui présupposerait de sa part une certaine partialité. La société de Bill Gates a néanmoins été condamnée à plusieurs centaines de millions d'euros pour ses agissements anti-concurrentiels.

Des ONG effectuent des « pressions » sur de grandes entreprises en les menaçant d'engager des procès avec battage médiatique assorti. Une seule solution pour s'en sortir : verser des millions d'euros à une fondation chargée de soutenir une noble cause. Le but est peut-être louable, mais le procédé prête à suspicion.

Beaucoup d'entreprises – sans que cette pratique puisse être assimilée à du trafic d'influence – ont mis au point des techniques de lobbying judiciaire qui permettent de sensibiliser les magistrats à leurs intérêts. Action d'autant plus facile que des ponts se créent de temps à autre avec des hauts magistrats qui quittent la fonction publique pour rejoindre des entreprises.

Bref, les prochaines étapes de la guerre du droit se mettent en place. La menace qui guette déjà nos systèmes judiciaires romano-germaniques est sans doute le traité Acta dont la genèse tient certes du roman, mais plutôt dans le genre noir.

Acta est l'acronyme de *Anti-Counterfeiting Trade Agreement* que l'on pourrait traduire par Convention sur le commerce et la contrefaçon.

Ce traité, initié d'abord par les États-Unis et le Japon, a été classé « dans l'intérêt de la sécurité nationale » par les Américains de sorte que les documents de négociation ont longtemps été confidentiels.

Il pourrait permettre d'asseoir la domination économique des anglo-saxons dans tous les domaines où existe un droit privatif, copyright, brevets, marques…

Son existence n'a été connue en 2008 que par les « indiscrétions » du site Wikileaks. Or, l'Union européenne désormais partie prenante de la négociation, l'aborde fleur au fusil telle Fabrice Del Dongo partant au combat. On peut s'interroger sur l'efficacité d'une telle attitude.

Les promoteurs de ce traité sont partis du constat que les accords ADPIC, accords pour les droits de propriété industriels et commerciaux (*Trips* en anglais) ont été élaborés de 1986 à 1994, une époque où Internet n'existait quasiment pas. Il faudrait donc les compléter par un traité additionnel.

L'idée n'a rien de saugrenu, même si elle reste controversée.

Mais, pourquoi ne pas écarter les institutions internationales comme l'OMC des sujets abordés par Acta alors que c'est justement leur vocation ? Quelle est la raison qui a poussé au secret ?

Serait-ce parce que les entreprises américaines dont Google sont associées à sa rédaction ? L'avenir le dira, un avenir dont il convient tout de même de se méfier.

Face à Acta ou à d'autres dangers du même type, une autre question se pose, essentielle : notre système juridique est-il assez armé, assez fort ?

Si l'on en croit les écrits spécialisés, le catastrophisme semble de rigueur. Antoine Masson[1] utilise le terme fort de « pathologies du droit », qui seraient multiples à commencer par l'inflation législative.

Selon d'autres, les lois seraient prises désormais dans le seul but d'apaiser l'émotion publique après un fait divers dramatique, avec souvent des politiques qui soufflent sur les braises. Un enfant est mordu par un chien, une loi est adoptée ; un accident dans un ascenseur ; rebelote. Dans la dramatique affaire de l'assassinat de Laetitia Perret, les magistrats[2] ont fait état de pas moins de cinq lois successives sur le problème de la récidive en moins de 4 ans ! Malgré cela, le président de la République a formulé le souhait d'un nouveau texte. Mais en l'occurrence, la fronde des magistrats a mis fin à cette initiative.

La situation est souvent la même dans le domaine du droit commercial comme l'a montré l'affaire Renault. Il faudrait une législation sur le secret des affaires, or, celle-ci n'est pas même à l'état d'ébauche.

Une des causes de la « pathologie » résiderait dans une négation du Parlement, devenu croupion. Il lui est demandé de légiférer sur des points sans importance et qui ne relèvent souvent même pas de son domaine si on s'en tient à la lettre de la Constitution d'octobre 1958.

1. Antoine Masson est référendaire au tribunal de la fonction publique de l'Union européenne. Il a supervisé l'ouvrage sur les stratégies juridiques publié en 2010 aux éditions Larcier et qui a obtenu le prix Montesquieu.
2. TF1, 4 février 2011.

L'ordre du jour de l'Assemblée est le plus souvent déconcertant. Il pourrait être établi par un Orwell qui se pâmerait devant Courteline.

Est-ce vraiment le rôle du parlement de traiter de l'interdiction de l'utilisation des phtalates, des parabènes et des alkylphénols (séance du 14 avril 2001) ? Ou d'étudier une proposition de loi portant sur « diverses dispositions d'ordre cynégétique nécessaires pour permettre aux chasseurs l'accomplissement de leur passion dans les meilleures conditions tout en leur reconnaissant une contribution importante à la préservation des territoires » (14 avril 2011 également) ?

Aucun de ces textes ne semble, pour les spécialistes, respecter l'article 34 de notre Constitution qui définit le domaine de la loi de manière restrictive, lui laissant essentiellement l'encadrement des libertés et les lois de finances. Le reste relève du réglementaire.

Le Parlement ne parvient alors plus à être le régulateur du conflit économique, ni à donner les armes juridiques dont les entreprises françaises ont besoin. Une perspective bien peu réjouissante dans notre monde actuel…

Le droit reste, alors, hélas encore l'expression de la seule force.

Table des matières